LINEA NIGRA

DU MÊME AUTEUR

CHEZ FLEUVE ÉDITIONS

Le Syndrome de la vitre étoilée, 2016 ; Pocket, 2017

CHEZ D'AUTRES ÉDITEURS

Littérature générale
Le Grand Numéro (un meeting), StoryLab, 2012

Littérature jeunesse
Le Souffle de l'ange, Nathan, 2013
Max et les poissons, Nathan, 2015
Les Grandes Jambes, Slalom, 2016
Quart de frère, quart de sœur, Slalom, 2017
La Vache de la brique de lait, Frimousse, 2017
Lucien et Hermine, apprentis chevaliers, Gulf Stream éditeur, 2017

Documents
Je vous emmène au bout de la ligne, Max Milo, 2010
Mon sourire pour guérir, Max Milo, 2013
Naître et grandir en musique, Télémaque, 2016
Une Américaine à Monaco, le roman d'une légende, Charleston, 2017

SOPHIE ADRIANSEN

LINEA NIGRA

À la maternité, on ne délivre aucun diplôme.
Chaque femme fait de son mieux.

roman

fleuve
ÉDITIONS

ISBN : 978-2-265-11700-6

Pour Marc

« Nous ne pourrions souffrir que les femmes disent la vérité. Nous ne pourrions pas le supporter. Cela causerait une souffrance infinie, amènerait les plus effroyables bouleversements dans ce paradis illusoire assez médiocre, mais cependant idéaliste, dans lequel chacun d'entre nous vit sa propre petite vie. »

Joseph Conrad

MAINTENANT

Il veut me faire un enfant dans le dos.

Il ne s'est pas retenu sous prétexte que ce moment de mon cycle est sans risque. Je le soupçonne de vouloir me féconder pour verrouiller notre amour. Je milite en faveur de l'avortement, que celles qui jugent en avoir besoin y aient accès facilement, mais pour mon compte j'y suis désormais opposée, j'ai trente-deux ans et pas d'enfant, je sais que la fertilité diminue avec l'âge. De cela, lui et moi avons déjà eu l'occasion de parler. On dirait bien qu'il en profite.

— Si tu refais ça, je te quitte.

— Promis, je ne recommencerai pas.

Je suis convaincue qu'aucun moment de mon cycle n'est sans risque. Partant de là, nous avons quelques heures pour réfléchir aux possibles conséquences.

Nous venons de nous rencontrer. Une poignée de semaines. Un peu court pour prendre une décision qui engage plusieurs vies.

Mais notre rencontre nous paraît miraculeuse. Il nous semble à chacun que notre amour doive toujours durer. Et un amour qui dure toujours, pourquoi ne pas le glorifier par un enfant ?

Sauf que nous ne vivons pas ensemble.

— On peut rationaliser les choses.

Sauf que nos deux chez-nous ne sont pas adaptés.

— Un bébé n'a pas besoin de chambre avant un an.

Sauf que je ne sais pas si je suis prête.

— Je suis là pour toi. Et je suis prêt pour deux.

Sauf que j'ai peur d'accoucher.

— On aura neuf mois pour trouver le moyen qui te convient, et le lieu qui le permet.

Sauf que…

Dans un conte persan, un roi philosophe fait voyager ses trois fils au départ de l'île de Serendip, dans l'océan Indien, permettant à un écrivain de baptiser « sérendipité » la faculté de découvrir par hasard et « sagacité » ce que l'on ne cherchait pas, d'intellectualiser un imprévu, un accident, un hasard, et de lui trouver un sens.

Je crois aux contes.

DES ALTERNATIVES

pile	face
peste	choléra
crèche	nounou
yin	yang
fromage	dessert
noir	blanc
à prendre	à laisser
hôpital	clinique
ce soir	jamais
à voile	à vapeur
à plumes	à poils
frites	salade
stop	encore
chez toi	chez moi
ketchup	mayo
sucre	chantilly
fille	garçon
slip	caleçon
viande	poisson
partir	rester
enceinte	pas enceinte
garder l'enfant	ne pas garder l'enfant

MAINTENANT

Il ne faut que dix jours pour que nous obtenions la réponse : je ne suis pas enceinte. Nous partons en vacances. Comme tous les amoureux, nous pensons qu'il est plus simple de s'aimer au soleil, détachés des contraintes logistiques du quotidien. De s'aimer, de fêter l'amour et de réfléchir avant de prendre une grande décision.

Car l'épisode récent a eu cette conséquence inattendue : il a levé tous les freins que j'envisageais quant à ma reproduction. Luc ayant apporté une solution théorique à chaque obstacle supposé, d'obstacle il n'y a plus. Et s'il n'y a plus d'obstacle, nous disons-nous sur cette île au milieu de l'Atlantique où nous nous aimons encore mieux et encore plus qu'ailleurs car notre emploi du temps complet tourne autour de cette délectable activité, s'il n'y a plus d'obstacle alors nous pouvons y aller.

RAISONS DE FAIRE UN ENFANT

Par amour ;
Pour perpétuer l'espèce ;
Par goût de la transmission ;
Parce que c'est le moment ;
Par optimisme ;
Par égoïsme ;
Par envie ;
Par altruisme ;
Parce que c'est possible ;
Pour faire comme les parents ;
Pour faire comme les copains ;
Pour savoir ce que ça fait ;
Parce que.

LA LÉGENDE

Stéphanie et Luc se connaissent depuis trois heures. Ils sont réunis pour fêter l'anniversaire d'une amie commune.

Luc ne laisse voir de son visage que ses yeux doux ; le reste est mangé par une volumineuse barbe blanche. Sa barbe plaît aux femmes mais Luc a mis son cœur en jachère comme ses joues. L'amie a invité une jeune femme *pour* Luc, dans l'idée de lui faire rompre le jeûne amoureux qu'il s'est imposé depuis près d'un an ; ce n'est pas Stéphanie.

C'est la dernière belle soirée de la saison.

Luc a vu Stéphanie s'installer dans le salon. Ils sont de part et d'autre de l'amie, qui fait les présentations. Elle a déjà parlé à chacun de l'autre, les prénoms prennent à présent un visage. Stéphanie ne voit pas celui de Luc. Elle n'aime pas les barbes. Elle n'aime pas ce qui a l'air de masquer la vérité, de quelque façon que ce soit.

Luc voit Stéphanie et il n'en revient pas. Les minutes qui passent, les mots qu'elle prononce valident son idée première : c'est elle qu'il a toujours cherchée. Il la reconnaît sans l'avoir jamais vue auparavant. Il sait.

— Alors ? demande l'amie à Luc à propos de l'autre jeune femme.

Mais Luc ne l'a pas remarquée. Il n'a remarqué personne d'autre que Stéphanie.

Ils boivent du vin rouge et du champagne à la fenêtre de la cuisine, attrapent au vol des rondelles du saucisson qui circule, fument des cigarettes par pur plaisir. Ils parlent de tout et de rien, mais d'un tout et rien propre à eux. Ils se découvrent lentement. Ils sont d'accord sur tout.

Stéphanie se ressert du champagne. Luc l'observe. Il s'intéresse à elle. Il la sonde.

Stéphanie surveille l'heure. C'est bientôt celle du dernier métro. Avant de filer, elle dit à Luc qu'elle a aimé le rencontrer.

Tout le monde n'est pas prêt à accepter une relation qui va changer le cours de son existence.

DANS UN LIVRE

« C'est exactement vous. »

MAINTENANT

Une césarienne de confort. Voilà ce qu'il me faudra. Les célébrités y ont bien recours, pourquoi pas moi ?

Je ne me rendrai compte de rien.

On endormira un peu de mon corps, on ouvrira, on prendra le bébé que j'aurai porté, on refermera puis le temps fera son œuvre.

Je ne me rendrai compte de rien.

Et mon sexe sera intact.

Pas de passage forcé, pas de muscles élargis, pas de déchirure accidentelle, pas de découpage intentionnel.

Intact.

Tel que je le connais.

Rien à réapprivoiser.

Et la question de la peur d'accoucher définitivement réglée.

LE FILS DU GYNÉCOLOGUE

— Mon père ne compte pas prendre sa retraite avant quatre ou cinq ans, pourquoi ?

— Je me demandais s'il pratiquait ce qu'on appelle des césariennes « de confort » ou « de convenance » ? C'est pas pour moi, je te rassure, c'est pour une amie.

— Je n'en sais rien. Il est très moderne sur beaucoup d'aspects et très traditionnel sur d'autres… Ton amie devrait prendre rendez-vous avec lui, à mon avis.

— D'accord, je le lui dirai. Merci, Sébastien.

LA LÉGENDE

Stéphanie et Luc se téléphonent. Plus exactement, ils *passent la soirée ensemble* au téléphone. Ils se disent tout. Ils se racontent. Ceux qu'ils sont, ce qu'ils ont traversé, leurs erreurs, leurs doutes, leurs projets, leurs angoisses, leur idée de l'avenir. Ce qu'ils mangent au petit-déjeuner et ce qu'ils veulent que soit fait de leur corps après leur mort. Et aussi les gens aimés avant, les douleurs toujours présentes, les poids qu'ils portent et ceux dont ils se sont délestés. Ils partagent leurs convictions intimes, leur philosophie personnelle, leur regard sur le monde. Leurs processus créatifs. Stéphanie est photographe, Luc est fleuriste. Stéphanie compose des bouquets d'émotions avec son objectif, Luc capte l'intensité végétale dans son atelier. Tous les deux sont curieux.

Chacun devient l'objet de la curiosité de l'autre en même temps qu'ils prennent un plaisir certain à se dévoiler.

Un plaisir duquel toute peur est absente.

Car ils continuent de se découvrir d'accord sur tout.

Ils se parlent quotidiennement. Le registre dans lequel s'exprime Luc devient progressivement amoureux, Stéphanie le sent. Elle aime cela, mais elle a beau regarder et regarder encore les photos de Luc, elle ne sait pas s'il lui plaît.

Stéphanie finit par le lui dire. Qu'elle ne sait pas s'il lui plaît. Qu'elle ne l'a pas vu, lui vraiment, derrière sa barbe, lors de cette soirée. Pas senti – elle se retient de dire « pas reniflé », car c'est en reniflant l'autre qu'elle sait si elle éprouve du désir. Qu'il est tentant de jouer à se séduire par la voix, mais qu'elle ne veut pas prendre le risque d'une déception mutuelle. Elle sait l'esprit capable de former les images qu'il désire, loin de toute idée de réalité.

Qu'ils devraient se voir à nouveau sans tarder. Pour savoir. Quoi faire, où aller. S'il y a à faire et où aller seulement.

Se rencontrer à nouveau. En vérité, elle éprouve le besoin de rencontrer Luc tout court. Luc viendra chez Stéphanie dès que celle-ci rentrera de déplacement. Et ils verront bien.

Même si Luc sait déjà que Stéphanie lui plaît. Même s'il le lui dit. Même si pour Luc, de doute il n'y a jamais eu.

Ce sont des jours hors du temps. Stéphanie sent Luc à ses côtés quoi qu'elle fasse, où qu'elle aille. Elle se meut sous le seul regard de Luc, pourtant à des centaines de kilomètres.

Stéphanie se sent au seuil d'un avenir où tout est possible ; et pleinement en vie. Toutes les peurs se sont évanouies. Elle a prévu de ne rien prévoir. Elle veut passer du temps avec Luc et juste avec lui, pour en avoir le cœur net. *Qu'elle est étrange, cette attente. Qu'ai-je décidé ? Est-ce que je me laisse emporter parce que je n'ai pas la force de lutter contre des intentions seulement bonnes ? Ou est-ce que je me reconnais en toi et que ça suffit ? J'espère que tu vas me plaire. J'aimerais qu'on s'aime. Toute la vie, je ne sais pas. Mais genre longtemps. Et fort. Mais on s'aime déjà, non ?*

Stéphanie se dit que si ça ne marche pas, ils pourront toujours aller au cinéma.

Dès qu'elle aperçoit Luc, Stéphanie est envahie par un mot : NON. Elle a sa réponse. Mais elle sait que les heures à venir seront agréables. Il n'y a que trois possibilités : que ce soit bien, que ce soit très bien, ou que ce soit très très bien.

Ils marchent des heures. Parlent des heures. S'arrêtent pour observer le monde. Commentent ce qu'ils voient. En conservent des images. Le NON est toujours là, qui n'empêche nullement la beauté du moment. Ils vont à la supérette acheter de quoi dîner à l'appartement pour continuer à se tenir à l'écart de l'extérieur.

Ils parlent des heures encore, boivent, mangent des heures. Le temps n'a plus tellement de valeur. Au-delà de l'espace qui les sépare, l'environnement a disparu.

Luc a quitté le canapé sur lequel ils étaient tous les deux assis pour venir se placer en face d'elle et pouvoir la regarder dans les yeux. Entre deux récits, il lui dit des choses douces et belles. Stéphanie se sent bien. Elle laisse le choix à Luc de dormir sur le canapé déplié ou de partager son lit. Il choisit le lit. Malgré le NON, c'est la réponse que Stéphanie espérait.

Allongés ils parlent encore. Quand le noir les enveloppe ils parlent encore. Puis ce sont les bras de Luc qui enveloppent Stéphanie. À moins que ce ne soit Stéphanie qui s'y précipite. Comment communier davantage sinon en faisant se parler leurs peaux ?

Alors les mains remplacent les mots et dans la mollesse de la couette en plumes, dans le silence de la nuit en ville, les peaux font connaissance.

Ils ne parlent plus.

MAINTENANT

Ce n'est pas que nous essayons de faire un enfant, c'est que nous avons simplement mis de côté tout moyen de contraception, toute précaution.

Combien de temps dure la phase d'euphorie sexuelle ? En jeune femme romantique, j'ose croire qu'elle peut ne pas s'arrêter lorsqu'on a trouvé sa moitié.

Quoi qu'il en soit, nous sommes toujours dedans.

Et je suis convaincue que cela facilitera les choses. Parmi les croyances, nombreuses, qui sont les miennes, il y a celle que l'on a plus de chances de concevoir un enfant dans l'orgasme ; et celle que les enfants conçus par amour sont les plus beaux.

Chacun a des croyances. Certaines se fondent sur rien, d'autres sur une vérité lointaine dont l'origine a été oubliée de longue date. Les croyances perdurent au bénéfice du doute : il est impossible de savoir, pour chacune, à laquelle des deux catégories elle appartient.

Tandis que Luc débouche une bouteille de blanc d'Alsace, je quémande une cigogne.

DES CROYANCES

La soupe fait grandir ;
Les derniers seront les premiers ;
Bien mal acquis ne profite jamais ;
On n'est pas sérieux quand on a dix-sept ans ;
Les bébés choisissent leurs parents ;
Il faut souffrir pour être belle ;
Les carottes rendent aimables ;
Une hirondelle ne fait pas le printemps ;
Ceux qui m'aiment prendront le train ;
Le sport fait maigrir ;
On a plus de chances de concevoir un enfant s'il y a double orgasme ;
Les enfants nés par césarienne sont plus affectueux que les autres ;
Les enfants nés le dimanche sont plus heureux que les autres ;
Les enfants conçus par amour sont plus beaux que les autres.

À *L'ORCHESTRE*

Je prends l'apéro avec Meredith. Une bouteille de blanc de Loire, et des amandes grillées. Meredith et moi sommes amies depuis près de vingt ans, et depuis plus de dix nous avons instauré ce rituel pour traiter des questions d'urgence aussi bien que des dossiers de fond. Ce soir, c'est du sancerre. *L'Orchestre* est une institution familiale donnant sur l'Opéra, un de ces établissements dont les serveurs sont vêtus de noir et de blanc, un de ces établissements où l'on peut à toute heure boire un verre de vin, commander un croque-salade, acheter à prix d'or un paquet de cigarettes miraculeusement sorti de sous le comptoir.

Meredith vit une histoire compliquée avec Patrice, rencontré il y a trois ans. Patrice, déjà père de deux enfants, n'en souhaite pas d'autre et l'a d'emblée annoncé à Meredith. Meredith pensait qu'elle ferait son affaire de cette opposition mais le temps passant elle n'en est plus si certaine.

Hier, Meredith a vu à la télévision un reportage sur le prélèvement d'ovocytes, non autorisé en France mais facilité en Espagne, ce pays qu'elle aime tant et où elle va dès qu'elle peut. Cette nuit, elle n'a pas dormi.

L'opportunité de retarder l'échéance existe. Meredith veut la saisir, le temps de convaincre Patrice de revoir sa position. Et l'Espagne – c'est un signe auquel elle refuse d'être aveugle.

Elle laissera passer la nuit et si elle n'a pas changé d'avis à l'aube, elle prendra rendez-vous à Madrid ou à Barcelone.

Olé.

LA SORCIÈRE

— C'est moi qui ai présenté Luc à Stéphanie, pour mon anniversaire. Et sachant à quel stade de leur vie ils en sont l'un et l'autre, je peux te garantir qu'ils ne construiront rien ensemble.

LA LÉGENDE

Ils ne se lèvent pas. Et quand ils se lèvent enfin, c'est pour se recoucher aussitôt. C'est comme une réparation avant même que l'on sache que quelque chose s'est cassé. C'est incroyable, presque magique. Stéphanie n'en revient pas, mais elle accepte ce cadeau.

Ils sortent manger des crêpes sur la butte Montmartre. Stéphanie ne se sent pas capable de prendre Luc par la main dans la rue. Prendre la main, c'est un geste hautement symbolique, c'est être un couple aux yeux du monde même si l'on ne voit personne, c'est être deux et peut-être dépendre, du moins compter sur, et pour ça Stéphanie n'est pas prête, prendre la main c'était l'homme d'avant, il y a très peu de temps, et puis celui d'encore avant, elle ne veut pas de main dans la sienne, pas d'homme dans sa vie, pas déjà, elle a besoin d'être elle et rien qu'elle un moment avant d'envisager de partager l'existence avec quelqu'un d'autre et de marcher à deux sur un même rythme et prendre la main c'est tout ça, la cadence, la musique, la beauté de la musique comme les inévitables fausses notes. Stéphanie ne peut supporter que son propre chant pour le moment. Son oreille est encore fragile.

Elle lui dit cette incapacité et s'en excuse. Elle ne rentre pas dans les détails, elle dit juste qu'elle ne peut pas. Pour Luc, ce n'est pas un problème.

Stéphanie se demande si Luc est réel. Elle se raccroche à l'existence de l'amie qui les a présentés, voilà bien un élément rationnel, une preuve irréfutable, Luc est dans la vie de Virginie depuis plusieurs années, ce n'est pas un songe, pas un de ces génies qui s'évaporent à peine sortis de la lampe.

Lorsqu'ils s'éloignent de la place du Tertre, Luc si fort lui paraît soudain plus fragile qu'elle encore. Cela touche Stéphanie, et plus que cela.

Cela la bouleverse.

En redescendant de la butte, Stéphanie attrape la main de Luc. S'y accroche. Luc serre fort. Ils se sourient.

Derrière eux, on tire un feu d'artifice. À l'endroit qu'ils viennent de quitter.

Dans l'attitude de Luc, Stéphanie a senti des nœuds. Des nœuds serrés et profonds, des nœuds que Luc camoufle comme il le peut, des nœuds qui ne l'empêchent pas de vivre – se persuade-t-il. Des nœuds que personne ne voit. Luc est pour beaucoup un grand frère, un modèle de sagesse, une réserve de conseils, celui que l'on vient trouver quand on est perdu. Ces nœuds, Stéphanie les a perçus vite.

Luc est habitué à ce qu'on ne sache rien de ses nœuds. Il œuvre en ce sens. Il est le premier à les nier. Et voilà que Stéphanie appuie doucement dessus. Très doucement. Il est étonné. Qu'elle les considère, qu'elle les apprivoise, qu'elle n'en ait pas peur. Il la laisse faire. Il s'abandonne cependant qu'il découvre chez lui cette capacité à l'abandon. Inédite.

Les nœuds se détendent peu à peu de savoir qu'ils existent pour quelqu'un d'autre que celui qui les a formés. Si Luc laisse échapper quelques larmes, ce n'est que pour mieux les aider à se défaire. Des larmes d'huile. Il se demande ce qu'il est en train de vivre. Des champs de possibles s'ouvrent soudainement. Il pensait pouvoir aimer Stéphanie toujours, et l'aider comme on peut aider quand on aime, il réalise qu'elle aussi va pouvoir l'aider. L'aider comme on peut aider quand on aime.

Et elle va l'aimer.

Dehors aujourd'hui il pleut. Alors Stéphanie et Luc retournent au lit et ils se réfugient dans une cabane en duvet blanc et arabesques bleues. Pour Luc, il y a aussi le doré des cheveux de Stéphanie et des étoiles qu'elle allume dans ses yeux. La pluie tambourine contre le puits de lumière creusé dans le toit. Ils n'ont besoin de personne puisqu'ils sont tous les deux.

Luc récite comme on conte une histoire la recette du porc au caramel qu'il cuisinera pour Stéphanie lorsqu'elle viendra chez lui. Elle salive déjà et lui lèche les doigts.

Luc n'en revient pas de toute cette intimité si spontanée entre eux. De ces dons et de ces échanges. C'est ce qu'il a toujours cherché, dès le premier instant il a su que Stéphanie pouvait le lui apporter mais il en mesure seulement la pleine réalité et c'est bien plus beau que tout ce qu'il avait imaginé. Que la réalité dépasse les rêves, c'est à peine croyable.

— Qui es-tu ? lui demande-t-il.

Mais ce n'est que pour la forme. Il connaît la réponse. Il est ému comme jamais.

Stéphanie et Luc se disent au revoir au bout d'un quai bondé où ils ne voient personne. Ils se connaissent depuis une semaine ; ou peut-être seulement depuis le début de ce week-end qui a effacé les autres amours, les moindres blessures, et fait table rase de tout leur passé.

Il n'y avait que trois possibilités pour ce week-end : que ce soit bien, que ce soit très bien, ou que ce soit très très bien.

MAINTENANT

La maternité parisienne des Myrtes m'a passé une commande : cinquante-six images pour habiller les murs du rez-de-chaussée, là où ont lieu les consultations de grossesse et de planification. Des murs clairs qui peuvent accueillir toutes les chromies.

Les ventres épanouis, les seins pleins, les sourires doux des femmes enceintes sont propices aux jeux de lumière. J'ai choisi de photographier les futures mères avec leur conjoint et d'indiquer chaque fois, en plus du stade de leur grossesse, le temps écoulé depuis la conception du « projet bébé ».

Garance et Tony, 9 mois
7 mois de grossesse, 2 mois d'attente avant la grossesse

Mariama et Patrick, 26 mois
8 mois de grossesse, 18 mois d'attente avant la grossesse

Marjolaine et Julien, 76 mois
4 mois de grossesse, 6 ans d'attente avant la grossesse

Mon projet a été validé par la direction des Myrtes. Les photos seront affichées aussi dans le couloir où patientent les couples qui ont recours à la PMA.

L'immédiateté n'est pas la règle. Elle le sera de moins en moins. Mais cette attente-là, l'autre attente, celle qui précède, on en parle si peu alors que sa réalité peut rassurer tant de futurs parents... Je suis bien placée pour le savoir.

LA LÉGENDE

Au téléphone, deux heures après s'être séparés, Stéphanie et Luc se promettent qu'ils seront là l'un pour l'autre. Toujours.

Au lever, Luc taille sa barbe. Il envoie une photo à Stéphanie. Elle ne reconnaît pas tout à fait l'homme qui lui sourit timidement sur l'image. Il est très différent de l'individu au visage mousseux qu'elle a embrassé la veille. Cet homme-là était perdu dans le vague. Flou. Luc a chaussé les nécessaires lunettes dont il se passait. La netteté qu'il donne aux contours de son visage, il veut la percevoir partout autour de lui également.

Sans doute qu'il est digne d'intérêt puisqu'il existe pour Stéphanie. Sans doute alors qu'il peut s'autoriser à s'aimer *lui* en plus de l'aimer elle.

Tu changes ma vie, écrit Stéphanie à Luc. La phrase empêche Luc de dormir.

Stéphanie ne peut pas parler de ce qui se passe. Les quelques amis à qui elle avait annoncé la venue de Luc et son cortège d'interrogations prennent des nouvelles. Elle ne trouve rien à répondre. Cela lui est impossible. Ce qu'elle vit, elle n'en a jamais entendu parler. Cette évidence, elle ne l'a vue dans aucun film, lue dans aucun livre. Les mots pour la décrire n'existent pas. Il faudrait inventer un nouveau langage.

Elle le pourrait sans doute mais elle ne le souhaite pas. Elle sait depuis longtemps que le langage est source de malentendus.

De toute façon, elle est trop occupée à aimer.

MAINTENANT

La 47 me met mal à l'aise. Marjolaine, quarante et un ans, quatre mois de grossesse, six ans d'attente avant la grossesse. J'ai recruté mes ventres en placardant des affichettes dans les secteurs de la maternité où l'on vient pour le suivi des grossesses déjà engagées. Marjolaine m'a contactée, au téléphone elle paraissait tout à fait sereine mais lors de la séance photo elle passait du rire aux larmes en un bercement permanent.

Marjolaine n'y croit plus. C'est sa huitième grossesse, et aucune n'est allée au-delà du sixième mois. Au deuxième trimestre, son corps rejette le fœtus. Inexplicablement.

La chambre du bébé est prête depuis la première grossesse, rien n'a été rajouté depuis. Autour de la pièce fantôme tournoient sans bruit toutes les superstitions.

Je n'ai pas réussi à y croire moi non plus. Voilà l'explication de mon mal-être face au cliché. Je savais. J'aurais dû inventer n'importe quoi pour ne pas faire figurer ce ventre dans l'accrochage.

Pourtant sur la photo le ventre est aussi plein que n'importe quel ventre, pourtant d'autres couples m'ont raconté des histoires complexes laissant supposer des grossesses fragiles, « précieuses », dit-on chez les professionnels de santé, pourtant je n'avais pas de raison de croire moins en celle-ci qu'en d'autres. Il y avait quelque chose, quelqu'un à l'intérieur lorsque j'ai pressé le déclencheur.

Marjolaine a perdu son bébé à dix-neuf semaines. Axel, son mari, ne veut plus continuer, il veut mener un autre combat, celui de l'adoption, celui de la cause animale, celui de l'immobilier ou de la richesse, celui de l'athlétisme ou des voyages sac au dos, celui de la décoration d'intérieur ou des apéros en terrasse, peu importe tant que l'issue n'est pas à ce point incertaine, tant que l'échec n'est pas à ce point destructeur, tant qu'il peut espérer se défaire de l'impression tenace de creuser un puits sans fond.

Je me sens pleine de compassion, et ce n'est pas un vain mot.

DANS UN LIVRE

« — Ne vois-tu pas que tout grouille de signes autour de nous ? Des signes et des coïncidences qui ne doivent rien au hasard. Le mot coïncidence est une chose, celui de Providence en est une autre. Il y a une sérieuse différence entre les deux. Dans le cas de la Providence, les divers fragments qui semblent là au petit bonheur constituent, en réalité, les pièces d'un seul tout. Considère cet immense univers comme un livre ouvert. Un livre qui attend son lecteur. Il faut lire chacun de tes jours comme un feuillet détaché. Sans te focaliser sur le passé ni sur l'avenir. Seul compte l'instant présent. Tu dois avancer page par page. »

MAINTENANT

Reste au-dedans de moi, tapie comme une cicatrice invisible, enfouie loin, la blessure laissée par les vaines tentatives d'enfanter avec Guillaume, mon amoureux d'avant. Ces tentatives, orchestrées dans le cadre du processus chapeauté des trois lettres « PMA », m'ont fait découvrir la rudesse du corps médical, la rudesse des soignants, hommes ou femmes, vis-à-vis de la nullipare que je suis. Je sais que dessous les blouses se cachent des êtres formidables mais que se dissimulent aussi des bourreaux. « Il y a deux sortes de médecins, les docteurs et les soignants », ai-je lu quelque part. Dans « nullipare », certains entendent « nulle », et moi aussi.

Les médecins sont des hommes comme les autres, capables de passer sur leurs patients la colère liée à une déception dans leur vie personnelle, capables de ne pas réussir, parfois, à laisser leurs soucis à la porte du cabinet ou de l'hôpital. La tentation de l'humiliation est d'autant plus grande qu'on en a les moyens.

Il y a les bons docteurs et les vilains. Qui imposent aux femmes de déposer à l'entrée du service leurs larmes et leurs armes. Qui voient la relation de soin comme un rapport de force. Qui oublient qu'en face, il s'agit du corps de quelqu'un d'autre. Qu'il s'agit *de quelqu'un d'autre*. Qui jouissent de leur pouvoir, qui jouissent de rester en blouse tout en demandant à la patiente de se déshabiller, oui, enlevez tout, comment voulez-vous que je vous examine sinon ?

Si je ne veux pas faire de mon accouchement une roulette russe, il faudra que je choisisse bien les mains entre lesquelles je me remets. Qu'elles accompagnent et aident mais qu'elles n'imposent pas.

DANS LA PRESSE

« L'obstétrique traditionnelle consiste à surveiller un phénomène physiologique en se tenant prêt à intervenir à tous les instants. L'obstétrique moderne consiste à perturber ledit phénomène de telle sorte que l'intervention devienne indispensable à l'heure exacte où le personnel est disponible[1]. »

1. Professeur Malinas, gynécologue-obstétricien, *Le Dauphiné libéré*, 8 mai 1994.

À *L'ORCHESTRE*

Je prends l'apéro avec Meredith. Une bouteille de reuilly et des olives vertes. Meredith n'a pas changé d'avis.

Ce sera Madrid. Elle a renseigné le formulaire en ligne, a été très vite recontactée par cette clinique dont l'activité est dénommée « procréation assistée ». Meredith a rendez-vous dans un peu plus d'un mois pour faire les premiers examens avant de procéder à la vitrification des ovocytes proprement dite ; il faut d'abord vérifier que le processus est possible.

Meredith a un bon dossier médical. Seront passés en revue ses antécédents gynécologiques et obstétriques. Meredith n'a jamais avorté, jamais pris de traitement particulier. Elle partira confiante. Elle part déjà confiante. Elle vient de prendre ses billets.

— Et Patrice ?

— Il est au courant. Je le lui ai dit. Mais il s'est mis à pleurer, et depuis on n'en a pas reparlé.

— Ah. Il ne va pas t'accompagner en Espagne, alors ?

— Non.

— Bon.

— Je ne veux pas devenir mère à n'importe quel prix, je veux juste lui laisser le temps de changer d'avis plutôt que d'envisager une autre solution.

En France, le procédé est réservé aux femmes malades, celles qui ont une leucémie ou un autre cancer. Meredith travaille dans le tourisme d'affaires, elle organise des séminaires à l'étranger pour les cadres qui ont besoin qu'un changement de décor les décoince, les ressoude, les motive.

L'Espagne est une de ses destinations phares. Madrid et Barcelone en particulier. Elle connaît les deux villes comme ses poches.

Ce détail rajoute du sens à l'histoire.

Pour fêter ça, nous commandons une deuxième bouteille de reuilly. Le serveur sympathique nous l'apporte avec un clin d'œil et une double ration d'olives vertes. Derrière Meredith, l'Opéra ressemble soudain à ce palais d'Orient dont le roi d'Espagne a fait sa résidence officielle.

MAINTENANT

Aux journalistes, Jennifer Aniston, l'éternelle Rachel de *Friends*, explique plusieurs fois par an que non, le petit ventre que lui a dessiné telle ou telle tenue sur telle ou telle photo prise à son insu n'est pas le signe annonciateur d'une grossesse. On avance même que c'est faute d'enfant que Brad Pitt l'a quittée.

Depuis quinze ou vingt ans, la presse s'intéresse aux femmes qui choisissent de ne pas avoir d'enfant et le revendiquent. À longueur d'interviews écrites, filmées ou enregistrées, on donne la parole à ces femmes-objets de curiosité. Dans leurs explications, on traque les justifications, problème physiologique, handicap, déficience héréditaire, les preuves que cette décision n'est qu'un choix par défaut. Sur leur visage, on traque les signes, refus de transmettre la laideur, difficulté à trouver un homme qui accepte de se reproduire, envie de rompre une chaîne. On admet ces raisons, ainsi que l'intensité d'une vie professionnelle ou la richesse d'une vie artistique.

L'idéologie, pas encore.

UNE OPTION

Depuis 2014, l'entreprise Facebook encourage ses salariées à procéder à la congélation de leurs ovocytes afin de mieux se concentrer sur leur carrière. L'encouragement se présente sous la forme d'un soutien financier : les frais de congélation des ovules sont pris partiellement en charge dans le cadre de la couverture médicale dont bénéficient les employés. Une participation qui s'élève à environ 20 000 dollars pour chaque salariée, soit deux prélèvements d'ovocytes et les frais de conservation annuels.

Depuis 2015, Apple et Google offrent aussi cette option dans la couverture santé proposée. Les entreprises, qui emploient deux hommes pour une femme, veulent séduire les candidates à haut potentiel et rééquilibrer un univers très – trop – masculin. Il semble que la congélation d'ovocytes se range dans la catégorie des arguments.

Ainsi l'horloge biologique posséderait comme d'autres appareils une touche « pause ». Et cette technique, mise au point à l'origine pour raisons médicales, pourrait se banaliser. De l'aveu des responsables des ressources humaines des groupes concernés, la congélation d'ovocytes pourrait devenir un outil pour égaliser le terrain professionnel dans le secteur high-tech.

Outre-Atlantique, où la démarche est de plus en plus populaire, certains considèrent qu'enfin les femmes pourront ne plus choisir entre carrière et famille. La maternité et l'évolution professionnelle sont-elles à ce point incompatibles ?

D'autres s'inquiètent d'une possible généralisation d'un processus artificialisé de procréation et parlent de « manipulation de la vie ».

On ne sait pas si les ovocytes font l'objet d'une quelconque négociation dans le cas où la salariée souhaiterait démissionner.

MAINTENANT

Luc n'a pas d'appartement, il possède une petite maison à la campagne, éloignée de tout, et lorsqu'il travaille il habite dans sa boutique-atelier où il a aménagé une mezzanine avec un lit et de quoi ranger livres et vêtements. Après avoir fait de l'administration des ventes dans une entreprise fabriquant des vélos, il a obtenu les clés de ce local et rangé définitivement au placard ses pantalons à pince.

— Il fallait que je me plante pour m'intéresser aux fleurs, dit-il pour me faire sourire.

À l'exception de quelques roses à hautes tiges pour les amoureux démunis, Luc ne propose que des fleurs en pot. Couper c'est condamner, dit-il, et le principal frein à l'achat des plantes en pot étant précisément les pots, Luc les soigne, il en lave la terre à l'extérieur avant de les habiller d'un tricot de laines bigarrées qu'il adapte chaque fois à la plante. Sa boutique s'appelle « Vert laine » et sa particularité lui vaut une petite renommée dans le quartier.

Je trouve follement romantique cette cabane perchée en pleine ville où l'on peut faire l'amour comme dans un jardin protégé des regards. Luc est un prince qui me fait approcher les étoiles, sa boutique s'appelle « Vert laine » et il est mon poète.

LA LÉGENDE

Je t'aime.

Même pas peur.

C'est faux. Stéphanie a peur. Tout cela va trop vite. Est disproportionné. Et puis elle voulait un premier « je t'aime » murmuré au creux de l'oreille, soufflé dans les draps bleutés, hurlé d'un promontoire, d'un précipice, du haut d'un belvédère ou d'une vague de plaisir. Pas tapé sur le clavier d'un téléphone. Pas transmis par le réseau. Pas virtuel. Elle voulait le sentir, le premier « je t'aime ». Être touchée.

Quand elle a reçu le message de Luc, elle a souri. Le sourire est resté longtemps. Puis il est parti, et à sa place est venue la panique. Le NON est énorme.

Stéphanie a commencé à avoir besoin de Luc. Voilà ce qui lui pose problème. Voilà ce qu'elle refuse.

Le NON grossit encore à mesure que la journée avance. Stéphanie appelle Luc pour le lui dire.

— C'est « Même pas mal », que tu aurais dû répondre, plutôt que « Même pas peur », rétorque Luc.

Luc a deux filles et elles arrivent ce soir chez lui.

— Sinon, je courrais à la gare attraper le dernier train pour venir te rassurer.

Stéphanie sait que son inquiétude blesse Luc. À Luc, ces doutes font l'effet d'un chardon sur la peau. Stéphanie ne veut pas d'amoureux. Pas de nouveau couple. Pas maintenant. Et si sa détermination à elle le privait, les privait de ce qu'il entrevoit pour eux deux ? C'est un risque qu'il ne peut prendre. Tout commence seulement.

Parler avec Luc apaise Stéphanie. Lui redonne confiance. Il n'y a pas de peur à avoir. Puisqu'il n'y a pas de danger.

Pas de risque. Puisqu'elle peut faire ce qu'elle veut. Et décider.

Elle est ébahie par cet amour immense que lui propose Luc. Un amour inconditionnel. Un amour large comme un monumental cerf-volant. Mais un cerf-volant solide, qui résiste à tous les vents.

Luc est un prince. Stéphanie éprouve de la reconnaissance par bouffées qui déflagrent. Des bouffées presque violentes. Luc est son prince, et celui de personne d'autre.

— Merci d'être. Vraiment.

— Je suis. Pour toi. Vraiment. Et j'ai envie de vivre intensément avec toi.

— Il va me falloir un peu de temps pour que l'évidence prenne toute la place, mais je suis là, Luc. Évidemment.

Tout le monde n'est pas prêt à changer d'avis par amour.

MAINTENANT

Pour dormir, Luc porte un masque. Pas le masque de sommeil que se mettent sur les yeux les voyageurs, un masque respiratoire, qui emprisonne le nez et la bouche.

Il ne me l'a pas dit tout de suite, bien sûr. Au démarrage d'une histoire, chacun cache ce qui peut effrayer l'autre comme ce qui est trop trivial. Il a tenu tant qu'il a pu, les premières nuits devaient s'affranchir de cet accessoire. Puis il me l'a montré, et il l'a porté, au-dessus de ses plantes où nous étions perchés. Sa santé était en jeu.

Je ne l'aime pas, ce masque. Il rend le « Bonne nuit » définitif. Une fois qu'il est positionné, plus de mots doux, plus de bisous, plus de câlins, plus de bribes de conversation comme j'aime en parsemer la phase qui précède le sommeil avec un amoureux.

Après le « Bonne nuit », le masque nous sépare pour de longues heures. Comme s'il y avait quelqu'un entre Luc et moi. Une tierce personne, dans ce lit. Max. Max le masque.

Cependant, en me renvoyant à ma solitude lorsque je me réveille la nuit, Max me retient de m'en remettre totalement à Luc dans la journée. La tentation de la fusion est grande, et je sais que cette fusion qui fausse le discernement est une mauvaise camarade.

J'ai la conviction que Luc et moi nous aimerons toujours tout en restant libres et indépendants, et il se peut que Max ne soit pas pour rien dans cette certitude.

UN RÊVE

Je suis dans une chambre. Je ne connais pas la pièce, mais c'est ma chambre, celle de la maison dans laquelle je vis. Je suis au lit, c'est le matin. Dans le creux de mon bras, un bébé prénommé Ulysse.

Il est né et tout s'est bien passé.

Non, c'est plus que cela : il est né et je ne me suis rendu compte de rien. Mais il est né. Et à présent il est là.

C'est un rêve, et tous les rêves n'ont pas forcément de signification.

MAINTENANT

Nous dînons en terrasse dans la rue piétonne. Virginie chez qui nous nous sommes rencontrés a décliné nos deux dernières invitations, des amis communs nous ont rapporté qu'elle vient de se faire quitter, et Virginie est de celles que la jalousie empêche d'avancer. Il semblerait même que cette jalousie fasse d'elle une sorcière qui profère des malédictions.

Je raconte mon rêve à Luc, qui ne fait pas de commentaire. Je lui raconte souvent mes rêves. Sans avertissement, alors que nous finissons nos plats, Luc me prend en photo puis me montre le résultat. Au-dessus de ma tête s'alignent les six lettres du prénom Ulysse : c'est le nom de la petite boutique qui jouxte le restaurant et dont l'enseigne, sous cet angle, apparaît comme un écriteau au-dessus de moi.

Combien de fois ai-je arpenté cette rue, combien de fois suis-je passée devant, ai-je admiré la vitrine même, sans voir l'enseigne ? Dans la boutique on vend des vêtements et des bijoux, des trouvailles et des petits objets de décoration. Seulement de jolies choses.

— Tu savais que la boutique s'appelait comme ça ?

— Non, je n'avais jamais fait attention.

Il y a parfois des signes tellement énormes qu'on ne s'en remet pas.

LA LÉGENDE

Au téléphone ce soir, Luc a parlé d'enfants. Luc qui en a déjà deux a parlé d'enfants à Stéphanie qui ne sait pas si elle en veut. Il a parlé de « famille », même. De « tribu ».

Stéphanie n'aime pas l'idée d'en vouloir *dans l'absolu*. Comme si un enfant se concevait seule. Elle croit qu'elle voudra un enfant avec un homme en particulier, si elle doit en vouloir. Elle ne sait pas encore si ce sera Luc. Stéphanie écrit à Luc qu'elle va l'aimer. C'est pour l'instant la seule chose qu'elle sait.

— *Tu en doutais ?*

— *Non. Je m'émeus. Je frissonne de plaisir.*

Dans son appartement, Stéphanie frissonne aussi.

La nuit qui porte parfois conseil réveille chez Stéphanie certaines angoisses. La nuit qui en ville n'est jamais noire attise la flamme du NON pas tout à fait éteinte. Elle redoute que Luc aime l'amour plus que sa personne. Comment le saurait-elle, si c'était le cas ? Elle redoute que Luc aime ce qu'elle lui renvoie de lui plus que ce qu'elle est elle.

La nuit drague des arguments en défaveur de ce qui s'offre. Stéphanie est perdue un jour sur deux. Luc perçoit ces changements d'humeur, ces résistances sourdes, ces petites luttes intestines.

Il les aime aussi.

Stéphanie vit avec une sensation constante de défaut d'existence. Elle a en permanence besoin d'être rassurée. Alors parfois elle tapote vite des mots sur son téléphone qu'elle envoie à Luc, puis elle les relit et juge qu'elle n'a pas dit exactement ce qu'elle voulait. Alors elle corrige et ces nouveaux messages sont comme ceux d'avant des perches tendues, des flèches tirées mais inoffensives, des cailloux qui sur l'eau pourraient ricocher. Des bouées.

Elle est souvent déçue par les réponses de Luc parce qu'elle voudrait que tout, tout le temps, soit d'une beauté inouïe, d'une profondeur insensée, d'une force remarquable, que tout, tout le temps, soit l'écume d'un amour absolu. Alors que le quotidien laisse généralement peu de temps pour la recueillir. Voilà pourquoi Stéphanie s'emploie à sécher la vie réelle. On dit même qu'elle rêve de le faire à deux.

Luc n'a pas ce problème. Stéphanie l'accompagne quoi qu'il fasse et où qu'il aille. Il en est habité. Et puis il est confiant, puisqu'il sait.

Les hésitations de Stéphanie continuent de l'émerveiller.

Stéphanie prend le train pour découvrir la campagne de Luc. À bord, elle n'est plus qu'un gigantesque compte à rebours. Le voyage dure une éternité. Il lui semble qu'elle n'arrivera jamais.

Lorsqu'elle s'est réveillée la veille, elle était envahie par le mot de trois lettres. NON. Les doutes la transperçaient comme des balles. Elle a pensé à son appréhension avant de grimper dans les manèges à sensations. Le NON qui arrive au galop en se moquant des dizaines de minutes d'attente dans la file. Le NON que les sensations pulvérisent pourtant rapidement. Le contentement d'après.

Le NON va se changer en oui.

Stéphanie descend du train avec son sac à dos et une orchidée pour Luc. Dans un pot en grès.

Luc est là, souriant et intimidé. Il prend le sac et change la fleur de côté pour que Stéphanie puisse glisser sa main dans la sienne.

Elle ne réalise même pas que le NON est resté sur le quai.

LA SORCIÈRE

— Je les connais tous les deux : ça ne va pas durer. À l'heure où je te parle, c'est même sans doute déjà fini.

RAISONS DE FAIRE UN ENFANT AVEC LUC

Par amour ;
Pour que la poésie s'incarne ;
Pour que mon enfant grandisse au milieu des fleurs ;
Pour que ma vie change ;
Pour que le miracle dure ;
Pour que la magie ne s'arrête jamais ;
Parce qu'il en a envie ;
Parce que j'en ai envie ;
Parce que ma vie a déjà changé ;
Par évidence ;
Parce que c'est Luc.

MAINTENANT

J'ai un doute. Dix jours de retard.

Luc est plus catégorique :

— Je pense que tu es enceinte.

Sur quoi se base-t-il pour l'affirmer ? Rien de palpable, dit-il. Les signaux faibles, ceux qu'il perçoit si bien quand ils me restent étrangers. Son intuition. Son sixième sens.

Je ne m'emballe pas. Je sais la capacité de mon espoir à retenir le flux. Je sais que la grossesse peut n'être qu'une construction mentale.

Mais au matin, j'envoie tout de même Luc acheter un test de grossesse à la pharmacie.

Jamais je n'ai uriné sur le bâtonnet avec autant d'enthousiasme.

Mais une seule barre apparaît, et il faut bien sortir des toilettes pour montrer le résultat à Luc.

Je suis déçue. Déçue de moi. L'homme que j'aime a déjà deux enfants, il est capable de se reproduire, c'est donc moi, cette fois, qui ai échoué. Je suis déçue de le décevoir – car je le déçois forcément, puisque les espoirs conjoints ont été formulés. Qui sait s'il ne va pas moins m'aimer désormais.

Même s'il m'affirme le contraire en me serrant dans ses bras et en proposant un café au soleil de la terrasse, cependant qu'au-dedans de moi, la blessure laissée par les vaines tentatives d'enfanter avec Guillaume remonte brusquement à la surface. Cette blessure qui se réveille me rappelle que même quand tous les indicateurs sont au vert, il est possible que ça ne fonctionne pas.

Je vais au yoga pour faire le vide. À genoux, tête rentrée entre les cuisses, mains jointes derrière les pieds, on me fait faire la posture de l'enfant. Sur le dos, genoux repliés sous le menton, tête penchée en avant, bras qui enserrent les jambes, on me demande de prendre la position du fœtus.

Je suis déçue aussi pour autre chose.

L'intuition de Luc. Son sixième sens. Celui qui lui a fait savoir d'emblée, lorsqu'il m'a vue, que nous allions nous aimer et être heureux pour le reste de nos vies.

S'il n'est pas fiable, qu'est-ce qui distingue ce sixième sens supposé d'une prophétie autoréalisatrice ? D'une volonté exprimée sous forme de prédiction ? D'un vœu pur et simple ?

Et si je m'étais trompée pour Luc ? Et si ce qui me paraît magique chez lui n'est rien d'autre qu'un hasard favorable un temps – pire, une technique de drague ? Et si aujourd'hui le vent tourne, dois-je rester ou commencer à me poser des questions ?

Et si mon homme n'était qu'un trompe-l'œil ?

LA LÉGENDE

Stéphanie a apporté quelques affaires, elle reste chez Luc le temps d'une nouvelle série de photos. On ne sait ce qui est prétexte à quoi.

Luc s'est fait livrer un nouveau lit. Il voulait un écrin pour leurs nuits dorées. Surtout, il en a eu assez de l'austérité dans laquelle il s'était enfermé. Jusqu'à dormir sur un matelas sans sommier. Il invite désormais le confort chez lui. Il en a eu l'idée en s'éveillant dans le lit de Stéphanie. Il se l'est autorisé.

Stéphanie et Luc ont vissé les pieds et posé le lit dans la chambre. Ils n'avaient pas attendu le sommier pour s'aimer.

Stéphanie profite de l'absence de Luc pour aller au magasin trouver des draps plus jolis pour les envelopper. Luc a rêvé de bleu. Stéphanie choisit un bleu qui croise d'autres teintes gaies. En un rien, la chambre de Luc est transformée.

Luc fait mijoter le porc au caramel dont il avait énoncé à Stéphanie la recette. C'est fondant et mielleux. Meilleur encore que ce que Stéphanie avait imaginé. Ils le dégustent dans des bols jaunes en regardant un film que Luc connaît par cœur mais que Stéphanie n'a jamais vu. Il chérit cette simplicité avec laquelle Stéphanie s'installe dans son quotidien. Il n'y a décidément aucun obstacle.

Chacun fait une place à l'autre dans sa liberté, qui n'en est que plus grande. Luc a laissé à Stéphanie un double des clés en lui disant qu'il aurait pu faire cela dès le soir de leur rencontre chez Virginie. Sa confiance en elle est immense. Absolue.

Le soir de leur rencontre, c'est les clés de son existence qu'il lui a remises. Simplement, Stéphanie ne l'a pas encore accepté.

MAINTENANT

La vie continue, avec du vin, des rires, des cigarettes. De règles, toujours pas, pourtant leurs habituels signes annonciateurs sont là : les seins sensibles, une impression de léger ballonnement à la taille. Au bout de vingt jours, je décide qu'il faut vérifier à nouveau. J'entraîne Luc au laboratoire le plus proche. Les résultats nous sont promis sous vingt-quatre heures. Nous nous prenons en photo, qu'il y ait une trace de l'instant d'avant si jamais tout change.

Le lendemain, nous marchons main dans la main vers le labo. Pas question d'attendre l'envoi des résultats par voie postale, nous allons les chercher nous-mêmes. Mon pas s'accélère sans que je puisse le contrôler. La rue descend, mais ce n'est pas seulement ça. La réponse nous attend, en bas. Je tente comme je peux de me préparer à ce qu'elle confirme le premier test de grossesse, en même temps que je rêve que celui-ci ait dit faux.

Un test de grossesse fiable à 99 %. Que puis-je vraiment espérer ?

La prise de sang, elle, est fiable à 100 %. Pourquoi placer autant d'attentes dans ce delta, dans ce tout petit pour-cent ?

La femme qui me tend le pli affiche un visage neutre. Je décachette l'enveloppe sur le trottoir, devant la porte.

Je regarde les chiffres.

Luc hoche la tête.

Je sais lire un compte rendu d'analyses, pourtant soudain je ne suis pas sûre de comprendre. Je pousse à nouveau la porte du laboratoire.

— Est-ce que ça veut dire que je suis enceinte ? demandé-je à la femme assise derrière le comptoir d'accueil.

— Oui.

Je m'embrase instantanément. La femme se met à sourire, elle a compris que la nouvelle est bonne.

Je suis enceinte.

Je vais être mère.

Luc et moi allons être parents, ensemble.

— Bravo, me dit Luc.

Il me félicite avant de se réjouir pour lui. Mais ça vient juste après.

Nous faisons une nouvelle photo. Quelque chose sur nos visages a changé, déjà. Nous sommes liés désormais, définitivement, ce lien nous rend heureux et cela se voit.

Un bébé dans neuf mois !

Huit, en fait. Le premier de ma grossesse s'est écoulé sans que je le sache. Au mépris même du premier test.

Seul Luc savait.

Je devrais ne plus me fier qu'à lui.

DES IDÉES

Les 10 meilleures façons de lui annoncer que vous êtes enceinte

• Placer le test de grossesse sous l'oreiller, sous sa serviette de table ou dans la poche de sa veste ;

• Glisser le test dans sa sacoche de bureau (éviter le jour de la grosse réunion avec le big boss quand même) ;

• Réclamer une plus grosse voiture, en précisant que ça va devenir indispensable sous neuf mois ;

• Passer une petite annonce dans le journal qu'il lit tous les jours, un message codé mais pas trop ;

• Offrir un hochet, un doudou, un body taille naissance, des petits chaussons ou tout autre objet à la symbolique immanquable ;

• Mettre dans le frigo des petits pots à la place de ses compotes favorites ;

• Fabriquer un faux faire-part et le poster très officiellement à son attention, de préférence orné d'un timbre en forme de cœur ;

• Demander qu'il réserve un créneau dans son agenda pour neuf mois plus tard ;

• Personnaliser un œuf au chocolat (voire un œuf de poule) en glissant une tétine à l'intérieur ;

• Dessiner au rouge à lèvres ou au feutre un point d'interrogation, un cœur ou un hublot sur votre ventre encore plat (ou pas) et le laisser soulever votre tee-shirt.

MAINTENANT

Je dois m'inscrire à la maternité sans perdre de temps. La rumeur dit qu'à Paris, il faut réserver sa place à la maternité et à la crèche avant même de concevoir un enfant. Je n'hésite pas : ce sera les Myrtes, parce que je connais les lieux mais surtout pour la réputation de respect de la physiologie qu'a l'établissement. Les Myrtes, pour me tenir éloignée des bourreaux.

À présent que je sais, je comprends mieux ma sensibilité nouvelle aux odeurs, le frigo pourtant propre, les crevettes pourtant fraîches, les toilettes que j'ai récurées plusieurs fois de suite alors que Luc m'affirmait que non, lui ne sentait rien de différent. Je m'amuse de tout ce que j'ai fait et dit sans imaginer que j'étais en train de *devenir enceinte*.

J'ai beau comprendre, cela n'enlève pas le désagrément. Mais si je m'accommode malgré tout du frigo, des crevettes, des toilettes, en revanche il y a quelque chose qui ne passe pas.

Luc.

L'odeur de Luc.

L'odeur de Luc me dégoûte. Son haleine, l'odeur de sa peau, l'odeur de son crâne. Rien ne va plus s'il s'approche de moi à moins d'un mètre. Je redoute son envie de m'embrasser ou de me serrer dans ses bras. Je ne veux pas faire semblant, ni avoir à me justifier.

Comme pour le reste, je sais que rien n'a changé sinon moi. Cela n'empêche : qui peut entendre que soudain, son odeur naturelle est devenue insupportable à la personne aimée ?

Quant à la phase d'euphorie sexuelle, la voici interrompue sans préavis, et de manière unilatérale.

LE SERVICE DES INSCRIPTIONS DE LA MATERNITÉ DES MYRTES

Bonjour Madame,

Votre demande d'inscription a été examinée et nous vous remercions pour le vif intérêt que vous nous portez.

Cependant, nous ne pouvons accéder à votre requête : le mois de janvier de l'année prochaine est complet. Nous inscrivons actuellement les patientes pour le mois de février.

Cordialement,

Le service des inscriptions

Bonjour,

Merci de votre réponse.

Mon taux de BHCG m'a été communiqué avant-hier, je vois ma gynécologue mercredi prochain. Il semble que mon terme soit au plus tôt le 26 janvier.

Est-il possible d'être inscrite sur liste d'attente pour la dernière semaine de janvier ? En effet, pour des raisons de convictions personnelles, je n'envisage pas d'accoucher dans un autre établissement que le vôtre.

Dans l'attente de votre réponse,

Bien cordialement,

Stéphanie Lautrec

Bonjour,

Je vous réserve une place pour fin janvier sans vous donner de rendez-vous.

Nous attendons la consultation avec votre gynécologue.

Bien cordialement,

Sylvie
Secrétaire des inscriptions

À *L'ORCHESTRE*

J'avais de l'avance sur Meredith du temps où j'étais avec Guillaume. Puis elle a rencontré Patrice et j'ai quitté Guillaume ; l'avantage avait changé de camp. Sauf que Patrice s'est déjà reproduit par deux fois. L'avantage en prend un coup. Et voilà qu'à Meredith j'ai présenté Luc, doublement père lui aussi. Rirait bien qui rirait la dernière. Nous étions presque au même niveau. Meredith conservait cependant une avance non négligeable de deux ans.

Nous prenons l'apéro. Pour ménager mon effet, et aussi parce que je redoute un peu sa réaction, je choisis avec elle le vin, comme d'habitude. Nous nous décidons pour un cheverny. Le serveur y ajoute un bol empli de pop-corn.

Je trempe mes lèvres et je sais que je n'irai pas au-delà.

Meredith me raconte la prise de sang et l'échographie. Tous les vents sont favorables. Elle retournera à Madrid bientôt pour la ponction.

— En comptant les billets et les hébergements pour les deux voyages, je vais en avoir pour près de huit mille euros. Rien de tout ça n'est remboursé, évidemment. Je viens de prendre un crédit conso. Je considère que c'est un investissement, même si je n'ai aucune véritable garantie. Je m'achète quelques mois, quelques années de sérénité. Les chances de réussite sont de 60 %, d'après la clinique.

— À quoi correspond la réussite, en fait ?

— Une grossesse après réimplantation des ovocytes qu'on t'a prélevés. Mais je me demande comment ils peuvent obtenir ce taux. Dans le fond, il est impossible de connaître la qualité des ovocytes qui attendent au froid. Tu ne bois pas ?

Elle désigne mon verre de blanc. Aux échecs, pour se souvenir de la façon de déplacer la pièce, on pense « la dame sur sa couleur » – mais toute idée de jeu m'a désertée en cet instant. Je me sens rougir derrière ce verre de blanc que je n'avalerai pas. *La dame sur sa couleur.*

— Je suis enceinte.

MA MÈRE

— J'ai rencontré quelqu'un.

— Ah ?

— Oui, grâce au site de rencontres. Enfin, c'était une mauvaise manip, on n'aurait jamais dû être en contact mais voilà, c'est sûrement le destin.

— Tu étais inscrite sur un site de rencontres ? Je croyais que tu ne voulais plus partager ta vie avec un homme depuis ton divorce d'avec papa…

— La partager, non, mais j'avais envie d'un compagnon pour les sorties, les week-ends, les vacances… D'ailleurs Maurice est sur la même longueur d'onde. Pas de vie commune.

— Il s'appelle Maurice, donc ?

— Oui. On s'est supprimés du site de rencontres et on s'envoie des mails chaque jour. Je te le présenterai la prochaine fois que tu viendras.

LA LÉGENDE

Les gens qui observent Stéphanie et Luc ne peuvent pas ne pas voir qu'il se joue entre eux quelque chose de grand. Quelque chose d'incroyable.

Luc a emmené Stéphanie dans des lieux précieux. Des endroits rien qu'à lui, où il va parfois respirer, se ressourcer, se retrouver.

Dans le premier, il y a des fleurs et des arbres venus des quatre coins du monde, de l'eau et de l'oxygène, de l'air et de la chaleur. Il y a des canards et des poissons, du vert et du marron, et près des souches des champignons. L'automne s'amuse avec sa palette. Stéphanie sent les larmes qui affleurent. Ce n'est pas tant la beauté du lieu qui l'émeut que l'idée que ce soit la beauté pour Luc, sa beauté secrète à lui, et qu'il la partage avec elle, qu'il la lui donne pour qu'elle sache. Elle ose à peine appuyer sur le déclencheur de son appareil photo.

Pour atteindre le deuxième il faut traverser la forêt. À l'arrivée il y a des rochers, des blocs de granit, des vibrations, une certaine religion. Il y a des touristes endimanchés mais aussi un arbre creux pour se cacher, où Stéphanie et Luc s'embrassent en secret. La vue est dégagée, l'endroit est perché, le jour va jusqu'à un autre pays. Il y a la chapelle des anges et la chapelle des larmes, deux miniatures à la voûte céleste décorée de bleu et de doré, mais c'est assise sur le muret que Stéphanie a pleuré.

Pour venir là elle a pris le volant du camion de Luc et face à l'impressionnant paysage elle sent confusément, ou avec de plus en plus de certitude, qu'elle et lui vont faire la route ensemble.

Ils sont en train de tester la vie à deux, c'est facile et évident et pourtant ça ne ressemble jamais à du conventionnel.

Luc aimerait que Stéphanie fasse des photos des plantes qu'il vend pour son site Internet. Elle est d'accord.

Luc habille de laine les pots à stylos qui trônent sur le bureau où Stéphanie s'installe pour travailler ses photos.

Ils font l'amour chaque fois qu'ils peuvent.

UN SOUPÇON

— Tu es sûre que tu ne veux pas de sushis ? C'est ce que tu préfères d'habitude…

INTERDICTIONS

Alcool ;
Café ;
Carpaccio ;
Champagne ;
Charcuterie ;
Chats ;
Cigarette ;
Cocktails ;
Coquillages ;
Foie gras ;
Fromage au lait cru ;
Fruits non pelés ;
Huîtres ;
Œufs de poisson ;
Poisson cru ;
Sports à sensations ;
Steak tartare ;
Sushis ;
Viande crue.

MAINTENANT

L'idée de cette vie qui germe en moi me galvanise. Je suis euphorique. J'ai la certitude que je peux tout. Dans la moiteur de la couette, je murmure à l'oreille de Luc :

— Viens, on se marie.

Luc rit et me grignote les lèvres sans répondre.

J'ai faim. Je ne mange pas pour deux, je mange pour quatre. Un solide petit-déjeuner le matin, un déjeuner consistant à 13 heures, un plat de pâtes vers 17 heures, un dîner terminé par beaucoup d'aliments sucrés le soir. Ça ne se voit pas. Je ne grossis pas.

J'ai un secret dans le ventre.

Et un sacré creux dans l'estomac.

LE GYNÉCOLOGUE

— Stéphanie ! Ça me fait plaisir de te voir. Et c'est la première fois ici, n'est-ce pas ?

— Oui.

— Alors, dis-moi, qu'est-ce qui t'amène ?

— Je suis enceinte.

— Formidable, bravo !

— Je compte sur vous pour ne pas en parler à Sébastien, d'accord ? Nous ne l'avons pas encore annoncé.

— Bien entendu. Secret professionnel. Mais il va tout de même falloir que tu me dises ce qui t'amène. Car ce n'est pas du tout ton quartier. À moins que tu aies déménagé ?

— Non, je n'ai pas déménagé. Alors voilà. Je suis terrifiée par l'idée d'accoucher, et je crois que j'aimerais une césarienne.

— Parce que pour toi la césarienne est la solution de facilité ? Tu te trompes. Une césarienne reste une opération de chirurgie. Dont on se remet moins bien que d'une naissance par voie basse. Et puis je tiens à te rassurer : toute femme a en elle la capacité à accoucher. Toi comme les autres. C'est une compétence qui est inscrite dans ton corps depuis que tu es toi-même née. Tu n'y arriveras pas moins bien qu'une autre.

— Mais je suis terrifiée, vraiment terrifiée.

— Et je vais te confier un secret : certaines femmes ont une vie intime bien plus intéressante après leur accouchement par voie basse. On t'avait déjà dit ça ?

MAINTENANT

Je voyage en première classe. Les deux hommes qui s'installent à côté de moi dans le carré pour quatre me saluent en s'interrompant à peine ; j'indique mon indisponibilité en planquant mes écouteurs dans mes oreilles et mes yeux derrière mes lunettes de soleil. Et je m'endors, comme dès que je peux en ce moment.

Du moins je crois que je m'endors. En réalité, ce qu'ils se disent me réveille, ou m'empêche de dormir vraiment, alors je m'extrais tout à fait des brumes du sommeil pour les écouter.

LES BOUCHERS

— Hier, la journée d'enfer ! Ce week-end j'étais en Andalousie, tu sais, là où je fais mon golf, je suis parti trois jours, alors j'ai dit aux connes qu'elles n'avaient qu'à m'attendre. Elles l'ont toutes fait ! Non mais toutes, vraiment ! Résultat, j'ai fini à pas d'heure alors que j'avais un dîner. Y en a même une qui m'a fait chier avec son projet de naissance, j'ai cru que j'allais la foutre sous anesthésie générale pour qu'elle la ferme.

— Et ?

— Et j'ai fait ce que j'ai voulu, encore heureux. Je lui ai rappelé qu'y en a neuf sur dix qui auraient une déchirure sans épisio, alors elle y est passée, comme tout le monde. Et elle a eu son point comme les autres.

— Moi je préviens plus avant de couper, sinon c'est les larmes, il faut se justifier, on s'en sort pas. L'autre jour je suis allé chercher un placenta, histoire de gagner un peu de temps, la gourdasse s'est mise à meugler qu'il devait sortir tout seul ! Ils ont rétréci les sièges de première ou c'est moi ?

— Je sais pas, je prends plus jamais le train. Qu'est-ce que tu as fait ?

Je lui ai dit que les dents gâtées aussi on pouvait attendre qu'elles tombent toutes seules, mais qu'on gagnait du temps en tirant dessus !

— Ha ha ha ! Excellent ! Je l'imagine pleurnicher : « Mais il doit sortir tout seul... » Dès que je peux je ramollis le périnée à la main maintenant. J'en peux plus des douillettes. Quand elles demandent de combien elles sont dilatées, je leur dis qu'on ne compte plus en centimètres mais en nombre de doigts ! L'instrument de mesure, c'est moi.

Elles oublient un peu trop vite que si elles viennent nous voir c'est bien pour qu'on fasse ce qu'on veut... Au fait, tu ne m'avais pas dit que tu avais une « affaire familiale » ?

— Si... La tuile ! La deuxième fille de ma femme est à trente-six SA et elle veut que je l'accouche.

— Et tu vas le faire ?

— Bien obligé. Sylvie ne comprendrait pas que je refuse. Tu aurais vu comme elle me l'a demandé, sa fille... On aurait dit qu'elle me faisait un cadeau... C'est son premier, à tous les coups ça va prendre un temps fou, et elle a des principes...

— Mon pauvre ! Je te plains... C'est Chaumet tes boutons de manchettes ?

DANS UN LIVRE

« Pour répondre à la puissance qu'elles seules détenaient, ils conçurent un pouvoir qui leur permît de rivaliser avec elles.

Ne disposant d'aucun pouvoir individuel, le pouvoir ne pouvait leur venir que de la coalition des forces mâles individuelles. Les hommes s'associèrent. »

MAINTENANT

Je suis tombée sur des brutes sanguinaires. Les deux derniers bouchers de France. Je suis tombée sur eux *enceinte*. Je refuse de croire au hasard, cependant que quelque chose m'échappe : pourquoi maintenant plutôt que le mois dernier ou l'année prochaine ? Si tout est signe, que dois-je comprendre de celui-là ?

J'en parle. À Luc, à ma sœur, à Meredith, à quelques autres amies. Tout le monde les connaît. Tout le monde a dans son entourage quelqu'un qui est passé entre leurs mains.

Car ils ne sont pas deux mais des dizaines, des centaines, des milliers peut-être. Ils ont investi tous les hôpitaux, toutes les maternités. Les voilà, les vilains docteurs. Ils sont là, les bourreaux.

— Et tu n'as pas lu Blaise Cendrars ? *Moravagine* ?

J'ai croisé la couverture de ce livre, oui ; dans *Moravagine*, je lis *vagin*. J'ignorais que le personnage était un grand fauve humain caché derrière l'irréprochable costume d'un médecin.

Je croyais qu'on accouchait avec l'aide du médecin. Pas sous son autorité. Je croyais que chaque femme était en droit de disposer de son corps comme elle le souhaite, tout comme chaque être humain est en droit de vivre sa vie comme il l'entend.

Je comprends qu'au XXIe siècle, les femmes payent encore le plaisir qu'elles prennent à la conception de l'enfant. Que la douleur de l'accouchement se doit d'en être la rançon.

Il faut mériter son beau bébé. Pas contente ? Il fallait réfléchir avant de jouir.

L'accouchement, comme le premier rapport sexuel, doit être marqué du sceau de la douleur.

Pour mon premier rapport sexuel, je n'ai pas eu mal. Pourtant, je n'étais pas préparée. Pour découvrir la sexualité, j'avais eu les exagérations de mes camarades de classe et le livre offert par ma mère pour mes treize ans : *La Sexualité expliquée aux adolescents*.

UN SOUVENIR

Quatre fois par semaine, de 8 h 05 à 9 h 55, je sens son regard me chauffer la nuque. En philosophie, il est toujours assis derrière moi. Et c'est quelque chose. J'ai le pouvoir de me retourner à tout moment, pour croiser son regard, lui parler. Pouvoir dont je fais un usage raisonnable. La chaleur sur ma nuque, c'est déjà beaucoup d'émoi.

Il me plaît et nous devenons amis. L'attraction devient irrésistible lorsque j'apprends qu'il est interne. L'internat comble mon fantasme de liberté. Une chambre à soi, sans parents, loin d'eux, au sein du lycée ! Les internes ne sont pas conscients de la chance qu'ils ont.

Je visite son territoire, bulle d'intimité à l'intérieur des grilles. Nous finissons par nous y déshabiller.

Il ne s'agit pas d'amour mais d'affection, d'attirance et de camaraderie. C'est sa première fois à lui aussi et je jurerais qu'il ne s'est rien passé si les draps ne présentaient cette trace rougeâtre qui rapidement vire au brun et me met très mal à l'aise. Sans compter que nous sommes mardi, et que les draps sont changés seulement le week-end. Il me dit de ne pas m'inquiéter.

Il me déclare connaître trois positions sexuelles, nous essayons les trois. La notion de plaisir n'est pas encore là, l'observation, la découverte et l'écoute patiente de mon corps sous le sien prennent toute la place. Il me plaît, décidément il me plaît.

Je suis presque déçue de constater que rien de ce que nous faisons, que je croyais inscrit au feutre rouge sur nos deux fronts, n'est deviné par l'extérieur. Le reste du monde – c'est-à-dire le reste de la classe. Je n'ose en parler moi-même tant je redoute les regards de connivence ou les petits rires des copines si j'annonce que je ne vais pas passer la prochaine heure en *perm* ou au foyer.

Nous aurons notre bac avec mention, lui et moi, avant que nous ne nous perdions de vue définitivement, lui disparu dans les brumes de ces souvenirs dominés par le doux.

Étonnamment, je me souviens du jour, de la date, de la luminosité, du motif de sa chemise et de l'affiche des Smashing Pumpkins punaisée au-dessus de sa petite table – alors que j'ai oublié son prénom.

Et le doux reste gravé à jamais.

J'ai conservé le plus important.

MAINTENANT

Je déjeune avec Lenny, de passage à Paris. C'est exceptionnel, mon cousin vit dans un lieu qui n'est sur le passage d'aucun trajet, jamais, et lui n'en bouge que peu. Je n'ai vu qu'une fois Muriel, sa femme ; leur fils Barnabé avait alors sept ou huit mois. Lenny a fixé le rendez-vous en me disant qu'il aurait quelque chose à annoncer, j'ai confirmé en disant que moi aussi.

Mon cousin, rugueux et tendre à la fois, est là pour la phase finale d'un processus d'embauche.

— Je n'en reviens pas... Tu vas travailler à Paris ?

— Non, à Périgueux. C'est la ville quand même ! Aujourd'hui, c'est le dernier entretien, pour les papiers. Les ressources humaines du groupe sont ici.

— Mais alors, Périgueux... Tu vas déménager ? Rappelle-moi ce que fait Muriel, déjà ?

— Oui, un déménagement. Mais ce sera sans Muriel. J'emmène Barnabé, elle l'aura les week-ends.

Je n'en reviens pas.

— Vous vous séparez ?

— Ce nouvel emploi, c'est l'occasion rêvée. Tu sais, Muriel ne s'est jamais remise d'avoir accouché. Depuis qu'on a Barnabé, je suis un papa heureux, mais un homme malheureux. Le gamin va avoir six ans et on a repris les rapports sexuels en janvier.

— De cette année ?

— Oui. Muriel n'a jamais perdu le poids de sa grossesse, et puis comme elle dit, y a un truc de trois kilos et demi qui est passé par là...

— Ah oui, quand même...

— Et toi, tu voulais me dire quoi ?

UNE PRIÈRE

« En mon accouchement, fortifiez mon cœur pour supporter les douleurs qui l'accompagnent, et que je les accepte comme des effets de votre justice sur notre sexe, pour le péché de la première femme. Qu'en la vue de cette malédiction, et de mes propres offenses dans le mariage, je souffre avec joie les plus cruelles tranchées, et que je les joigne aux souffrances de votre fils sur la croix, au milieu desquelles Il m'a engendrée à la vie éternelle. Elles ne peuvent être si rudes que je ne les mérite, car, bien que la sainteté du mariage ait rendu ma conception légitime, je confesse que la concupiscence y a mêlé son venin et qu'elle m'a fait faire des fautes qui vous déplaisent. Que si votre volonté est que je meure en mon accouchement, je l'adore, je la bénis, je m'y conforme[1]. »

1. Prière de la femme enceinte attendant son accouchement, XVIIe siècle.

MAINTENANT

Qu'est-ce qu'on joue, avec une grossesse ? Qu'est-ce que j'ai mis sur le tapis, sans réfléchir ? Mon corps idéal tout juste retrouvé, le fantasme que j'incarne pour Luc, notre harmonie physique… Rien que ça. C'est énorme. Si je perds ça, que me restera-t-il ? Un bébé. Un bébé peut-il faire le poids ?

Si je perds ça, je perds tout.

Est-ce pour cela que Luc a ri quand j'ai évoqué le mariage ? Est-ce pour cela qu'il n'a pas répondu ? Est-ce qu'il attend de voir comment ce sera, comment je serai *après* ? Moi qui ai bêtement pensé que le mariage était simplement un sujet plus délicat pour deux enfants de divorcés…

Est-ce pour ça que les femmes se font épouser ?

Luc me dit que je suis sa maison, que mon corps est sa maison. Mais si la maison se transforme ? Si les murs bougent ? Si mon sexe s'élargit définitivement ?

Quelle inconsciente. J'ai joué sans réfléchir, sans réaliser ce que je mettais en jeu. Alors que nous venons de nous rencontrer, et que nous en avons à peine profité.

DANS UN FILM

« J'ai fait de toi une vache, j'ai pas le droit de te quitter. Tes kilos, c'est ton assurance couple. »

UNE PERSPECTIVE

En 1951, à Leningrad où il est en mission, le docteur Fernand Lamaze (1890-1957) assiste à un accouchement particulier : la femme, dont les réflexes ont été conditionnés en application des travaux de Pavlov, donne naissance à son enfant sans douleur. La préparation a permis de déconnecter les centres de la douleur de son cerveau. Ainsi toute femme, bien accompagnée, peut accoucher sans douleur. Lamaze revient en France bouleversé par cette découverte.

À la maternité parisienne des Bluets qu'il dirige, il propose sa méthode, basée sur l'instruction (pour supprimer la peur de l'inconnu), l'éducation physique (au programme notamment : relaxation et respiration) et la préparation psychique (pour supprimer la perception de la douleur par le cerveau).

Cinq cents accouchements mettent en pratique cette méthode en 1952. L'expérience est une révolution : plus de cris, plus de souffrance. Lamaze et son assistant Vellay proposent la généralisation de l'accouchement sans douleur.

Mais tout le monde ne voit pas cela d'un bon œil, en particulier les médecins conservateurs, les opposants de Lamaze (il en a, l'homme est sympathisant du Parti communiste et son établissement est géré par la CGT de la métallurgie de la Seine), les milieux traditionalistes et catholiques, les gestionnaires qui jugent la méthode trop coûteuse en personnel, en locaux et en moyens.

Pourtant celle-ci se répand, sous le nom de méthode psychoprophylactique ; en 1956, on la pratique dans toute la France et les séances de préparation sont remboursées. Cette année-là, Jean Gabin en devient un ambassadeur inattendu en campant, dans *Le Cas du docteur Laurent* de Jean-Paul Le Chanois, un médecin de campagne qui réussit à imposer l'accouchement sans douleur dans son village, et le pape Pie XII lève les dernières réticences des milieux catholiques en donnant son approbation : « Dieu n'a pas défendu aux mères d'utiliser les moyens qui rendent l'accouchement plus facile et moins douloureux », affirme-t-il.

Soixante ans plus tard, alors que les principes de l'accouchement sans douleur sont toujours enseignés dans les écoles de sages-femmes, la France affiche un taux de péridurale de 77 % en moyenne.

MAINTENANT

Que sais-je de l'accouchement ? Que parfois on s'en remet mal. Qu'il arrive qu'il faille recoudre. Qu'accoucher étendue sur le dos est un non-sens. Qu'on oublie ce qu'on doit oublier. Qu'on ne retient que le bonheur. Chloé incontinente pendant des mois. L'entrejambe d'Alix, de la charpie. Leurs enfants formidables, pour lesquels elles recommenceraient tout à l'identique s'il le fallait.

Je sais des choses mais toutes ont glissé sur moi comme de l'eau. Parler d'accouchement aux femmes avant qu'elles soient de potentielles mères revient à prêcher dans le désert.

Ma tante m'a dit qu'après deux naissances, son troisième était arrivé « comme une lettre à la poste ». La légende familiale raconte qu'elle-même, troisième enfant de ma grand-mère, a failli naître sur le perron de la maternité. J'ai enregistré depuis longtemps l'idée qu'un enfant pouvait sortir du corps sans difficulté. Glisser au-dehors d'un claquement de doigts.

Au collège, j'ai visionné le film d'un accouchement, j'ai poussé des cris dégoûtés comme mes camarades, j'ai juré que jamais, au grand jamais, je n'aurais à l'intérieur de moi ce genre d'alien qu'il faudrait finir par expulser. Puis j'ai visionné d'autres films, du cinéma, j'ai vu des femmes perdre les eaux, rouler sur des brancards, transpirer quelques secondes au milieu des blouses avant de pleurer de joie, un nourrisson dans les bras.

Voilà ce que j'ai choisi de retenir. Le cinéma plutôt que la réalité. La facilité plutôt que l'horreur.

Et l'horreur rapplique à présent qu'il est trop tard pour faire machine arrière – que je n'en ai pas la moindre envie, surtout.

J'ai le vertige.

Je ne veux pas qu'on fasse de moi n'importe quoi.

Je ne veux pas être déchirée puis recousue. Je ne suis pas un morceau de tissu.

La question est moins de choisir les mains bienveillantes entre lesquelles je me remettrai le jour J que d'éviter toutes celles, nombreuses, majoritaires, indénombrables, tentaculaires, qui se révéleraient malveillantes. Voire criminelles.

Comment faire pour me tenir éloignée des bouchers ?

LINEA NIGRA

— Il y a dans la vie des événements qui nécessitent la lenteur, et des choses qui ne se domptent pas. La ligne sombre entre votre pubis et votre nombril apparaîtra à un moment donné et elle repartira comme elle est arrivée, comme chez trois femmes sur quatre. Vous n'y pourrez rien.

LES FEMMES

Les femmes accouchent en position gynécologique, étendues sur le dos, les pieds dans les étriers. En « décubitus dorsal ». Une position créée par et pour la médecine, alors que l'accouchement est naturel, animal, que la femme donne la vie en tant que mammifère et que le corps peut réclamer d'être à quatre pattes, accroupie, tournée sur le côté…

Cela remonterait à l'époque de Louis XIV qui, souhaitant voir naître l'enfant, aurait imposé à l'une de ses maîtresses d'accoucher sur le dos, et ce en présence d'un médecin qui en aurait tiré un traité préconisant cette position, particulièrement confortable pour le suivi obstétrical.

La position gynécologique, une position antiphysiologique.

La position la moins propice à l'engagement du fœtus dans le bassin au moment de l'expulsion. Qui limite l'ouverture de celui-ci. Qui peut entraîner une compression de la veine cave chez la mère, un ralentissement du cœur chez le bébé. Qui augmente le risque de déchirure. Que l'OMS recommande d'éviter.

Que l'OMS recommande d'éviter.

Si elles ne se fiaient qu'à leur instinct, les femmes jamais n'accoucheraient étendues sur le dos.

De même si leurs accoucheurs respectaient les recommandations.

DES PHRASES

« Mal de dents et mal d'enfant sont les plus grands qui soient. »

« Pas de femme enceinte sans douleur. »

« Ma fille, se marier, c'est tous les jours travailler, dans la douleur enfanter, sans nul espoir soupirer et jusqu'à la mort pleurer. »

« Les petits os donnent de grandes douleurs. »

« Gémir comme une vache qui fait un veau. »

« Le petit enfant né, les douleurs sont oubliées. »

« Mal d'enfant se guérit seul. »

« Femme grosse a un pied dans la fosse. »

« C'est un dur moment à passer, et puis, après, ce qu'il y a de bon, c'est que ça s'oublie ! C'est le mal joli ! »

Proverbes de la France rurale du XIXe siècle

« Le mal joli, dès qu'il est passé, on en rit. »

Georges Feydeau

« Où le père a passé, passera bien l'enfant. »

François Weyergans

UN SOUPÇON

— Tu as l'air vraiment crevée en ce moment...

MAINTENANT

Par hasard, je tombe sur une campagne de financement participatif pour un film autour de l'accouchement « autrement ». Dans la note d'intention, la réalisatrice rappelle que l'accouchement est un processus naturel, que toute femme est en principe capable de donner naissance sans intervention extérieure, que 80 % des femmes ont une grossesse « normale ». Et aussi qu'une femme sur cinq, en France, est insatisfaite de l'accompagnement, de la préparation et de l'écoute que les médecins lui accordent en maternité.

Elle s'intéresse aux femmes et aux couples dont le projet de naissance ne rentre pas dans le cadre imposé par l'hôpital. Accouchement à domicile, maisons de naissance, espaces physiologiques et « salles nature », plateaux techniques ouverts aux sages-femmes libérales… Elle veut filmer ces lieux dans lesquels l'humain a encore toute sa place, mettre en lumière des méthodes douces de préparation à la naissance, donner la parole aux femmes et aux hommes de la société civile qui choisissent ces alternatives.

La réalisatrice parle d'un respect qui n'aurait jamais dû disparaître, et que sont en droit de réclamer toutes les femmes, pas seulement les bobos, les écolos, les roots, les décroissantes ou les altermondialistes. Elle met en avant une phrase du chirurgien-obstétricien Michel Odent, précurseur des « salles nature », de l'accouchement dans l'eau et du chant prénatal : « Changer le monde, c'est d'abord changer la façon de naître. »

Je vais chercher ma carte bleue.

UN SOUPÇON

— C'est quoi cette lingerie ? Ton homme apprécie ?

LES FEMMES

Les femmes en France ont recours à la péridurale. Près de huit femmes accouchant par voie basse sur dix. Il y a le remboursement intégral de l'acte par l'assurance-maladie depuis 1994, grâce à Simone Veil. Il y a l'idée de ne pas souffrir comme ont souffert les générations précédentes. Il y a aussi l'idée de s'en passer, et le changement d'avis en cours de travail. Il y a le corps médical qui propose, et qui parfois impose. Il y a le médecin anesthésiste systématiquement présent, pour qu'aucune ne puisse passer à côté de cette possibilité.

L'alternative à l'injonction biblique d'enfanter dans la douleur.

La péridurale est l'un des gestes les plus courants de l'obstétrique. Un progrès évident. Mais la médaille a aussi son revers : la péridurale ralentit les contractions et peut avoir pour conséquence une paralysie temporaire du bassin et des membres inférieurs, un risque de rétention urinaire, de fièvre et de migraine, une déformation de la colonne vertébrale, des troubles de la coagulation sanguine, la favorisation de certaines maladies cardiaques, des hémorragies, infections urinaires, phlébites, embolies…

Avant la péridurale, la poussée était instinctive. Aujourd'hui, on apprend aux femmes à pousser – c'est même remboursé. Les cours de préparation à l'accouchement sont nés du caractère désormais artificiel d'une action originellement naturelle.

Et dans 10 à 25 % des cas, la péridurale est peu efficace, voire inopérante.

En Grande-Bretagne, quatre femmes sur cinq n'en demandent pas. Trois décennies que le chiffre ne change pas. À cause des effets secondaires, la Norvège considère depuis 2013 qu'un accouchement avec péridurale est d'office un accouchement à risque.

En France, où la médicalisation devient la réponse privilégiée à la douleur, la Cour des comptes en vient à remettre en question l'intérêt de la préparation à l'accouchement, puisque cette technique « providentielle » se généralise. Pourquoi rembourser quelque chose qui n'est pas utilisé ? Les pouvoirs publics semblent ignorer à quel point un tel usage de la péridurale constitue une régression pour les femmes et pour leur droit à accoucher comme elles le souhaitent.

Au nom du droit de chaque femme à disposer librement de son corps.

Le vrai progrès ne serait-il pas que chacune ait le choix ?

LA LÉGENDE

Stéphanie va rentrer chez elle. Cela fait naître des sentiments qui l'avaient épargnée depuis son arrivée. Le NON est revenu. Elle prévient Luc. Qu'ils se trompent sûrement. Qu'elle ne sera pas à la hauteur de ce qu'il espère. Qu'elle va lui faire du mal. Que le rêve qu'ils envisagent n'est pas possible. Que leur idée de l'amour ne peut survivre au quotidien, à ce qu'est leur vie. Luc la berce. La rassure. Lui demande de ne pas s'inquiéter.

Les angoisses de Stéphanie ravivées par l'échéance qui approche pleuvent en questions. Est-ce qu'il voudra d'elle si ses doutes ne la quittent jamais ? Est-ce qu'il voudra d'elle si elle ne veut pas d'enfant ? Est-ce qu'il voudra d'elle si elle en veut quatre ? Est-ce qu'il voudra d'elle si ? Est-ce qu'il voudra d'elle quand ? Luc lui dit qu'il sera toujours là. Stéphanie ne comprend pas ce qui, dans ce début entre eux, peut lui donner tant de certitudes. Pourtant, en s'endormant, elle finit par le croire.

L'idée même de la séparation leur a gâché la journée sans qu'ils osent vraiment l'admettre. Car la journée tout entière n'a été qu'une lente glissade vers la gare, le quai, le train, la vitre qui sépare.

Il y a dix jours, Stéphanie et Luc ont déposé dans une cour du village des bougies qu'ils venaient d'allumer. Une chacun. Une orange et une vert citron. Deux bougies au milieu de nombreuses autres, selon une tradition venue de Pologne.

Stéphanie a choisi les bougies un peu au hasard, dans une boutique à l'éclairage cru. Un brin de paille retenait une petite fleur en métal à l'étiquette. Une marguerite à six pétales. Les deux fleurs sont restées sur la paillasse de la cuisine de Luc. « On va en faire quelque chose », disait Luc.

Chacun porte désormais autour du cou, au bout d'une chaîne en maille forçat, la fleur de leur amour. Et en bandoulière, une jubilation toute adolescente. Pendant ce temps, on commémore l'Armistice.

Au même moment, l'humanité se pose sur une comète après avoir tourné des années dans l'espace. Une première dans l'histoire de la conquête spatiale. Le robot lourd de cent kilos sur Terre ne pèse qu'un gramme dans l'espace. Il a rebondi avant de retomber sur ses pieds. Stabilité, légèreté, exception. L'inédit n'a pas d'autre ambition que de révéler l'origine de la vie.

Dans l'atelier de Luc est affiché un message écrit de sa main. *Me touche la fragilité réciproque, renforcée par la solidité du lien de deux âmes aux corps consentants. Mes compositions parlent d'amour, on y trouve l'itinéraire d'une relation épanouie.* La première fois que Stéphanie a lu ce petit texte, elle n'avait pas tout saisi. Un soir, alors qu'elle et Luc s'apprêtaient à monter se coucher, elle l'a relu et elle en a été bouleversée. Elle se dit que Luc a peut-être écrit ce texte en pensant à elle qu'il n'avait pas encore rencontrée.

Stéphanie et Luc se connaissent depuis quelques nuits et quelques jours, et ensemble ils inventent l'amour.

MAINTENANT

La directrice d'un mensuel pour jeunes mamans m'a demandé de choisir douze des clichés réalisés pour les Myrtes afin d'illustrer un dossier sur la grossesse. J'ai sélectionné les images de façon à avoir une variété intéressante. J'ai soigneusement évité la 47. Je ne veux pas penser à Marjolaine.

Elle s'appelle Janis et trace pour moi les grandes lignes de son irréprochable carrière, dit sa fierté de diriger le magazine, sa rédaction dont la moitié des pigistes sont des hommes, son bonheur professionnel total mais qui n'est rien comparé aux deux merveilles à boucles brunes à qui elle a juste le temps de raconter une histoire quand elle rentre de ses journées harassantes.

Nous discutons grossesse, naissance, tout ici nous y invite. Et, après lui avoir fait part de mon sentiment quant à la façon dont les femmes accouchent en France, le retard du pays, ce qu'elles se laissent infliger, ce que les médecins leur infligent, je ne résiste pas à la tentation de lui révéler que je suis enceinte.

JANIS

Janis a de belles boucles brunes, Romain les cheveux crépus. À leur mariage, leurs amis ont levé leur verre en leur souhaitant de faire « plein de petits frisés ». Mais après deux ans de vaines tentatives, Janis et Romain sont déclarés stériles.

— À vous deux, vous avez une chance sur un million, affirme le médecin.

Janis fait taire sa douleur avec de la vodka. Romain et elle sont d'accord : ils adopteront, ils rêvent ensemble d'une maison pleine d'enfants. Ils déposent un dossier afin d'obtenir l'agrément.

La procédure est longue et fastidieuse, les assistantes sociales intrusives, Janis se demande pourquoi on la juge elle quand on laisse tant d'irresponsables procréer – mais puisqu'elle n'a pas le choix, elle se plie à la procédure en question, et c'est encore avec de la vodka qu'elle calme sa colère face à cette injustice.

Un matin, elle se réveille avec la gueule de bois. Elle a la nausée alors qu'elle n'a pas bu la veille.

— C'est un miracle, confirme le gynécologue en lui faisant écouter les battements d'un petit cœur. Vous aviez une chance sur un million. Vous avez joué au loto ?

Le miracle revêt cependant l'apparence d'un classique. C'est l'histoire de la femme qui tombe enceinte lorsqu'elle sait qu'elle peut adopter. Janis et Romain décident d'interrompre, temporairement du moins, les démarches d'adoption.

Casper a cinq mois lorsque la nausée envahit Janis à nouveau. Elle n'a pas bu depuis longtemps, elle allaite son enfant. Le gynécologue confirme un deuxième miracle.

Janis croit aux miracles et elle savoure son bonheur, mais après la naissance de son deuxième fils, elle décide tout de même de se faire poser un stérilet.

Par un autre gynécologue.

LA DIRECTRICE DE PUBLICATION

— Et alors, avec votre philosophie, où allez-vous accoucher ? Au NID, j'imagine ?

— Le nid ? Qu'est-ce que c'est ?

— Eh bien, la maison de naissance des Myrtes !

— Il y a une maison de naissance aux Myrtes ? Je l'ignorais. Je croyais que les maisons de naissance n'étaient pas autorisées en France.

— Elles sont tolérées au sein des maternités, il en existe moins d'une dizaine. Le NID – pour « Naître Intensément et en Douceur » – est dans les Myrtes, mais il a sa propre adresse, son propre accès par l'extérieur. Tout cela pourrait changer bientôt, une loi est passée, ne manque plus que le décret d'application pour que les maisons de naissance puissent fonctionner en toute autonomie… Renseignez-vous.

UNE AMIE

— Tu sais que pour les accouchements à domicile, encore aujourd'hui, les femmes ont une chance sur huit d'y rester ?

LES FEMMES

Les femmes veulent faire de leur corps une machine. Tout les y pousse, des régimes qui fleurissent en couverture des magazines au sport érigé en diktat en passant par la mode qui impose minceur et perfection. Chez les femmes enceintes, la tendance est à la « mummyrexie » – prendre le moins de kilos possible pendant sa grossesse – et à un corps comme neuf quelques jours seulement après l'accouchement. À l'heure où l'on refuse que le corps puisse être déformé par l'âge, l'idée qu'il puisse l'être par la maternité devient insupportable.

En avril 2016, Janet Jackson annoncera à la presse la raison de l'annulation de sa tournée : à quarante-neuf ans, elle attend son premier enfant.

Les femmes veulent faire de leur corps une machine à procréer, aussi. Un enfant quand je veux, comme je veux. On prend la décision de faire un bébé comme on décide d'un achat immobilier ou d'un plan de carrière.

Et cela passe par la médicalisation. Dans de nombreux pays, une grossesse est ponctuée d'une dizaine de consultations prénatales – soit une dizaine d'occasions d'évoquer les problèmes potentiels. Difficile pour une femme enceinte de vivre sa grossesse sereinement quand l'inquiétude est systématiquement encouragée.

Après la naissance, les femmes et leur conjoint remercient les médecins d'avoir soigné ce qu'ils ont eux-mêmes créé.

La médicalisation peut faire naître de la pathologie dans la grossesse la plus physiologique. C'est l'« effet nocebo ».

Les femmes et leur conjoint se persuadent que l'hôpital est le seul endroit où accoucher. Qu'un médecin leur a sauvé la vie, et celle de leur enfant par la même occasion. L'être humain a besoin de justifications pour tenir debout.

Pourquoi vouloir tout contrôler si tout va bien ?

UN SOUPÇON

— C'est quoi ces seins ?

LA LÉGENDE

À l'heure du déjeuner, Luc a envoyé à Stéphanie l'image d'un cœur formé sur la nappe en papier d'un bistrot avec le sucre du café. Stéphanie a répondu en photographiant le cœur qu'elle venait de tracer dans le caramel de son dessert.

Les fêtes de fin d'année sont là. Stéphanie a proposé à Luc qu'il se joigne à sa famille pour les traditionnelles réjouissances. Luc a failli tomber de sa chaise – avant d'accepter. Cette proposition est lourde de sens, riche de symboles. Finalement Stéphanie et sa mère se chamaillent à propos de l'organisation, et Luc dont tout le monde connaît à présent l'existence suggère à Stéphanie un Noël plus apaisé, chez lui.

Stéphanie dit oui.

Ce sera en famille aussi, pense-t-elle.

Luc pense la même chose.

Lui qui décorait seulement le buffet de guirlandes pour ses filles envisage d'acheter un sapin. Il a un olivier en pot sur le perron. C'est à ses branches que Stéphanie accroche les guirlandes et les pommes argentées. L'arbre entre au salon, et avec lui la paix. Il y a aussi une étoile lumineuse et un bougeoir cathédrale. Quelques cadeaux s'alignent contre le pot que Luc a paré de laine rouge, verte et blanche. Stéphanie commandera des huîtres, Luc fera du foie gras, on ne mangera que des bonnes choses qui plaisent à tous les deux et on boira des bulles pour faire pétiller le dîner. Puis les filles de Luc rencontreront Stéphanie.

Douce nuit, sainte nuit. Dans les cieux, l'astre luit.

Stéphanie et Luc ne font pas l'amour, allongés ils dansent.

MAINTENANT

Mon odorat est redevenu normal. Je me sens parfaitement moi-même et totalement nouvelle cependant. J'ai envie, en priorité, et à longueur de journée, de dormir, et de Luc. Dans cet ordre ou dans l'autre.

Je m'impatiente, j'ai hâte que mon *état* se voie. Que je puisse faire de mon secret une déclaration publique.

Pour accélérer le cours des choses, je mange de plus belle.

Cette grossesse a un goût de noisette, et j'ai envie de sushis.

Je suis donc ces deux femmes-là à la fois. Celle qui s'est entêtée pour faire un enfant avec un homme, en vain, des années durant, et celle qui avec un autre a été enceinte à l'instant même où elle en a pris la décision, à l'instant même où elle l'a souhaité.

À la fois. Dans le même corps. Suis-je un cas d'école, ou la simple démonstration que l'esprit seul préside aux destinées du corps ?

MA MÈRE

— Eh bien ! Ça pour une nouvelle, c'est effectivement une *grande* nouvelle. Mais est-ce que c'est une *bonne* nouvelle ?

MON PÈRE

— Eh bien ! Heureusement que je suis assis ! Si je m'attendais ! Ma petite fille va devenir maman… Est-ce que tout va bien pour le moment ? Oui ? Tu es contente ? Luc est content ? Tu l'embrasseras bien pour moi, surtout ! Quelle belle surprise !

MAINTENANT

J'appelle le centre de yoga pour savoir si je peux continuer à suivre le cours de niveau intermédiaire « dans mon état ». C'est non, mais il y a un cours adapté. Je m'y rends le surlendemain. Et c'est là, en répondant « femmes enceintes » à l'homme qui me demande pour quel cours je viens tandis qu'il passe ma carte d'adhésion dans le lecteur, en patientant entre les femmes à gros ventre dans l'espace boutique, en m'allongeant entre deux d'entre elles dans la salle de méditation, en haut des marches à droite, que je *deviens* enceinte (puisqu'à aucun moment et d'aucune manière je ne suis *tombée*).

Il est encore trop tôt pour le dire, trop tôt et trop risqué alors ce n'est qu'entre nous que ce secret existe, entre Luc et moi, la poignée de proches au courant compte à peine, et soudain ce secret prend corps, en chaussettes et sur un tapis violet.

— Je ne t'ai jamais vue ; tu es enceinte de combien ? Trois mois ? demande la prof.

— Six semaines.

Elles viennent pour apprendre à respirer, à ouvrir le corps, à se concentrer sur ce qui se passe à l'intérieur. Le yoga est pour elles une préparation à l'accouchement comme une autre.

Elles s'appellent Sarah, Lætitia, Nathalie, Helen. Elles se meuvent avec difficulté. Elles peinent à se relever. Elles arrêtent en plein milieu de la séance pour ne plus rester qu'allongées. Elles font d'incessants allers-retours aux toilettes. Elles ont les traits tirés et le teint embruni par le masque de grossesse. Dans les vestiaires, elles parlent de valises de maternité, de soutiens-gorges d'allaitement et de crèmes antivergetures.

En fin de séance, la prof nous invite à entrer en communication avec notre bébé et je le fais. Pour la première fois je lui parle, tendrement, ébahie que ce soit la réalité.

Je sors du centre bien plus enceinte que je ne l'étais en entrant.

HELEN

Helen est irlandaise. Sa grossesse a démarré juste après son mariage. Le plan était clair : trois enfants, vingt-quatre mois d'écart entre deux. Lana a trois ans et elle est toujours fille unique.

Professionnellement, Helen a une place en or mais elle s'ennuie. Elle ne veut plus de ce travail, elle rechigne à en chercher un autre, elle n'a pas la force de demander une évolution à son patron, il n'est pas question du chômage qu'elle redoute plus que tout. Helen s'ennuie aussi dans le reste de sa vie, elle s'ennuie de ne pas tomber enceinte. Elle va consulter pour sa baisse de moral, on lui diagnostique un « épisode postnatal dépressif », on lui prescrit quelques comprimés et des balades au grand air.

Helen redécouvre Dublin le nez au vent. Elle joue les touristes, visite la prison de Kilmainham devenue musée – depuis tant d'années qu'elle vit dans la capitale, elle n'en avait jamais trouvé le temps. Elle discute un moment avec un couple de Français en vacances, qui lui offrent un café pour la remercier de les avoir pris en photo. En rentrant chez elle, Helen envoie un message à son mari : et s'il disait oui à ce job qu'on lui a proposé quelques semaines plus tôt dans la filiale de Paris ? Y a-t-il quoi que ce soit qui les retienne véritablement en Irlande ?

Son mari accepte le poste, Helen accepte de démissionner sans garantie de retrouver quelque chose en France.

Elle trouve pourtant, dès leur premier mois sur place. Lorsque son employeur valide sa période d'essai, après quatre semaines de présence, Helen lui annonce, fébrile, qu'elle est dans son deuxième mois de grossesse.

— *Congratulations !* Vous reviendrez aussitôt après la naissance, j'espère ! On compte sur vous…

LES FEMMES

Les femmes accouchent par césarienne.

Le temps où le médecin demandait au père s'il fallait sauver la femme ou l'enfant est révolu. Mais la césarienne multiplie par trois le risque de décès par rapport à un accouchement par voie basse. Elle s'accompagne éventuellement d'hématomes, d'infections urinaires, de phlébites, de désagréments divers et de dommages collatéraux dans la zone concernée – tout en augmentant le risque de stérilité et d'accident pour la suite. Sans parler des cas plus graves, plus exceptionnels bien sûr, dans lesquels une nouvelle opération est nécessaire.

Et les traumatismes qui vont avec. Il faut pouvoir se remettre de l'opération mais aussi du sentiment d'impuissance, du sentiment d'échec et d'incapacité physique. Du sentiment de ne pas avoir participé à son accouchement. De la perte de confiance en soi. De la culpabilité. De la honte de ne pouvoir s'occuper seule de son bébé faute de force physique. De l'humiliation de devoir demander de l'aide pour accomplir des gestes simples du quotidien. En plus des séquelles qui accompagnent toute opération. Et de l'impossibilité d'admettre la souffrance liée aux suites opératoires.

La cicatrice. Indélébile.

En matière de bonnes pratiques d'accouchement, l'OMS estime qu'au-delà de 15 %, le taux de césariennes est forcément composé de césariennes non justifiées médicalement, et que cela impacte la santé des femmes.

En France et en Belgique, 20 % des femmes accouchent par césarienne. Au Brésil, le pourcentage monte à plus de 50 % dans le secteur des soins privés – jusqu'à 100 % dans certains établissements. Ont recours à une césarienne les femmes qui peuvent se l'offrir.

Certains gynécologues affirment aux femmes qu'on ne peut accoucher par voie basse si l'on a déjà enfanté par césarienne. C'est faux. D'autres jugent que l'on n'a plus besoin d'enseigner l'accouchement par voie basse d'un bébé positionné en siège dans le cursus académique.

Il subsiste çà et là encore l'idée que plus un établissement pratique de césariennes, meilleure y est la qualité de l'obstétrique.

Depuis la tarification à l'acte, une césarienne sans complication est mieux remboursée qu'un accouchement par voie basse. Et elle rapporte bien plus à l'établissement hospitalier.

À *L'ORCHESTRE*

Je prends l'apéro avec Meredith. Elle sirote son vouvray, moi mon diabolo-violette. Nous réclamons de nouvelles noix de cajou chaque fois que nous apercevons le serveur sympathique.

Meredith est retournée en Espagne. Avant son départ, elle s'était pliée à cette stimulation ovarienne que j'ai connue dans une autre vie – les piqûres quotidiennes. La ponction s'est bien passée, on lui a prélevé onze ovocytes désormais vitrifiés.

— Je devrai faire l'implantation avant mes quarante-cinq ans. Ça me paraît si loin ! Et surtout, j'ai bien l'intention de ne jamais remettre les pieds dans cette clinique.

Meredith me raconte ce qui change dans sa vision de la vie d'avoir ces ovocytes conservés au frais dans un pays chaud, sa conviction que le moment viendra, qu'il réunira Patrice et elle dans ce projet d'enfant, sa sérénité relative, l'urgence qui s'éloigne, sa hâte malgré tout que le bon moment arrive.

— Patrice se retire, me confie-t-elle.

— Il a toujours fait ça ?

— Oui. Avant je trouvais ça pratique, maintenant je le prends comme le signe qu'il n'a pas confiance.

Quand on décidait de se passer de préservatif, tous jouissaient sur mon ventre. La plupart me tendaient une boîte ou un paquet de mouchoirs, voire un rouleau de papier toilette. Certains sortaient des mouchoirs, détachaient quelques feuilles. À moi de jouer.

La première fois, Luc a pris un mouchoir, essuyé, embrassé la zone nettoyée. J'ai à nouveau pensé qu'il était exceptionnel.

Mais ce geste est-il exceptionnel ? N'est-il pas au contraire normal ? Si je crachais au visage de quelqu'un que j'aime ou que j'apprécie, par la force des choses ou en raison des circonstances, me viendrait-il l'idée de laisser sans rien faire le crachat dégouliner ? Luc n'incarne-t-il pas, plutôt que l'exception, la parfaite normalité – aujourd'hui dévoyée ?

L'œuf ou la poule. Les hommes ont-ils commencé à dominer les femmes parce qu'elles se laissaient faire, ou les femmes se sont-elles laissé dominer parce qu'elles ne s'aimaient pas assez pour se faire respecter ?

Je n'ai jamais demandé à aucune de mes amies comment les choses se passaient dans leur intimité. Je me garde bien d'interroger Meredith sur le comportement de l'homme avec lequel elle rêve de procréer.

UN SOUPÇON

— Tu ne bois plus de café ?

LA LÉGENDE

Le matin de Noël, il y a un soleil froid mais déterminé derrière la vitre, des étreintes qui font oublier que le monde existe dehors, une odeur de poulet aux pommes et au foie gras qui flotte dans l'air.

L'après-midi, Stéphanie et Luc ont lu *Le Petit Prince* pour la énième fois, et pour la énième fois ils se sont émus du personnage de l'allumeur de réverbères, le seul parmi ses rencontres que le héros ne trouve pas ridicule. *C'est, peut-être, parce qu'il s'occupe d'autre chose que de soi-même.*

Les filles de Luc arrivent pour passer la fin des vacances avec leur père. Stéphanie est un peu stressée, mais Luc sait détendre l'atmosphère et autour d'un jeu de société tout le monde fait connaissance dans une curiosité qui n'est que saine. Les filles n'ont pas connu leur père avec beaucoup d'autres femmes depuis leur mère, elles le voudraient heureux, elles ont l'âge de pouvoir penser cela, alors elles ne jugent pas Stéphanie, elles l'observent moins qu'elles n'observent leur père avec elle, et elles trouvent que tout cela va bien.

Stéphanie réalise que les choses pourront fonctionner sans qu'elle ait à y placer impérativement le mot « belle-mère ».

Alors quelques jours plus tard, tandis que les filles regardent un film au salon, un conte africain avec un tout petit garçon et une méchante sorcière qu'elles ont déjà vu trois fois, et que Stéphanie et Luc ont fait l'amour sans bruit dans la chambre, Stéphanie ose formuler à son tour ce que Luc a déjà dit sans crainte : ensemble, ils pourraient faire un bébé.

Luc assure qu'il sera là, à ses côtés, pendant qu'elle le fabriquera en son corps, et il assure aussi que la décision mérite d'ouvrir une bouteille.

Ce n'est pas pour demain, Stéphanie n'est pas encore prête mais l'idée fait son chemin et c'est déjà beaucoup.

On sort des bretzels, les filles boivent du jus de pomme, Stéphanie et Luc trinquent en se regardant droit dans les yeux et c'est merveilleux.

LES FEMMES

Les femmes *choisissent* d'accoucher par césarienne.

Ignorant tout de l'impact psychologique de ce mode de naissance. Ou alors le niant.

On a banalisé ce qui était à l'origine une intervention de sauvetage. Une intervention de dernier recours. Désormais, on appelle la césarienne la « voie haute », par opposition à la « voie basse ».

À la fin des années 1990, une enquête menée auprès des femmes gynécologues accoucheurs de Londres a révélé que 31 % d'entre elles choisiraient la césarienne programmée pour mettre au monde leur propre bébé dans le cas d'une grossesse à terme non compliquée. Au début des années 2000, une étude a démontré des préférences semblables chez les gynécologues accoucheurs nord-américains. Les médecins créent ainsi la tendance.

La césarienne permet aux hommes d'avoir encore un peu de domination sur le corps des femmes, ces femmes si puissantes, ces femmes qui pourraient se passer d'eux bien souvent. Une césarienne sur deux est inutile, dit une étude de 2014 menée dans une vingtaine de pays occidentaux. Mais quand rien ne la nécessite, la césarienne est plus simple, plus rapide, plus pratique que l'accompagnement d'une femme tout au long d'un travail qui peut durer des heures et des heures.

En quarante ans, la durée de l'accouchement a augmenté de deux heures et demie. Les femmes participent de moins en moins, se reposant de plus en plus sur les interventions médicales, de l'utilisation des forceps à la péridurale.

Les femmes peu à peu désapprennent à accoucher. À force, elles ne sauront plus faire.

À *L'ORCHESTRE*

Je prends l'apéro avec Meredith. Elle a commandé un pichet de montlouis, moi un jus de banane. Le serveur apporte également une coupelle qui déborde de chips de pommes de terre violettes.

Meredith a changé son fusil d'épaule : elle veut un enfant maintenant. Elle souhaite se faire inséminer.

— Et rester avec Patrice ?

— Bien sûr. Il ne veut pas d'autre enfant, OK, mais il ne me quittera pas sous prétexte que j'en ai un moi, qui ne le concerne pas.

— Tu es certaine de ça ?

— Presque. Je ne veux pas prendre le risque de lui en parler.

— Hum. Et « qui ne le concerne pas »... Il le concernera un peu quand même, ce bébé, non ?

— Je sais. Mais c'est la meilleure solution que j'aie trouvée.

Je me demande dans quelle mesure je ne contamine pas Meredith. Dans quelle mesure ma grossesse ne décuple pas son envie à elle.

— Et toi ?

Je lui raconte que j'ai pris du ventre et l'habitude de le photographier une fois par jour avec mon téléphone, en plongée maximale ; juste un ventre, aux couleurs de ma garde-robe, et des pieds qui le surmontent comme une paire d'oreilles.

— J'ai dépassé les soixante-dix kilos, avoué-je en reprenant une pleine poignée de chips foncées.

Avant la grossesse, je n'en pesais pas soixante.

LA GYNÉCOLOGUE DE LA MATERNITÉ

— Donc nous avons une date de début de grossesse au 1er mai.

— Ah non, c'est impossible.

— C'est pourtant ce qui est inscrit dans le compte rendu de votre première échographie.

— Oui mais ça ne correspond pas, par rapport à mon cycle. Nous pensons que la conception date de mi-avril.

— Bien sûr, il s'agit d'une estimation de la datation mais les mesures sont très fiables. La marge d'erreur est rarement de plus de trois jours. Deux semaines, ça paraît impossible.

— Moi, c'est le 1er mai qui me paraît impossible. Et j'ai des cycles réguliers, vingt-huit jours exactement depuis ma puberté. Alors je ne vois pas pourquoi j'aurais soudainement eu un cycle de six semaines…

— Vous savez, le corps humain reste mystérieux. Il n'est pas impossible que vous ayez eu un cycle plus long, une fois dans votre vie, et que ce soit ce cycle qui ait été le bon. On ne peut pas tout expliquer.

UN SOUPÇON

— C'est un accident ?

LES FEMMES

Les femmes se laissent « déclencher » par des médecins qui ne veulent pas risquer que des patientes dont ils ont suivi toute la grossesse soient accouchées par un confrère. Tant pis si cela intervient avant les quarante et une semaines d'aménorrhée, terme officiel d'une grossesse. Tant pis si le bébé resterait bien encore un peu au chaud. Tant pis si la mère en profiterait volontiers quelques jours de plus.

Alors que le principe même du déclenchement est une aberration, et la démonstration rigoureuse de ce que la science a pris le pas sur la nature. Alors que les gestes médicaux supposés accélérer l'accouchement augmentent le risque d'hémorragie de la délivrance, première cause de mortalité en couches dans les pays occidentaux.

On déclenche aussi en cours de travail par injection d'ocytocine.

Les femmes en France se voient administrer de l'ocytocine de synthèse pendant le travail – 60 % d'entre elles, alors même que l'OMS a dès 1997 indiqué que cette pratique était fréquemment utilisée à tort. L'ocytocine est cette endorphine surnommée « hormone du bonheur » ou « hormone de l'amour » produite naturellement lorsqu'une femme est amoureuse, lorsqu'elle a un orgasme, lorsqu'elle n'est que bien-être, et qui stimule les contractions de l'utérus, accélérant ainsi le travail.

Plus de six femmes accouchant par voie basse sur dix, alors même que rien ne le justifie.

Sinon la péridurale qui ralentit les contractions du muscle utérin par lesquelles le bébé progresse vers la sortie. Sinon le manque de sages-femmes et la nécessité pour celles qui sont présentes de parvenir à gérer plusieurs accouchements en même temps. Sinon l'idée de faire rimer maternité et rentabilité. Sans même demander leur avis aux concernées.

Et le recours à l'ocytocine de synthèse peut provoquer des contractions plus violentes et plus douloureuses. Les contractions peuvent devenir des contractures. On n'est pas loin de la torture chimique. Qui, en outre, augmente le risque d'hémorragies graves, d'ablation de l'utérus et de souffrance fœtale.

Car pendant ce temps, le bébé tente de se frayer un chemin tout seul, sans plus de connexion avec sa mère.

Injecter une hormone naturellement sécrétée peut avoir pour effet d'empêcher les femmes d'en produire elles-mêmes. Alors même que la production d'ocytocine est essentielle dans le développement du lien entre la mère et son enfant, déterminant pour toute la vie de celui-ci, et dans la production de lait. Et que les femmes produisent un pic d'ocytocine jamais égalé au cours de leur vie au moment de l'accouchement, qui se trouve inhibé par l'hormone artificielle.

L'ocytocine est indispensable à l'accouchement, elle diminue l'adrénaline et les douleurs des contractions, facilite la naissance. Que deviendra notre humanité si, à force de conditionnement et d'artifices, elle ne produit plus d'hormone de l'amour ?

LA LÉGENDE

Stéphanie est décidée. Luc et elle s'organisent pour vivre ensemble soit chez l'un soit chez l'autre, à la campagne ou à la ville, rien ne les retient plus sur le plan pratique, et dans sa tête surtout elle est prête. C'est le plus important.

— À partir de maintenant on peut y aller.

Luc est d'accord, il est d'accord depuis le départ, il savait que ce moment viendrait, il ignorait simplement quand Stéphanie se lancerait. C'est maintenant.

Il lui a fallu un moment pour qu'elle formule la possibilité d'un enfant, et encore un autre pour qu'elle veuille concrétiser cette possibilité. Désormais rien ne lui fait peur. Au fond, c'est comme si elle et Luc se connaissaient depuis toujours.

Stéphanie a cessé de se poser des questions, elle laisse venir les choses. Elle fait un rêve prémonitoire mais une partie d'elle refuse de croire à l'existence des rêves prémonitoires, alors elle n'y attache pas plus d'importance que cela, tout comme elle croit le test de grossesse qui dit qu'il n'y a rien à signaler.

Il faudra la confirmation du laboratoire un mois plus tard pour que Stéphanie s'autorise à admettre ce qui est en train de se passer. Mais elle n'en prend pas encore bien la mesure, c'est trop tôt, invisible, imperceptible. Trop petit, en somme.

Ou alors bien trop grand, bien trop vertigineux.

Car c'est la vie qui, après être revenue en elle, s'y développe parce qu'en elle on est bien et qu'on peut envisager d'y faire des choses définitives.

Elle n'aura pas de trop des huit mois qui restent pour réaliser qu'elle s'est engagée sur une voie à sens unique, une voie qui mène vers l'idée de famille, et au bout de laquelle elle risque fort de rencontrer un bonheur encore plus grand que celui qu'elle éprouve au quotidien aux côtés de Luc.

Pour l'instant, elle se contente de guetter des nausées qui ne viennent pas, des sautes d'humeur qui ne viennent pas, des gonflements qui ne viennent pas – pas déjà. Les désagréments ne sont pas une fatalité. Le bonheur si, pour peu qu'on le décide.

Stéphanie et Luc se connaissent depuis quelques mois et en Stéphanie une nouvelle légende s'écrit.

MAINTENANT

Les débuts avec Luc m'ont coupé le souffle. De beauté, de magie, de simplicité, de bienveillance, d'évidence.

Surtout d'évidence. Luc voit le monde comme je le vois, et c'est comme s'il validait ma singularité. D'une tare – de ce que je croyais être une tare –, il a miraculeusement fait un don.

J'ai failli construire là-dessus, il est si facile de céder à cette tentation, sacraliser les images de la rencontre, sanctifier ce bonheur et en faire le saint patron de l'union. Enfermer les souvenirs bénis dans un cadre doré, posé bien en vue sur la cheminée, ces souvenirs qui légitiment tout ce qui peut suivre.

Je n'ai pas eu à le faire : la suite avec Luc m'a coupé le souffle. Au lieu de disparaître, l'émerveillement a augmenté.

Le présent avec Luc me coupe le souffle. Le quotidien avec Luc, la routine avec Luc me coupent le souffle.

L'infini amour, aussi.

D'invisibles fils nous relient, relient nos corps, relient nos âmes, tout le temps, quelle que soit la distance physique qui nous sépare. Ces fils annihilent la distance.

Ni lui ni moi n'avons de cheminée.

J'ai la conviction de vivre une histoire d'amour hors du commun. Extraordinaire.

Je suis banale jusque dans les excès.

Combien de temps peuvent durer les débuts ?

UN SOUPÇON

— C'est bien la première fois que je te vois refuser un verre de champagne !

MAINTENANT

Nous partons en vacances avec Justine et Marie, les filles de Luc. Luc a réservé une maison à la mer, en Espagne. Il faut prendre la voiture pour aller à la plage mais de la terrasse de l'étage on voit la Méditerranée. Nous avons prévu d'annoncer la nouvelle aux filles à la fin du séjour.

Nous allons en ville faire des courses et entrons tous les quatre dans une boutique de vêtements, une grande enseigne populaire. Pendant que Luc choisit une robe de plage pour chacune de ses filles, je file au rayon femmes enceintes me procurer quelques culottes de grossesse supplémentaires. Luc, Justine et Marie m'y retrouvent. Personne ne commente.

Deux jours plus tard, devant les tapas de l'apéro, Luc se jette à l'eau.

— Vous avez vu ce que Stéphanie a acheté, avant-hier à Figueras ?

— Oui, hum... des culottes, je crois, lance Justine après une hésitation.

— Et quel genre de culottes ?

— De femme enceinte ! bondit Marie sans réaliser ce qu'elle dit.

Puis elle comprend. Justine aussi.

— On va avoir un bébé ? reprend Marie.

— Pas nous, eux deux, précise Justine.

— C'est ça, dit Luc. Vous allez avoir un frère ou une sœur.

Les filles ne disent plus rien. Un tambour se fait entendre. Il y a une fête sur la place juste derrière, un bal annoncé partout par des affiches colorées. À quatre, on a décidé qu'on s'y rendrait. Justine et Marie adorent danser.

— On peut y aller ? trépigne Marie.

Luc règle les tapas et nous quittons la terrasse. Fin de la conversation.

La première fois que j'ai vu les filles date d'il n'y a pas si longtemps. Elles ont passé avec nous la deuxième semaine des vacances de Noël, dans la maison de Luc où je m'étais déjà fait ma place. Luc est parti les chercher chez leur mère le dimanche matin, et dès qu'il a coupé le moteur de son camion devant les fenêtres je ne me suis plus sentie chez moi dans cet endroit dont j'avais les clés, contrairement à elles. Marie est entrée la première, Justine suivait. La cadette m'observait, l'aînée voulait que je l'observe. La première portait des rayures très douces, la seconde un sweat-shirt floqué du message *Pas touche (je suis une princesse)*. La première voulait savoir qui j'étais, la seconde me montrer qui elle était. J'ai lu plusieurs fois dans les yeux de Luc au cours de la semaine un émerveillement à considérer cette configuration nouvelle – ses filles et moi, ensemble.

Quand Justine et Marie sont reparties, Justine arborant fièrement le sweat-shirt *No pain, no art* offert par son père, Marie m'ayant un peu trop longuement serrée dans ses bras, j'aurais pu affirmer que je les aimais déjà.

UN SOUPÇON

— Tiens, tu as arrêté de fumer ?

MAINTENANT

Justine a cassé sa tong. Je l'emmène en trouver une nouvelle paire, pas trop originale (« sinon je me lasse »), pas trop sobre non plus (« sinon je me lasse aussi »). Alors que nous rentrons, et que le sujet n'a pas été réabordé depuis l'annonce faite par Luc, Justine me demande de combien je suis enceinte.

— Presque trois mois.

— Au collège aussi, une fille était enceinte. Elle avait seize ans et demi, elle avait redoublé.

— Et alors ? Qu'est-ce qu'elle a fait pour le bébé ?

— Je ne sais pas, elle n'était pas dans ma classe. Elle a quitté le collège, certains disent qu'elle a eu son bébé, d'autres que non, mais je crois que personne ne sait vraiment. Moi, je compte avoir mon premier enfant vers vingt, vingt-cinq ans.

— Oui, c'est plus raisonnable. Ça correspond justement à l'écart entre deux générations, en moyenne. Mais seize ans et demi, c'est vraiment jeune.

— Et toi, t'as quel âge ?

— Presque trente-trois ans.

— Ah ouais, le double, carrément !

LES FEMMES

Les femmes se font découper le sexe. On appelle cela une épisiotomie. Une pratique qui consiste à inciser la vulve au moment de l'accouchement pour prévenir une déchirure. Car « mieux vaut une petite épisiotomie qu'une grosse déchirure », répète-t-on. La messe est dite.

Pourtant, les déchirures, lorsqu'elles surviennent, sont souvent superficielles, tandis que l'épisiotomie tranche en même temps que la peau les muscles du périnée. À la clé, douleurs et troubles sexuels durables.

Lors de la suture est parfois pratiqué le « point du mari ». Un point de plus, cadeau pour monsieur. Ce qu'en pense madame ? Quelle importance ?

En matière de bonnes pratiques d'accouchement, l'OMS, selon laquelle les raisons médicales du recours à l'épisiotomie ne dépassent pas 20 % des accouchements, la déconseille.

En Suède, on pratique des épisiotomies dans moins de 6 % des accouchements. La Suède enregistre un des taux de morbidité maternelle et néonatale les plus faibles au monde.

En France, on pratique des épisiotomies dans plus de 60 % des cas. Dans certains établissements, le pourcentage se monte à 95 %. La France est championne du monde de l'épisiotomie.

La France, pays des droits de l'homme, banalise une mutilation au nom de la médecine. À moins qu'il ne s'agisse d'un rite initiatique ?

MAINTENANT

C'est le dernier jour. Il flotte autour de nous ce parfum de fin de vacances à la fois pénible et excitant. Nous remontons de la plage avec un pincement au cœur après avoir dit au revoir à la mer. Je marche aux côtés de Justine ; Luc et Marie nous précèdent. Marie donne la main à son père, elle en profite tant qu'elle peut, elle sait que ce sera bientôt fini, jamais Luc ne le lui refusera mais les regards lui feront renoncer à ce geste de tendresse, elle commence à être grande, alors elle tire au maximum parti de ce que son statut de petite dernière lui permet, elle joue encore un peu les bébés, et soudain elle lâche la main de son père, s'arrête net et s'exclame :

— Eh, mais je vais devenir grande sœur !

MENUS CHANGEMENTS

Yeux secs ;
Larmes ;
Fatigue ;
Émotivité ;
Peau qui tire ;
Kilos ;
Crème antivergetures ;
Culottes élastiquées ;
Seins énormes ;
Soutiens-gorges énormes ;
Cheveux épais ;
Mal au dos ;
Arrêt du sport ;
Vélo qui rouille ;
Tampons au placard ;
Hantise des chats et de la fumée de cigarette ;
Dégoût du café ;
Cocktails sans alcool ;
Refus de passer la porte d'un restaurant japonais.

UN DÉCRET

JORF n° 0176 du 1er août 2015 page 13134, texte n° 19[1] :
Décret n° 2015-937 du 30 juillet 2015 relatif aux conditions de l'expérimentation des maisons de naissance

Publics concernés : femmes enceintes dont la grossesse ne présente pas de risque materno-fœtal identifié.
Objet : conditions de l'expérimentation des maisons de naissance.
Entrée en vigueur : le présent décret entre en vigueur le lendemain de la publication.
Notice : le présent décret a pour objectif de fixer les conditions de l'expérimentation des maisons de naissance, qui doit permettre de tester une prise en charge moins technicisée de la grossesse et de l'accouchement, hors établissement de santé, et de créer des maisons de naissance dans lesquelles des sages-femmes assureront le suivi de grossesse et les accouchements.

Article 1
I. – Les maisons de naissance sont des structures au sein desquelles des sages-femmes assurent, dans le cadre des articles L. 4151-1 à L. 4151-4 du code de la santé

1. www.legifrance.gouv.fr/eli/decret/2015/7/30/AFSH1511616D/jo/texte

publique relatif à l'exercice de leur profession, notamment :
1° La surveillance médicale de la grossesse et des suites de l'accouchement définie à l'article L. 2122-1 du même code ;
2° La préparation à la naissance et à la parentalité définie par les recommandations de la Haute Autorité de santé ;
3° L'accouchement et les soins postnataux concernant la mère et l'enfant.
II. – Les maisons de naissance n'assurent ni l'hébergement des parturientes et de leurs nouveau-nés, ni la prise en charge des urgences obstétricales au sens de la permanence d'accueil mentionnée à l'article R. 6123-43 du même code.
III. – Les maisons de naissance sont des personnes morales juridiquement distinctes des établissements de santé, notamment ceux autorisés au titre de l'article L. 6122-1 du code de la santé publique à exercer l'activité de soins de gynécologie-obstétrique.

Article 4
Peuvent accoucher en maison de naissance les femmes enceintes, inscrites et suivies pour leur grossesse dans ce cadre et répondant aux critères d'éligibilité définis par le cahier des charges de l'expérimentation de la Haute Autorité de santé mentionné à l'article 2 du présent décret.

Article 5
La femme enceinte souhaitant s'inscrire en maison de naissance reçoit une information complète sur le fonctionnement de la maison de naissance, son caractère expérimental et la prise en charge proposée, notamment quant à la prise en charge de la douleur. Elle est informée de l'obligation de faire réaliser une consultation préanesthésique

dans l'établissement partenaire dans les conditions prévues à l'article D. 6124-92 du code de la santé publique et du caractère obligatoire de l'examen médical de l'enfant mentionné à l'article R. 2132-1 du même code. Le consentement exprès et éclairé de la femme est recueilli par tout moyen, y compris sous forme dématérialisée.

Article 8

La maison de naissance dispose d'un accès direct avec la structure de gynécologie-obstétrique de l'établissement de santé partenaire permettant d'assurer dans des conditions compatibles avec l'urgence le transport non motorisé et allongé des parturientes et des nouveau-nés, sans voie publique à traverser.

Fait le 30 juillet 2015

MAINTENANT

Mon corps n'est que changements. Luc fait des photos, face, profil, devant le mur blanc, deux fois par semaine. Je dois m'habituer si vite à cette évolution permanente que j'ai l'impression que je ne serai plus jamais dans un autre état qu'enceinte. Que le seuil franchi est chaque fois définitif, comme les paliers d'un jeu vidéo qu'on ne joue qu'une fois. Les photos tiennent lieu de preuves. Tout comme les clichés réalisés lors de l'échographie : croire en la concrétisation de l'avenir est désormais permis. Même si le futur bébé est une idée à laquelle je n'adhère pas encore tout à fait.

Je ne sais pas si je dois cohabiter avec un nouveau corps ou habiter un nouveau corps mais une chose est sûre : le bouleversement est inédit, soudain et on attend de moi que je m'y fasse comme si de rien n'était. Il m'a fallu trente-deux ans pour apprivoiser mon corps ; comment m'habituer si rapidement à cette nouvelle enveloppe ?

Ma grand-mère a accouché à la ferme.

Ma belle-mère a accouché à l'hôpital.

Ma mère a accouché à la clinique.

J'accoucherai en maison de naissance.

Luc est rentré avec des iris, fleurs annonciatrices de bonnes nouvelles, et alors qu'il refermait la porte mon téléphone a sonné : notre inscription au NID est acceptée. Je peux annuler ma non-place aux Myrtes.

Nous commençons le suivi de ma grossesse sous les meilleurs auspices : si tout se passe bien, j'accoucherai au moment où l'expérimentation commencera. Je vais être une des premières à donner la vie au NID. C'est un signe, c'est certain. Qui flatte la part de moi qui a toujours aimé arriver première.

Maryline, la sage-femme qui va s'occuper personnellement de nous, nous raconte qu'après avoir accouché de son quatrième enfant, à la recherche de sens dans son quotidien, elle a entamé un bilan de compétences qui lui a révélé que ce métier rassemblait tout ce dont elle avait besoin pour s'épanouir professionnellement. Mais pas question de se plier aux diktats hospitaliers : elle voulait transmettre aux futures mères la douceur et la confiance qui, grâce à la présence bienveillante d'une sage-femme prodigieuse, avaient fait de son dernier accouchement une révolution par rapport aux précédents.

— Et puis dans la plupart des établissements, on cantonne le papa à un rôle en marge. Ici, sa place est essentielle.

— C'est ma troisième grossesse, déclare Luc. Pour les deux premières, la seule chose à laquelle j'ai eu le droit de participer, c'était la réunion sur la paternité. Le reste du temps, les médecins et les infirmières ne s'adressaient qu'à ma compagne.

— Je suis au regret de t'annoncer que nous n'organisons pas de réunion pour apprendre à devenir papa au NID. Par contre, moi je suis trois personnes : Stéphanie, votre bébé et toi. Je compte donc sur votre présence à tous les trois à chacune des séances.

Après le rendez-vous, Luc passe aux toilettes. Sans réfléchir, j'en profite pour raconter à Maryline qu'il y a eu un rêve mémorable au moment de la conception de l'enfant.

— Oui, moi aussi j'ai chaque fois fait ce genre de rêve avant de tomber enceinte.

Je crois que nous allons nous entendre.

MA MÈRE

— Tu as trouvé la maternité où tu veux accoucher ?

— Oui. Et ce ne sera pas une maternité. Je vais être suivie en maison de naissance. Je veux un accouchement le moins médicalisé possible.

— C'est-à-dire ? Comment ça se passe ?

— Ça veut dire un accompagnement par une sage-femme plutôt que par un médecin, une préparation à l'accouchement personnalisée, sans cours collectifs, pas de touchers vaginaux systématiques, pas non plus de péridurale *a priori*...

— Alors ça ! Tu veux accoucher sans péridurale ? Toi ?!?

LES FEMMES

Les femmes se laissent accoucher. Les femmes utilisent le verbe à la forme passive, disent « il m'a accouchée » plutôt que « j'ai accouché avec lui » lorsqu'elles parlent de leur obstétricien.

Les femmes deviennent aussi passives que la forme verbale. Elles acceptent des méthodes invasives et mutilantes datant des siècles derniers.

Les femmes se laissent exercer une pression sur l'abdomen, au niveau de l'utérus, dans l'idée supposée que cela accélérera la naissance. Certains soignants grimpent sur le ventre des femmes afin d'utiliser leur poids pour exercer cette pression. Cela arrive en France à un tiers des femmes qui accouchent pour la première fois.

Les femmes se relèvent avec des ecchymoses, des lésions internes, des déchirures du périnée, du sphincter, des fractures des côtes. Elles acceptent les douleurs – « accoucher, c'est passer sous un camion » ; quant aux traumatismes qui les accompagnent, peu importe qu'ils soient acceptés ou niés, personne ne s'en préoccupe.

Les femmes se laissent violenter et imposer un rythme qui n'est plus celui du corps mais celui de la rentabilité hospitalière. Les femmes se laissent anesthésier par les discours médicaux et oublient ce que la naissance a de naturel.

Personne ne prend plus la peine de rappeler que l'utérus, lors de l'accouchement, grossit de cinq cents fois sa taille initiale et devient le muscle le plus puissant du corps humain.

En intervenant dans un processus naturel, en déshumanisant l'accouchement, en légalisant la violence obstétricale, les pouvoirs publics privent les femmes de leur liberté et prennent le contrôle de leur corps.

Alors qu'accoucher est un verbe intransitif.

Un verbe intransitif.

MAINTENANT

Maryline m'explique que c'est de ma peur que je dois me méfier. C'est elle qui peut rendre mon accouchement difficile. Et quand l'accouchement devient difficile, le danger peut apparaître.

— Alors que, comme disait Einstein, tout dans la vie n'est qu'énergie et vibration. On inquiète les femmes, et pour répondre à l'inquiétude créée on surmédicalise. On les met sous une cloche de verre alors qu'elles ne sont pas malades ! La maison de naissance offre un cocon, et dans un cocon on est actif, on vit, on n'est pas juste un objet d'étude et de surveillance, passif, qui attend que *ça* vienne.

— Mais comment vaincre la peur ? Elle est naturelle, non ? En tout cas, chez moi, elle est là.

— Tu peux te raccrocher à des données factuelles. Ton bassin est suffisamment large pour que la tête de ton bébé passe, et la tête est la partie la plus large, la moins souple de son corps. Ensuite, son bassin à lui, ses petites jambes, ça glisse tout seul… Pour le reste, c'est en ça que va constituer le suivi qu'on va faire ensemble. Je vais t'apprendre à avoir confiance. Pour que le jour J, tu ne réfléchisses même plus. Tu n'auras qu'à te reposer sur ton corps, lui sait faire. L'accouchement, c'est instinctif, animal, c'est un processus reptilien.

Maryline me parle de la pratique des accouchements chez les peuples primitifs. Et des aberrations de notre époque moderne.

— En 1963, quelqu'un a déposé le brevet d'une machine permettant de faire accoucher les femmes grâce à la force centrifuge. Non mais franchement !

— Ça me rappelle un sketch des Monty Python, intervient Luc. *La Machine qui fait ping*, ça s'appelait.

— Essayer de faire évoluer les mentalités est une lutte perpétuelle, dit encore Maryline. Il y a trois ans, il a été établi une liste précise des avantages à accoucher dans une position dite redressée : baisse du nombre d'extractions instrumentales, du nombre d'épisiotomies et des anomalies du rythme cardiaque fœtal... Pendant ce temps, le Laurence Pernoud de l'année, best-seller comme chaque millésime, préconisait... Attends, je retrouve l'extrait. Voilà : « Il est indispensable que le père soit associé au choix de la position d'accouchement. [...] Pour certains hommes, des positions (à quatre pattes par exemple) sont difficiles à accepter, et [...] peuvent compromettre l'équilibre futur du couple. » On en est là.

Maryline me fait découvrir l'autosuggestion : visualiser un endroit où je me sente bien, protégée de tout danger, un endroit où je puisse me réfugier au moment d'accoucher. Je choisis la pièce principale de la maison de Luc, réchauffée du soleil d'hiver et de l'odeur de la volaille aux pommes à Noël.

— Et relis un livre que tu as beaucoup aimé, conseille-t-elle encore. Ça va te faire du bien.

En sortant, nous cherchons sur Internet *La Machine qui fait ping*. Face à l'appareil, la femme, demandant ce qu'elle doit faire, s'entend répondre par le médecin : « Rien du tout ! Vous n'êtes pas qualifiée. »

LA SAGE-FEMME

— Je voudrais que vous dessiniez ton utérus.

— Tous les deux ?

— Oui, tous les deux. Et comme à l'école : pas le droit de copier sur son voisin.

MON UTÉRUS VU PAR LUC

MON UTÉRUS VU PAR MOI

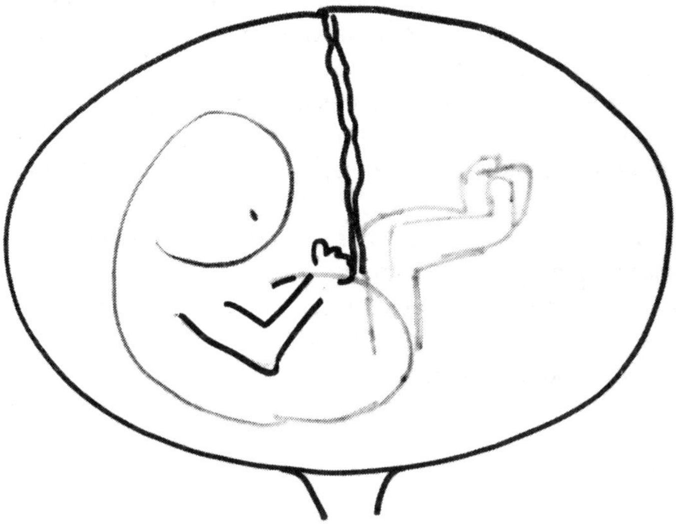

MAINTENANT

Le placenta est indispensable au fœtus. Il est donc nécessaire pour que la femme devienne mère. Est-ce pour ça que Luc l'a dessiné et moi pas ? Je suis trop envahie par l'état *enceinte* pour me préoccuper déjà de celui de mère. Le reste de la grossesse est là pour ça ; à moins que je sois en retard en retard, comme le lapin blanc de Lewis Carroll ?

Je regarde longuement nos deux dessins avant de laisser Maryline les ranger dans notre dossier. Sur l'un comme sur l'autre, le même élément central – ou presque. Une chose me rassure : nous avons dessiné le même bébé. Celui que nous attendons ensemble.

MON BÉBÉ DIAMANT

Ton cou et ton visage prennent forme, tes traits se dessinent. Tes yeux sont là, à leur place définitive, ressemblant déjà à mes amandes ou aux billes de Luc, à moins qu'ils ne soient un parfait mélange des deux. Tes intestins sont temporairement plus longs que ton ventre, et tes premiers os se façonnent : d'abord les côtes, puis le bassin... L'apparition de ta moelle osseuse va de pair avec celle de tes cellules sanguines. Si tu es un garçon, ton sexe pousse ; si tu es une fille, tes ovaires se forment. Tes glandes sexuelles commencent à produire des hormones. Le placenta est en place pour de bon.

Tu mesures à présent neuf centimètres et pèses trente-huit grammes, le poids du diamant Orloff.

L'Orloff a été volé par un Français, un grenadier déserteur converti à l'hindouisme, dans un temple hindou pourtant ceint de sept clôtures à Mysore, en Inde du Sud, vers 1750 ; il servait d'œil à une divinité, avant d'être acheté par l'aristocrate russe Grigori Orloff qui l'a offert à Catherine II de Russie, son ancienne maîtresse avec qui il espérait ainsi renouer (le diamant n'y a pas suffi, mais l'impératrice s'est tout de même montrée généreuse avec son favori, lui offrant notamment en retour le palais de Marbre de Saint-Pétersbourg). Puis la « Grande Catherine » fit faire un sceptre incluant ce diamant blanc à reflets verts et bleus. Le bijou est aujourd'hui exposé au Kremlin.

UN SOUPÇON

— Tu pleures devant *Titanic*, maintenant ?

LES FEMMES

Les femmes se laissent dicter leurs choix par les obstétriciens. Les femmes subissent – une péridurale, une césarienne, une épisiotomie. Y compris lorsque rien de tout cela n'est nécessaire.

Qui accouche qui ?

Les femmes parfois disent non. Mais on leur demande alors de revenir à la raison. On ne les écoute pas. On ne cherche pas à les comprendre. On systématise. Comme si toutes les femmes étaient une seule et même personne.

Pour dire non, encore faut-il savoir qu'on en a la possibilité.

Les femmes ne choisissent plus ce qui sera fait de leur corps.

Elles repartent avec de la maternité, pourtant. Leur corps. Et il faudra bien vivre avec encore un moment.

Refréner les ardeurs chirurgicales de mâles en manque de domination. La corporation des gynécologues-obstétriciens compte bien plus d'hommes que de femmes.

La France est l'un des pays développés où les médecins pratiquent le plus d'accouchements déclenchés, de césariennes et d'épisiotomies. Des médecins qui n'ont pas envie de s'entendre rappeler qu'accoucher est un verbe intransitif.

MA MÈRE

— Ma vie en ce moment est extraordinaire, j'ai l'impression d'avoir rajeuni de dix ans – qu'est-ce que je dis : vingt ans, au moins ! On va s'installer ensemble, on s'entend tellement bien…

— Je croyais que tu ne voulais plus de vie commune ? Et que Maurice était sur la même longueur d'onde ?

— Écoute, je vis ce que je veux ! Tu n'as pas à me dire ce que je dois faire.

MAINTENANT

Mon père me demande si j'ai des nausées, si j'ai déjà pris du poids, si je peux lui envoyer l'adresse de l'endroit où je vais accoucher, la date et l'heure de la prochaine échographie. Il s'inquiète de mes douleurs au dos, me fait part de son enthousiasme à la perspective de devenir grand-père, s'assure de la présence de Luc à mes côtés et s'impatiente de connaître le sexe du bébé. Il me livre quelques anecdotes sur ma propre vie intra-utérine.

Ma mère me parle des talents de Maurice pour allumer le barbecue, des voiliers miniatures qu'il construit avec des bouchons de liège, de sa collection de coquetiers et du jour où il est arrivé en demi-finale d'un jeu télévisé grâce à ses connaissances en serrurerie. Elle me confie qu'il imite les intonations graves de Johnny à la perfection et qu'avant de la rencontrer il n'avait jamais mangé de noix de coco autrement que dans les mélanges apéro.

DES CONSEILS

Comment se libérer des chaînes émotionnelles ?

La famille nous a donné des racines, un ancrage. Il est cependant indispensable de s'en détacher sans s'en délier. Mode d'emploi.

1. **Ce qui forge votre culture familiale personnelle**
   Construisez un arbre généalogique en indiquant pour chaque personne qui y figure cinq caractéristiques indéniables (pays natal, profession, caractère, événement fondateur...) ;
2. **Ce que vous trimballez dans vos bagages**
   Identifiez les caractéristiques qui vous semblent le mieux représenter les moitiés maternelle et paternelle de votre arbre (dressez une liste par lignée) ;
3. **Ce que vous gardez et ce que vous jetez**
   Listez d'une part les caractéristiques que vous souhaitez transmettre à votre tour, et d'autre part celles dont vous voulez vous libérer ;
4. **Ce que vous rendez, proprement**
   Adressez-vous à chaque personne détentrice d'une caractéristique dont vous souhaitez vous libérer dans cet esprit : « Je reconnais que tu as vécu un drame / que tu as fait

un métier pénible, etc. mais ce n'est pas / plus mon histoire, alors je te la rends.» Adressez-vous ensuite aux personnes détentrices de ce que vous souhaitez garder, en leur témoignant à chacune de la gratitude pour cet héritage, en annonçant que vous prenez et que vous verrez bien ce que vous pourrez en faire ;

5. **Ce que vous êtes, vous**
   Vous n'êtes pas votre famille, vous pouvez être celle que vous voulez ! Maintenant que vous avez pris de la distance par rapport aux liens du sang, construisez un nouvel arbre généalogique en y faisant figurer les personnalités (réelles ou fictives) qui vous inspirent. Il ne vous reste plus qu'à méditer sur vous, à la base de l'arbre, et à décider d'hériter tout autant de ces personnalités que vous admirez.

MAINTENANT

La grossesse d'une femme dure quarante semaines, soit deux cent quatre-vingts jours. Celle d'une tigresse, cent cinq jours. Celle d'une louve, soixante-deux jours. Celle d'une lapine, trente et un jours. Celle d'une souris, vingt jours. Pourquoi ne suis-je pas une souris ? Trois petites semaines et hop, on n'en parlerait plus.

J'ai encore des mois et des mois à tirer.

Sciatique. Douleurs au piriforme. Yeux qui brûlent. Mauvaise coagulation. Congestions – tout est congestionné. Retour des désagréments gynécologiques. Menace constante de vergetures.

Qui ose parler de la grossesse comme d'un état de plénitude ? Cela n'est vrai que pour le poids et la forme du corps.

Inconfort permanent. Troubles inattendus.

En offrant un nouveau corps, la grossesse offre aussi la capacité d'aimer *a posteriori* son corps d'avant ; en offrant un corps volumineux et sensible, elle apprend à apprécier le corps sans personne dedans, le corps qui ne pèse rien, qui en tant que corps se fait oublier.

C'est la seule bonne nouvelle de cette pénible affaire.

Pourquoi s'entêter ? Pourquoi vouloir prouver qu'on peut ne rien changer à ses habitudes lorsqu'on est enceinte ? On essaye d'adapter la grossesse à notre mode de vie alors qu'on devrait adapter notre mode de vie à la grossesse, neuf mois durant. Que sont neuf petits mois dans une vie ? Je ne comprends décidément pas mes contemporaines.

Ou alors je suis la seule à vivre les choses de cette façon ?

L'ÉCHOGRAPHISTE

— Il ne veut pas se tourner, le coquin ! Je ne vais pas réussir à mesurer l'épaisseur de sa nuque. De toute façon, en sortant vous prenez rendez-vous pour le bilan sanguin pour rechercher les marqueurs sériques, n'est-ce pas ?

— Oui. Mais il y a des risques ?

— Quel âge avez-vous ?

— Trente-deux ans.

— Je ne peux rien vous dire. Signez ici, s'il vous plaît. Tous les deux.

— Qu'est-ce que c'est, ce document ?

— Un engagement de votre part à ne pas vous retourner contre l'établissement si jamais votre enfant a quelque chose qu'on n'a pas détecté. Monsieur, il faut que vous signiez également. Merci.

L'INFIRMIÈRE POUR LA TRISOMIE

— C'est bien de faire cette prise de sang, mais le résultat n'est jamais sûr à 100 %. J'ai encore eu l'autre jour une dame, elle était classée dans le groupe des « risques faibles » après la prise de sang, et pourtant à la naissance ça a pas loupé : syndrome de Down. Trisomie 21, quoi. Rien n'avait été détecté pendant sa grossesse. Ben elle l'a gardé, hein. Une naissance sur 650, faut bien que ça tombe sur quelqu'un de temps en temps ! De toute façon elle était croyante, la question s'est pas posée. Vous croyez en Dieu ?

MON BÉBÉ DIAMANT

Tes oreilles ressemblent à de vraies oreilles, elles perçoivent des sons dont ton cerveau, pour l'instant, ne sait que faire. Nous saurons bientôt si elles auront un lobe libre comme les miennes ou un lobe attaché comme celles de Luc – tes oreilles, ces appendices dont les Chinois adeptes de réflexologie disent qu'ils sont des modèles réduits du corps humain, d'où leur forme de fœtus dans le ventre de sa mère, tête en bas. Tu es sensible à la lumière, même si tes yeux restent encore clos. Les doigts de tes mains et de tes pieds se tapissent de cellules du toucher. Tu commences à te couvrir de lanugo, ce duvet qui tombera juste avant ta naissance et que je ne connaîtrai pas. Avec ces premiers poils, tes sourcils aussi apparaissent. Tes poumons, derniers organes à arriver à maturité, se remplissent de petits alvéoles.

Tu mesures à présent dix-huit centimètres et pèses cent soixante-dix-huit grammes, le poids de l'Incomparable, un diamant jaune-brun trouvé en 1984 par une petite fille dans un tas de gravats à Bakwanga, en République démocratique du Congo.

À *L'ORCHESTRE*

L'histoire de Meredith n'existe pas. Je prends l'apéro avec elle et c'est ce qu'elle me déclare avant même de s'asseoir.

— Mon histoire (bise) n'existe (bise) pas.

La clinique espagnole accueille des femmes célibataires qui veulent un bébé, des couples de femmes qui ont besoin de sperme, des couples dont l'un des deux, voire les deux, est hypofertile. Pas de femmes sans problème sinon d'être en couple avec un homme qui a déjà deux enfants et n'en désire pas de troisième.

— Ça m'apprendra à être honnête, tiens ! dit-elle en versant du saumur dans son verre loin d'être vide.

— Je trouve ça rassurant, au contraire, qu'ils s'intéressent *aussi* au sort de l'enfant. Que ce ne soit pas juste : « Je paye, vous m'inséminez », point. Qu'ils ne mettent pas de futur bébé dans n'importe quel utérus.

— Oui, oui, j'ai compris. Mais je paye, justement. Et les questions existentielles, je me les suis déjà posées, tu le sais, *avant* de prendre la décision d'y aller. J'ai l'impression qu'on me prive de ma liberté. Ça n'a pas été facile d'arriver à faire ce choix, pourtant…

— Tu n'en as toujours pas parlé à Patrice, pas vrai ?

— Toujours pas.

— Tu sais ce qu'elles font, les filles dans ton cas ?

À peine ai-je prononcé ces mots que déjà je les regrette. Car je ne saurai jamais si Meredith en avait eu l'idée avant, mais à cet instant précis elle lui vient, et quand une idée vient c'est définitif :

— Un enfant dans le dos.

UN FORMULAIRE

- Travaillez-vous ?
- Habitez-vous seule ?
- Si vous ne vivez pas seule : un ou plusieurs enfants vivent-ils sous le même toit que vous ?
- Avez-vous déjà eu une/des relation(s) stable(s) (durée supérieure à 6 mois) ?
- Avez-vous déjà eu une/des relation(s) avec cohabitation ?
- Avez-vous déjà été mariée ?
- Quand votre dernière relation stable s'est-elle terminée ?
- Quand votre dernière relation s'est-elle terminée ?
- Avez-vous vos parents ?
- Avez-vous des frères et sœurs ?
- Depuis quand désirez-vous avoir un enfant ?
- Depuis quand désirez-vous avoir un enfant seule ?
- Depuis quand envisagez-vous l'insémination de sperme d'un donneur pour répondre à votre désir d'avoir un enfant seule ?
- Pourquoi désirez-vous suivre un traitement avec le sperme d'un donneur ?
- À qui avez-vous parlé de votre désir de suivre ce type de traitement pour devenir mère célibataire ? (mère / père / sœur(s) / frère(s) / autres membres de la famille (précisez) / ami(e)s / collègue(s))
- Quelqu'un à qui vous avez parlé de votre désir de devenir mère célibataire a-t-il réagi négativement ? (Si oui : nombre de personnes, degré de proximité avec vous, objections évoquées.)
- Qui dans votre entourage vous soutiendra le plus selon vous par rapport à votre projet de devenir mère célibataire ?
- Lorsque votre enfant demandera qui est son père, que lui répondrez-vous ?

UNE AMIE

— Attends, c'est deux filles qu'il a, Luc ?
— Oui.
— Alors tu peux être sûre que ce sera une fille.
— Ah, pourquoi ?
— Les hommes qui ont eu des filles font des filles. C'est prouvé, puisque c'est l'homme qui est responsable du sexe du bébé.

DES CONSEILS

Choisir le sexe de votre enfant, c'est facile !

Vous voulez un garçon ?

- axez votre régime alimentaire sur le salé, le sodium et le potassium : régalez-vous de viandes séchées, de poissons fumés, de charcuterie… Côté fruits et légumes, préférez les pommes de terre, les lentilles, les avocats, les haricots blancs, les bananes, les pommes et les poires… (régime à démarrer au moins deux mois avant l'arrêt de la pilule) ;
- veillez à avoir des rapports sexuels le jour de l'ovulation, le lendemain et le surlendemain, mais pas les jours précédents ;
- privilégiez les positions sexuelles offrant une pénétration profonde, telles que la levrette ;
- recherchez l'orgasme ! Celui-ci accélérera encore davantage la trajectoire des spermatozoïdes Y, les plus rapides, qui permettent la conception d'un garçon ;
- déstressez ! Stress et problèmes cardiaques rendent plus difficile la fixation de l'embryon mâle sur la paroi de l'utérus, et favorisent la venue d'une fille…

Vous voulez une fille ?

- au moins deux mois avant l'arrêt de votre contraception, consommez du lait sous toutes ses formes (yaourts, produits laitiers...), augmentez les doses de légumes verts, de riz, de pâtes et de semoule, faites une cure de fruits (raisin, agrumes, fruits rouges, kiwis...), limitez la viande, le poisson et la charcuterie, buvez de l'eau minérale ;
- veillez à avoir des rapports sexuels trois ou quatre jours avant la date d'ovulation, mais pas après ;
- privilégiez les positions sexuelles offrant une pénétration peu profonde, telles que la cuillère ou le classique missionnaire ;
- stressez ! exceptionnellement, le cortisol, l'hormone du stress, sera votre allié...

Et aussi... Selon la méthode Selnas, les ovules seraient chargés électriquement. Un laboratoire spécialisé peut vous aider à identifier les jours où l'ovule est négatif (attirant les spermatozoïdes Y qui permettent de concevoir un garçon) et ceux où il est positif (attirant les spermatozoïdes X qui permettent de concevoir une fille) -70 jours dans chaque cas. À vous de jouer !

MAINTENANT

Tout le monde pense que ce sera une fille. Alors Luc aussi. Et moi aussi. Nous veillons à ne pas lui donner de genre dans nos conversations avec d'autres, c'est « le bébé », mais entre nous déjà nous disons « elle », nous la surnommons Clarabelle comme nous aurions pu dire Mélusine ou Pimprenelle.

Après trois longues semaines, le laboratoire a rendu son verdict : nous rejoignons le groupe dont le risque de trisomie est le plus faible. Je décide d'oublier les paroles de l'infirmière de malheur.

Suivant le conseil de Maryline, je laisse venir à mes narines l'odeur parfumée de la volaille de Noël dans une pièce pleine de soleil glacé quand je veux me relaxer, et j'ai ressorti de ma bibliothèque *Les Aventures d'Alice au pays des merveilles*. Je suis surprise des correspondances que j'y trouve avec ce qui se passe en moi en ce moment.

L'ÉCHOGRAPHISTE

— Vous voulez connaître le sexe ?

— Oui.

— Sûrs ? On ne revient pas en arrière ensuite, vous savez ?

— Oui, sûrs.

— Alors... Même si cette petite canaille se tourne un peu pour qu'on ne puisse pas observer tout ce qu'on veut... Même si les dernières côtes sont cachées... On voit nettement, avec ça, cette chose minuscule, ici, cette virgule miniature, qu'il s'agit d'un petit garçon.

LES FEMMES

Les femmes parfois refusent la surmédicalisation de la grossesse et de l'accouchement. Elles sont enceintes, pas malades. Depuis 2004 a lieu, chaque année au mois de mai, la Semaine Mondiale de l'Accouchement Respecté, créée à l'initiative de l'Alliance Française pour l'Accouchement Respecté.

Le retard de la France par rapport à ses voisins européens provient d'un manque d'information de la part des couples, et d'abord des femmes.

Aux Pays-Bas, 40 % des naissances ont lieu à domicile. En France, c'est moins de 1 %. À domicile, l'accompagnant s'adapte à la parturiente. À l'hôpital, la parturiente s'adapte aux accompagnants. Le cortège de risques qui suit chaque geste médical rend l'accouchement à l'hôpital plus dangereux que l'accouchement à domicile. Ce qui explique que la NICE, l'autorité de santé britannique, recommande désormais aux femmes à bas risque de ne pas accoucher à l'hôpital mais chez elles ou en maison de naissance.

En France, le plan périnatalité 2005-2007 mis en place par Philippe Douste-Blazy lorsqu'il était ministre de la Santé et de la Protection sociale ne mentionnait même pas l'accouchement à domicile.

Il existe en France quelques maisons de naissance. Des lieux où l'on est suivi par une sage-femme du début de la grossesse à la fin du post-partum, où l'on accouche avec elle, sans médecin. Des lieux accessibles dès lors que la grossesse est physiologique, c'est-à-dire sans complications médicales.

En Belgique, une maison de naissance ne doit pas être à plus de dix minutes en transport d'une structure hospitalière ; en France, une maison de naissance doit être couplée à une maternité pour parer à toute éventualité : en cas de complication, la femme est transférée et prise en charge médicalement.

Mardi 29 décembre 2015, le ministère de la Santé a donné son accord pour expérimenter les maisons de naissance. Neuf maisons déjà en fonctionnement de façon intrahospitalière ont été élues pour l'expérimentation.

Huit cent mille femmes accouchent chaque année en France. D'après Muguette Dini, la sénatrice qui a proposé le projet de loi, soixante mille d'entre elles pourraient être intéressées par les maisons de naissance.

La plupart des obstétriciens se déclarent être *contre* les maisons de naissance.

DES CONSEILS

Le casse-tête du prénom

Un prénom se porte toute une vie ! Pas question de le choisir à la légère. Nos conseils pour faire le bon choix :

- **N'attendez pas le dernier moment** : les hormones fluctuent pendant votre grossesse. Si vous vous décidez pour Bécassine un jour de pluie, laissez-vous un peu de marge pour vérifier que le prénom vous plaît toujours la semaine suivante !
- **Choisissez à deux** : deux pour faire un bébé, deux pour le baptiser. Un prénom bien choisi, c'est un prénom qui plaît autant au papa qu'à la maman !
- **Choisissez à deux** : et pas à trois, huit ou douze. Évitez de demander l'avis de votre mère, votre sœur ou vos copines sur le choix que vous avez arrêté. Tous auront une meilleure suggestion à vous faire – alors que c'est votre histoire à vous.
- **Fouillez dans vos arbres généalogiques et dans les patrimoines culturels qui sont les vôtres** : un prénom dont l'histoire est liée à votre histoire, c'est encore mieux !

- **Testez-le avec votre nom de famille** : ça tombe sous le sens, mais Yves Égée et Camille Honneur auraient aimé que leurs parents y pensent.
- **Vérifiez sa signification** : un prénom est un élément de la personnalité d'un enfant. Un prénom unisexe pourra être difficile à assumer s'il faut sans cesse affirmer sa féminité ou sa virilité pour le compenser, certains prénoms trop originaux vieilliront plus mal que d'autres… Quant aux prénoms issus de la mythologie, des récits bibliques ou des légendes ancestrales, ils donnent à ceux qui les portent un certain charisme, et peut-être même un supplément d'âme. À vous de jouer !

MAINTENANT

On s'est décidés tout de suite : si c'est une fille, Matilda. Si c'est un garçon, Ulysse. Évidemment.

Ce sera donc Ulysse. Les listes interminables, les débats fiévreux et les guides mis à jour chaque trimestre ne seront pas pour nous.

C'est Ulysse mais seulement pour Luc et moi. De même que ça n'est un garçon que pour nous deux. Nous avons choisi de ne pas dire le sexe. Qu'il nous reste un secret à partager rien qu'à deux dans cette affaire qui appartient déjà à tant de gens. Oubliée, Clarabelle : « le bébé » est définitivement adopté.

UNE AMIE

— Si tu ne nous dis pas le sexe, je te préviens : pas de cadeau avant la naissance.

LE PRÉNOM ULYSSE

prénom masculin
du grec *odysseus* (« courroucé », référence au mythe d'Ulysse ayant courroucé Poséidon, dieu de la mer)
se fête le 4 juillet
chiffres : 2, 5, 6

L'origine

Prénom mythologique, Ulysse apparaît dans l'*Iliade* et dans l'*Odyssée* d'Homère. Héros grec, Ulysse est le roi légendaire d'Ithaque, dont l'épopée est marquée par sa victoire contre les Troyens (infiltrés dans un cheval de bois creux) et la patience de Pénélope, son épouse, qui attendit son retour pendant vingt ans.

La popularité

Le prénom Ulysse est beaucoup donné en Europe à la Renaissance, période qui connaît un fort engouement pour les prénoms mythiques et tout ce qui touche à la civilisation grecque.

On dénombre actuellement environ cinq mille Ulysse en France.

La personnalité

L'enfant Ulysse a une forte personnalité. Énergique et courageux, passionné et déterminé, aventurier et voyageur, il reste rarement inactif. Rusé et ingénieux, animé d'un fort sens de la justice et de la loyauté, ainsi que d'un brin d'idéalisme, il sait surmonter les obstacles et obtenir ce qu'il souhaite. Empathique et intuitif, il est attentif aux autres et très aimant. Volontaire autant qu'indiscipliné, il recherche la paix et l'harmonie, quitte à déclencher la guerre pour y parvenir. Son émotivité est son seul talon d'Achille.

L'enfant Ulysse est promis à un grand destin.

Les Ulysse célèbres

Ulysse, personnage de l'*Iliade* et de l'*Odyssée* d'Homère

Ulysse S. Grant, dix-huitième président des États-Unis d'Amérique

DANS UN LIVRE

« Chaque fœtus est Ulysse. »

MA SAGE-FEMME

— Et tu voudras allaiter ?

— J'aimerais essayer, oui…

— Quand on veut, on y arrive, tu sais. C'est psychologique, l'allaitement.

— Ah bon ?

— Bien sûr. Mais on reparlera de ça en temps voulu…

MAINTENANT

La terre ne cesse de trembler.

Sarah et Anthony se séparent, ils se disputent la garde des filles.

Mon grand-père a cessé de respirer sur son lit d'hôpital.

Le réchauffement climatique fait pleuvoir au pôle Nord, les ailes mouillées des pingouins gèlent, les pingouins meurent.

Des fous ont tiré à mort sur les hommes qui constituaient l'âme de *Charlie Hebdo*, et depuis quarante numéros on ne fait que pleurer.

Le ciel peut nous tomber sur la tête plusieurs fois par semaine.

Rien n'est stable.

À quelques exceptions près.

La tour Eiffel tient toujours debout.

Le grand cèdre de Jussieu, au Jardin des plantes, aussi.

Il pleut encore en Bretagne entre deux éclaircies.

Les trains continuent de siffler dans le fond du jardin de ma grand-mère, le soir.

Ma maison d'enfance, récupérée par ma mère après son divorce, m'ouvre ses portes chaque fois que je passe devant.

Luc m'aime.

SARAH

Sarah est mariée à Anthony. Ils espèrent un enfant qui ne vient pas. Les médecins ont affirmé que tout allait bien sur le plan physiologique. L'un d'eux a suggéré de s'intéresser aussi à l'aspect psychologique. Anthony ne se sent pas concerné, Sarah a pris rendez-vous pour elle chez un spécialiste.

L'homme fume un cigarillo et demande à Sarah si elle a eu des traumatismes évidents. Il n'y en a pas. Il la charge alors de creuser plus profond dans ses souvenirs.

— Passez en revue le moindre événement. Tous vos rapports sexuels, tous vos amants. Mais aussi toutes les consultations gynéco, tous les jeux de touche-pipi avec des petits camarades, et les conversations importantes au sujet des enfants avec votre mari, vos précédents compagnons et même vos parents.

Ils se voient une fois par semaine, cependant que Sarah fouille consciencieusement sa mémoire. Mais rien d'intéressant ne remonte à la surface, rien d'exploitable, elle en est presque déçue.

Et puis ça lui tombe dessus un midi, alors qu'elle fait rissoler des galettes de pommes de terre dans la poêle.

C'est incompréhensible qu'elle ait pu oublier. Pour tout, elle a une excellente mémoire. Elle parcourt des yeux les étagères de la cuisine, elle voudrait un verre d'alcool, quelque chose de fort pour faire passer ce qu'elle vient de faire ressurgir on ne sait comment. Il n'y a que du rhum brun, celui qu'elle utilise pour les crêpes et les gâteaux, cela fera l'affaire, elle s'en sert un généreux fond pendant que les galettes de pommes de terre carbonisent, de toute façon Sarah n'a plus faim, la nouvelle lui a coupé l'appétit.

Quand elle avait quinze ans, Sarah est tombée enceinte de son premier petit ami. Sa mère informée l'a vite emmenée dans une clinique et plus personne n'en a jamais parlé – à quoi bon ressasser un non-événement ?

C'est dingue. Chaque image en appelle une autre, chaque sensation en fait naître de nouvelles. Sarah revoit la clinique et la couleur du ciel à la sortie, le front froncé de sa mère et le chemisier rouge à pois noirs qu'elle-même portait.

Il n'y a plus de rhum dans le verre, à présent Sarah aimerait deux choses, ouvrir une bouteille de champagne et parler à son psy (éventuellement trinquer avec lui). Car ce souvenir se fête. Elle le sait, c'est lui le grain de sable, c'était lui qui bloquait tout, tout va rentrer dans l'ordre maintenant. Tant pis si la poêle est impossible à ravoir.

C'est triomphante que Sarah retourne voir son psy. Derrière son cigarillo, l'homme ne manifeste pourtant aucun enthousiasme particulier.

— C'est bien, mais ce n'est pas une fin en soi. Maintenant il va falloir vous pardonner, et lui dire au revoir, à ce presque enfant.

— Et comment ?

— À vous de trouver. Peut-être que ça se passera ici, sans que vous quittiez votre canapé. Ou peut-être qu'il vous faudra faire le voyage jusqu'à la ville où vous viviez adolescente, retourner voir cette clinique, parler avec votre mère, retrouver le petit copain de l'époque…

Sarah choisit de prendre un bain. Immergée, en apnée, elle parvient à parler à l'adolescente qu'elle a été et au fœtus à qui l'on n'a pas laissé la possibilité de rester. Sous l'eau les larmes sont invisibles, quand elle sort les yeux lavés de gouttes salées Sarah s'enroule dans un peignoir épais et réconfortant. Anthony ne pose plus de questions, le soir désormais il sait que Sarah passe deux heures dans la salle de bains et que de ce qu'elle y fait elle ne dira rien.

Et puis un vendredi, Sarah lui annonce qu'ils auront sûrement bientôt un enfant. Elle a fini le flacon de bain moussant, elle va revenir à son habitude des douches. Avec l'eau du bain elle a évacué ce qu'il fallait.

Six mois plus tard, Sarah hésite : cape de bain blanche à volants dorés ou rose brodée princesse ? Elle prend les deux et s'avance vers la caisse, ventre en avant.

MON BÉBÉ DIAMANT

Le lanugo qui recouvre ton corps s'épaissit tandis que le *vernix caseosa*, cette substance cireuse blanche qui protège ta peau du liquide amniotique, prend davantage de consistance. Ton cerveau se développe à toute allure, tes neurones se multiplient. Dans la profondeur de tes gencives, tes dents germent, tandis que tes ongles se préparent. Tu bouges à un rythme qui va jusqu'à soixante mouvements par demi-heure, tu réagis au son et au toucher. Tu reconnais ma voix et celle de Luc, tu te déplaces en fonction de nos caresses. Nous nous amusons à t'appeler, je place mes mains sur le côté droit de mon ventre pour que tu viennes t'y loger, Luc place les siennes sur le côté gauche pour t'y attirer, nous feignons de deviner une préférence, les prémices d'une personnalité.

Tu mesures à présent vingt-huit centimètres et pèses six cents grammes, presque autant que le Cullinan, le plus gros diamant brut jamais découvert : trois mille cent six carats. D'un blanc exceptionnel, celui-ci porte le nom du propriétaire de la mine de Pretoria, en Afrique du Sud, où il fut trouvé le 26 janvier 1905.

Ton poids est pile dans la moyenne, nous assure-t-on. Ta taille est pile au milieu de la courbe. Je sais que tu n'es pas le bébé moyen : tu es le bébé parfait.

UN RÊVE

Luc et moi gravissons une montagne. La terre brune en est translucide, comme ces sucres candis que j'allais chercher au fond du pot à couvercle de porcelaine bleue chez ma grand-mère, les jours où l'on recevait pour le café. En haut de la montagne c'est plat, il n'y a rien sinon quelques fleurs, des marguerites de toutes les couleurs à hautes tiges plantées là.

Nous basculons sur une place qui ressemble à la place Vendôme, même forme circulaire, même pavage clair, même colonne centrale, même sensation de grandeur et de vide. Luc court vers moi, il tient à la main une des grandes marguerites du haut de la montagne, Il pose un genou à terre et la fleur révèle en son cœur une bague qui brille de mille éclats.

Sans rien dire et en même temps répétant que c'est moi, que c'est moi, que c'est moi, Luc me passe la bague au doigt.

MAINTENANT

J'ai passé le week-end au festival de photographie de cette petite ville de la Drôme que j'aime beaucoup. Luc est venu nous chercher à la gare, mon ventre et moi. Il est passé un peu plus tôt poser ses affaires, nous avons décidé qu'à ce stade de ma grossesse nous ne passerions plus de nuit séparés, celle-ci était la dernière, il ne retournera pas à la campagne d'ici la naissance. Dans le métro, je lui raconte mon week-end et la fin de mon rêve.

À l'appartement, Luc est en train de me masser les pieds lorsque je remarque une petite boîte en carton ronde coincée derrière les photophores posés sur la commode.

— Qu'est-ce que c'est ?

J'interromps le massage pour aller voir. J'ouvre la boîte devant Luc qui ne dit toujours rien. À l'intérieur, un nid de coton blanc qui me fait penser à un morceau de drap de famille enferme un objet petit et précieux.

Une bague.

Qui brille de mille éclats.

J'interroge Luc du regard. Luc m'embrasse et me passe la bague au doigt.

Cela fait un an jour pour jour que nous nous sommes rencontrés, et cette bague dit que cette première année complète inaugure une série qui ne se terminera jamais.

Et il y a ce rêve que j'ai fait la nuit dernière. Je n'en reviens pas.

— J'ai pris sur moi dans le métro, me dit Luc. Ce qui nous lie n'en finit pas de me bouleverser.

Si je ne lui avais pas raconté mon rêve je n'aurais pas cru l'avoir véritablement fait. Moi non plus, ce qui nous lie n'en finit pas de me bouleverser.

Parfois, le soir, Luc me murmure une histoire à l'oreille, avant que je m'endorme, un début d'histoire plutôt, pour faire travailler mon imagination et rendre plus beaux mes rêves. Ce sont toujours des histoires poétiques ou féeriques, peuplées de personnages de contes et d'univers surnaturels. Ce soir, la fatigue nous tombe dessus mais Luc, avant d'éteindre la lumière de son côté et de plonger dans l'obscurité les reflets de mon annulaire étincelant, a le temps de me glisser :

— Demain je te raconterai l'histoire de la montagne de sucre.

Luc et moi sommes connectés à un point dont j'ignorais qu'il était possible.

UN SOUPÇON

— Tu n'aurais pas pris un peu de poids ?

MAINTENANT

La terre tremble à nouveau. On croyait le pire atteint et pourtant c'est pire encore. On n'a pas séché nos larmes de janvier que novembre nous crève le cœur.

Je décide de ne pas regarder d'images mais c'est plus fort que moi. Ce qui surgit est une vidéo amateur, tournée par un habitant d'une rue adjacente dont je ne comprends pas comment l'être fonctionne pour qu'il puisse penser à filmer plutôt que d'aider. Ou simplement pour qu'il puisse penser à filmer.

Des gens sautent des fenêtres de la salle de spectacle d'où parviennent les bruits des tirs. Une femme se tient agrippée au rebord de l'une d'elles, au deuxième étage, à l'extérieur du bâtiment, le corps au-dessus du vide. « Je suis enceinte », dit-elle pour tout appel à l'aide. Et alors je remarque son ventre. Jusqu'à la fin de la vidéo je ne vois plus que cela. Son ventre.

Dans le mien Ulysse danse la java, provoquant des contractions bien trop prématurées.

Je ne veux pas voir d'autres images. Je n'aurais pas dû visionner celles-là.

Mon esprit s'englue cependant qu'un petit garçon en fabrication me rappelle que quoi qu'il arrive, la vie va continuer.

En effet, la vie continue. Mon amie Adeline a donné naissance à un beau garçon joufflu peu avant minuit. Le personnel de la maternité a veillé à ce que rien du tremblement de terre extérieur n'atteigne les salles d'accouchement.

J'écoute à peine ce qu'elle me dit, sept heures de travail, aucune information sur les attentats, brusque dilatation du col à la nuit tombée, je ne m'intéresse qu'à une chose : le tour du crâne de l'enfant.

Ce n'est pas si effrayant.

Ça peut passer.

ADELINE

Adeline veut un enfant avant ses quarante ans.

À quatre ans de l'échéance, elle écume les sites de rencontres et enchaîne les relations que l'urgence empêche de s'épanouir. Adeline envisage de faire un enfant à deux.

À trois ans de l'échéance, elle s'inscrit sur plusieurs sites de coparentalité et discute avec des hommes prêts à partager un enfant sans projet de vie de couple entre géniteurs. Les négociations progressent avec un couple d'homosexuels. Adeline envisage de faire un enfant à trois.

L'un des deux change d'avis, le projet commun est abandonné, mais Adeline a en parallèle, via le même site, fait la connaissance d'un autre homme, déjà père, qui veut un nouveau bébé. Démarre entre eux une relation qui n'est pas seulement un échange de bons procédés, et arrivent les premières disputes. Quand l'homme veut punir Adeline, il la prive des rendez-vous en période d'ovulation. Adeline le quitte lorsqu'elle découvre qu'il ne veut cet enfant que pour rivaliser avec son ancienne conjointe, qui en compte un de plus que lui.

À deux ans de l'échéance, Adeline reprend contact avec un ex qui la poursuit toujours de ses assiduités. Si elle conçoit l'enfant avec lui, se persuade-t-elle, au moins aura-t-elle une histoire à raconter à son bébé. Adeline envisage de faire un enfant seule.

À un an de l'échéance, Adeline a renoncé à l'ex, décidément insupportable même d'un point de vue intéressé, et elle commence à renoncer aussi à l'espoir d'atteindre son objectif. C'est alors qu'elle rencontre Étienne, violoncelliste comme elle, lors d'un concert à Monte-Carlo. Étienne devient son amant et un soir, sans s'en rendre compte, Adeline oublie une pilule. Elle s'aperçoit vite de sa grossesse et l'annonce à Étienne, précisant qu'elle gardera cet enfant coûte que coûte, et qu'elle ne lui demande rien. D'abord décontenancé, Étienne s'avoue ravi de la nouvelle. Quatre mois plus tard, il se rend à la mairie de sa commune pour faire une reconnaissance anticipée de l'enfant à venir.

Sept semaines avant son quarantième anniversaire, Adeline donne naissance à un petit Mstislav en pleine santé, baptisé en hommage au plus grand violoncelliste du XXe siècle.

MAINTENANT

Au lendemain des attentats, l'état d'urgence a été déclaré par des responsables politiques déterminés à faire croire qu'ils contrôlent l'incontrôlable. Tandis que les citoyens ouvrent docilement leurs sacs à l'entrée des commerces et autres bâtiments, Vigipirate ferme l'accès direct à la maison de naissance. Désormais, il faut passer par l'intérieur des Myrtes pour la rejoindre. Prendre un ascenseur, un couloir, un virage, un autre couloir, encore un virage. Le dernier couloir avant les portes est celui de la PMA. Au mur s'exposent toujours mes photos que je ne vois plus.

Quelle est cette impulsion que je mets soudain dans ma démarche ? J'espère que ce n'est pas de la fierté. J'espère que ce n'est pas de la fierté ? Tout plutôt, en ce lieu, qu'une provocante fierté.

Sinon je ne suis pas une femme enceinte, je suis un monstre.

Je fais un cauchemar. Je suis la femme enceinte qui se balance dans le vide. Même si son ventre est plus gros que le mien, son bébé plus formé. Cette femme, c'est moi. Je me réveille les mains crispées de m'être trop longtemps agrippée au rebord de la fenêtre pour sauver mon bébé.

Je suis obsédée par cette femme accrochée à bout de bras. J'aimerais savoir si elle va bien, et comment se porte son bébé. Je redoute que tout le monde soit mort.

Je fouille et Internet m'apporte la réponse : elle vit. Ils vivent. Deux rescapés. Elle a fait savoir qu'elle ne parlerait pas à la presse. Tant pis. Les savoir tous deux en vie me suffit.

UNE AMIE

— Y en a combien là-dedans ?

MAINTENANT

Marguerite Duras affirme que la mère incarne la folie. La mienne vend tout. Les meubles, les affaires, les vélos.

Mais surtout la maison, cordon ombilical me reliant à mon enfance. Reliant à la sienne ma sœur.

Elle part s'installer avec Maurice. Avant que l'on ait pu objecter quoi que ce soit, elle déclare qu'elle fait ce qu'elle veut avec ce qui est à elle.

Ma mère fait ce qu'elle veut mais elle ne peut empêcher ma tristesse. Vendre la maison dans laquelle j'ai grandi au moment où j'attends un enfant, c'est priver l'enfant à venir de ce lieu et des souvenirs qui y sont associés. C'est me priver de lui faire partager cela, de le lui transmettre.

Et c'est ce qui me rend triste.

La maison, c'est la mémoire.

Luc n'y aura même pas mis les pieds.

À VENDRE

Maison de famille
Souvenirs au carré
Secrets emmurés
Rires dans la cheminée
Double vitrage, bonne isolation thermique et phonique
Psychodrames sous les tapis
Toiture neuve et chaudière en excellent état
Rêves coincés entre les lames des parquets
Espoirs derrière les papiers peints
Toilettes à chaque niveau
Ravalement récent
Pigeons aux fenêtres et mort-aux-rats dans les gouttières
Véranda donnant sur le jardin

Urgent – Prix négociable

DANS UN LIVRE

« Je suis le jardin où maman a enterré des choses. »

MAINTENANT

Pour la toute première fois depuis que je vis à Paris, je prends le métro dans le mauvais sens. Il ne me faut pas une, ni deux, mais onze stations pour m'en apercevoir. L'expression populaire qui affirme qu'enceinte l'on n'a plus qu'« un cerveau pour deux » n'est peut-être pas sans fondement.

Je note dans mon téléphone des bribes du changement en cours. J'écris *mon centre de gravité* et l'appareil, sans me demander mon avis, modifie en *mon ventre de gravité*.

Mon *centre* de gravité se déplace. Chaque jour il bouge, change d'endroit en moi. C'est à lui que je dois d'ordinaire mon équilibre, l'équilibre est désormais à quotidiennement réinventer.

Pour autant je ne crois pas gagner en gravité. Au contraire. La légèreté me porte, me soulève, me fait m'envoler vers des sommets de bonheur.

Et je ne cesse de m'interroger.

Un autre corps dans mon corps. Un autre être dans mon être. De la chair autre dans ma chair. Comment admettre une telle prouesse ? Comment intégrer ce qui est à ce point stupéfiant ?

On dit une petite graine, on dit il prend racine, on dit ça pousse. Il y aurait à l'intérieur un arbre, une plante ou une fleur, qui grandirait dans l'obscurité en se nourrissant de mes fluides ? Je n'arrive pas à y croire.

Suis-je une ou deux ? Je ou nous ? Suis-je moi ou l'enfant que je porte ?

Je pèse désormais plus de quatre-vingts kilos.

J'ai encore oublié de descendre au bon arrêt.

UNE FEMME DANS LE MÉTRO

— Je peux toucher votre ventre ? J'adore ça moi, les femmes enceintes !

MAINTENANT

Mon identité semble à présent se résumer à mon ventre. On me cède systématiquement une place assise dans les transports en commun, mais je dois la payer en sourires, en réponses, et accepter les regards qui caressent mes protubérances – quand ce ne sont pas les mains. Dire merci ne suffit pas.

Le corps de la femme enceinte appartient à la société.

Et l'intimité de cette même femme n'existe plus. D'ailleurs la « femme » n'existe plus. « Enceinte » a pris toute la place.

Tota mulier in utero. Au XVIIIe siècle, tous les médecins ont adopté la phrase d'Hippocrate. Littéralement, « la femme est tout entière dans son utérus ».

Les statistiques l'affirment : pendant leur grossesse, sept femmes enceintes sur dix se font toucher le ventre par des inconnus.

Je me demande où vivent les trois autres.

Nous rencontrons officiellement Maurice au restaurant, tous ensemble. Maurice parle tellement que personne ne l'écoute, excepté ma mère qui le regarde avec des yeux de merlan frit. Plus que Maurice, je rencontre surtout une chose : les nouveaux seins de ma mère. Plus gros et tendus que les miens en cette fin de grossesse.

— Tu as remarqué, je vois. Ça te change une femme, tu ne trouves pas ? Et encore, je ne vous ai pas demandé de contribuer.

— À quoi ? demande ma sœur.

Couvée du regard par Maurice, ma mère désigne son décolleté.

— C'est à cause de vous qu'il a fallu les refaire. Si vous ne me les aviez pas pompés comme ça, je n'aurais pas eu à passer sur le billard !

Je commence à me dire que ce que ma mère n'a pas su gérer, ce qu'elle ne *sait* pas gérer, c'est que je devienne une femme. Qu'elle n'était pas prête à l'expérimenter. Est-ce une fatalité ? Je ne le saurai pas tout de suite, puisque dans mon ventre pousse un garçon.

Mais tout de même, pour me délester du ressentiment qui m'encombre, je m'offre quelques séances avec une psychothérapeute spécialisée en périnatalité.

MON BÉBÉ DIAMANT

Tu es totalement formé, parfaitement dessiné. Tu es déjà complètement toi. Fabriqué à partir de seulement nous. Tu emmagasines le fer, le calcium, le phosphore que j'ingurgite – pour être certaine d'en avoir assez pour nous deux, je me gave de compléments alimentaires bien choisis. Je te fais écouter de la musique que j'aime, mes morceaux préférés parviennent jusqu'à cette chambre d'hôtel mal insonorisée qu'est mon utérus. Dans ton cocon, en guise de bruits de canalisations, mes bruits à moi – bruits gastro-intestinaux, bruits de respiration, battements rythmiques des grosses artères placentaires… et les pulsations de deux cœurs : le tien et le mien, qui battent déjà à l'unisson. Au cinéma, où je passe devant tout le monde au prétexte de mon état, tu bondis chaque fois que les cuivres retentissent. On dirait que tu aimes déjà les airs festifs.

Tu mesures à présent presque quarante centimètres et pèses environ deux kilos. Plus que les plus gros diamants du monde. Aucune pierre précieuse d'aucune sorte n'arrivera jamais à ton niveau.

UNE AMIE

— T'es sûre que tu ne préfères pas des fruits ? C'est moins calorique quand même !

À *L'ORCHESTRE*

Je prends l'apéro avec Meredith. Elle n'a pas encore commandé son Ice Tea « avec de la glace jusqu'en haut du verre » qu'elle me prévient : elle est enceinte. Je guette en vain le sourire supposé accompagner l'annonce. Meredith dresse la liste des désagréments qui envahissent son quotidien, auxquels s'ajoutent les petits mensonges vis-à-vis de Patrice – inventer mille prétextes pour ne plus boire de vin, cacher les nausées matinales, le détromper quand il fait des commentaires sur sa poitrine tendue.

— Pourquoi tu ne lui dis pas ?

— J'attends les trois mois. Je veux être sûre qu'il nous gardera toutes les deux.

Meredith est convaincue que le bébé est une fille. Peut-être est-ce à cause d'Ulysse, de Justine et Marie, de Luc et moi. Les deux enfants de Patrice sont aussi deux filles. En attendant, Meredith féminise tout. Je la plains de ne pas vouloir partager ce trimestre avec son homme. Un tiers de la grossesse. Des jours, des semaines et des mois qui ne se vivent qu'une fois. Qui ne se rattrapent pas.

Je la plains d'en priver Patrice.

Mais surtout, je la plains de s'en priver.

Et puis je ressens autre chose. Dont je ne suis pas très fière. Ça m'agace que Meredith soit enceinte *maintenant*. C'est comme si cela m'imposait de partager l'aura de mon état. Ce n'est pas exactement de la jalousie.

Heureusement que j'ai de l'avance.

La bonne nouvelle, c'est que nos enfants pourraient devenir amis. Tout adulte souhaite voir ses enfants devenir amis avec les enfants de ses amis, non ?

LA PSYCHOTHÉRAPEUTE

— « Comment vous portez-vous de votre grossesse, madame, et du mal de votre mère ? »

— Pardon ?

— Dixit madame de Sévigné. Que vous ayez des angoisses par rapport à l'accouchement est parfaitement légitime. Je vois bien que vous vous employez à tout mettre en œuvre pour les surmonter. Mais si la venue de votre mère à la maternité vous travaille dès à présent, il y a une solution simple : dites-lui qu'elle vous rendra visite seulement à votre domicile.

— Vous croyez ?

— Bien sûr. Si besoin, utilisez l'argument de l'intimité. La maternité est avant tout le lieu du couple qui devient famille.

— Ah.

— C'est pour que je vous dise ce genre de choses que vous venez me voir, n'est-ce pas ?

MAINTENANT

Je me sens plus forte que jamais. Invincible. Une citadelle imprenable. Bien sûr mes mouvements sont plus lents, mon équilibre plus incertain, bien sûr je ne peux plus courir, je peine même à ouvrir mon sac à main lorsque celui-ci est passé à mon bras, en cas d'agression je n'aurais aucun moyen de me défendre, je ne devrais même plus sortir mon cher téléphone portable en public, pourtant je sais que l'agression n'arrivera pas. Rien de fâcheux ne surviendra. Mon ventre est un bouclier. Mon bébé me protège. Il éloigne les mauvaises gens. J'ai fabriqué une bulle à l'intérieur de moi pour protéger mon bébé, il en a fabriqué une à l'extérieur de moi pour me protéger du monde. Est-ce que l'amour entre une mère et son fils commence là ?

Mon ventre est gigantesque. Il contient le monde entier. Maryline m'explique qu'une femme enceinte peut moduler le flux sanguin et l'apport d'éléments nutritifs au fœtus, et ainsi adapter les dimensions de celui-ci. Elle m'explique encore que la production de liquide amniotique est en partie psychologique. Là où les femmes qui font un déni de grossesse en produisent un minimum, j'offre à Ulysse une piscine grand luxe, un jacuzzi olympique où s'ébattre à son aise en attendant la sortie.

La grossesse d'une femme dure quarante semaines, soit deux cent quatre-vingts jours. Celle d'une baleine, trois cent trente jours. Celle d'une girafe, quatre cent quarante jours. Celle d'une éléphante, jusqu'à six cent soixante jours.

Pourquoi ai-je la corpulence d'une baleine mais pas la durée de sa gestation ? Pourquoi ne suis-je pas une éléphante ?

Dans un livre, j'apprends que la grossesse est une méthode de dopage à la progestérone pour les sportives de haut niveau. Le monde se divise désormais en deux catégories : les femmes qui n'ont rien dans le ventre, et les autres. J'appartiens à la catégorie la plus prometteuse.

La grossesse est également ce signe extérieur d'activité sexuelle, mais aussi de couple, voire d'amour. Je suis deux, je suis aimée, mon existence est plus palpitante que votre vie minable – et si cette idée-là donnait encore plus de force pour évoluer dans le monde ?

J'ai devant moi l'avenir, la vie, et mon ventre rebondi.

Je crois que j'aimerais rester enceinte toujours.

En attendant, j'ai réuni l'ensemble des pièces constitutives de mon dossier et j'écris à l'assurance-maladie. Dans quelques semaines démarrera pour moi ce que l'on nomme le « congé de maternité ».

UNE IMAGE

Lorsque j'attrape le paquet de linge humide qui attend dans le tambour de la machine à laver et que j'extrais la masse compacte de vêtements ou de draps, je remercie l'anneau de caoutchouc pour sa souplesse.

La machine n'en souffre pas. Elle ne garde aucune mémoire de cette étape. Pas même une trace sur le caoutchouc.

Et chaque fois, je me dis que cela doit ressembler à ça.

Accoucher.

DANS UN LIVRE

« En ce qui me concerne, si je savais qu'une créature était en train de se développer dans mon ventre, je deviendrais fou. »

UNE AMIE

— Je n'ai pas l'intention d'arrêter de fumer. Les bébés des fumeuses sont plus petits à la naissance, sans que cela impacte leur croissance future. Alors la cigarette, c'est mon astuce pour me simplifier l'accouchement ! De toute façon, mon médecin m'a avertie : arrêter le tabac d'un coup générerait un stress important, qui risquerait d'être problématique pour mon bébé.

LUC

— Tu ne vas plus voir la psy ?

— Elle est partie en voyage.

— Ah oui ?

— Elle fait une retraite en Inde, elle accompagne des femmes qui ne parviennent pas à être enceintes. Du silence, de la méditation, de la marche et un peu de yoga. Elle fait ça chaque année et *a priori* ça porte ses fruits.

— C'est le cas de le dire. Elle s'absente combien de temps ? Ça tombe mal pour toi, non ? Tu pourrais trouver quelqu'un d'autre en attendant.

— Pas la peine. Je pense avoir réglé ce que j'avais à régler.

— Si tu le dis.

MAINTENANT

Au début des vacances de Noël, Luc passe quelques jours dans un chalet en Bourgogne avec sa mère et ses filles. Il a proposé que je me joigne à eux mais j'ai préféré les rejoindre ensuite, pour le réveillon. Je ne suis pas inquiète pour mon sort, le terme est encore loin, et tous les quatre vont faire ce qu'ils aiment, se balader longuement en forêt, parler aux arbres, étudier les fleurs d'hiver, chanter pour les rares oiseaux, sans être ralentis par mes kilos ponctuels.

Ce n'est pas seulement pour ça que j'ai décliné l'invitation. Luc me rapporte les inquiétudes de ses filles. Inquiétude qu'il fonde une famille qui remplace celle qu'elles forment. Inquiétude que le nouveau bébé devienne son unique préoccupation. Inquiétude qu'il s'éloigne d'elles. Des inquiétudes légitimes. Quand la mère de Luc a demandé aux filles leur opinion sur la situation, Justine a répondu qu'il allait falloir « partager l'héritage ».

Sauf qu'avant l'héritage, ce qu'il va falloir partager, c'est leur papa. L'amour de leur papa. Marie y est habituée depuis sa naissance, mais pas Justine, qui a connu les privilèges et les désillusions liés au rang d'aînée.

Quand leur maman est revenue de la maternité avec Marie, Justine s'est montrée très heureuse de faire la connaissance du bébé, très heureuse de sa présence. Quand il a pleuré, Justine l'a rassuré, son papa et sa maman étaient très gentils, la minuscule fille ne devait pas s'inquiéter.

Puis le soir est tombé, s'est enclenché pour Justine le rituel qui précède le coucher, et elle a demandé quand le bébé allait s'en aller.

Une journée, c'était bien assez.

Partager en deux, Justine a fini par l'accepter. Partager en trois, à présent ? Voilà qui n'était pas prévu au programme.

Je les laisse passer ces quelques jours ensemble pour que les filles comprennent que leur cellule familiale continuera d'exister. Que si le cercle promet de s'agrandir, personne ne prendra la place d'un autre.

J'en profite pour commander les cadeaux sur Internet.

UNE IMAGE

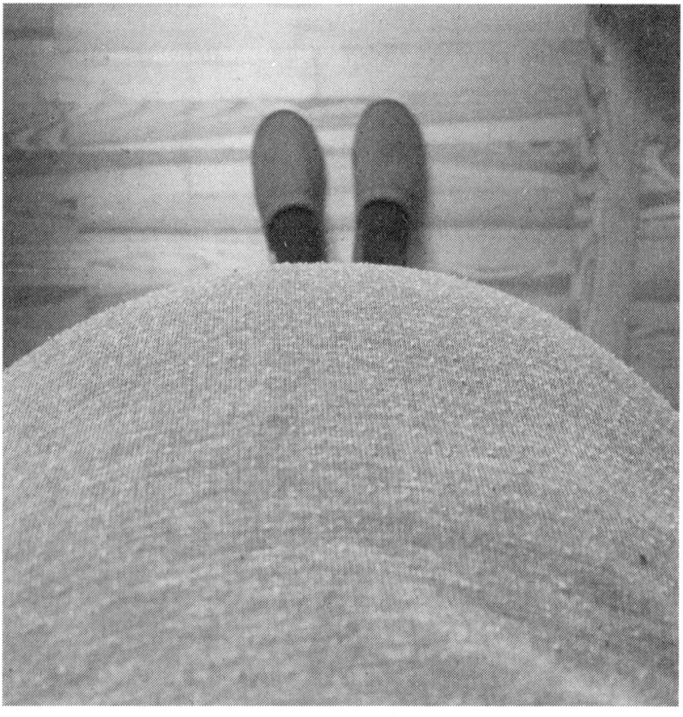

MA MÈRE

— On en parlait l'autre jour avec Maurice, peut-être qu'on vous laissera tranquilles à la maternité. On viendra vous voir quand vous serez rentrés, avec Internet tu pourras nous envoyer des photos ! Je vais changer de téléphone bientôt, là j'ai assez de points, ça ira mieux pour les – comment vous dites, déjà ? quand c'est pas les SMS, c'est les ? MSS ? En plus fin janvier c'est les Rencontres de la collection à Montauban, Maurice y présente ses coquetiers, il n'a pas manqué ce rendez-vous une seule fois en trente-cinq ans, j'ai hâte de découvrir ça. Tu imagines ? Des collections de toutes sortes, des timbres, des coquillages, des renards empaillés, des fanions – et bien sûr des coquetiers – réunis dans le même hangar ! De toute façon, Maurice n'aime pas conduire dans Paris.

MAINTENANT

— La présentation en siège concerne 3 à 4 % des naissances, m'indique Maryline. C'est donc rare, mais pas exceptionnel. Ça se gère sans problème.

On m'envoie passer un pelviscanner afin de vérifier que le bébé peut descendre le bassin en premier. Aucune difficulté n'est annoncée.

— Par contre, pour un siège tu ne pourras pas accoucher ici, m'annonce Maryline. Il faut une surveillance plus importante que pour une position postérieure, ce sera côté maternité pour toi. Sauf, bien sûr, si ton bébé se retourne d'ici là.

— S'il se retourne ?

— Oui. Et tu peux l'aider.

— Ah bon ? Comment ?

— Il existe différents moyens ; tu notes ?

C'est l'ouverture des soldes et du dernier mois de ma grossesse. Mes superstitions m'autorisent à enfin acheter quelques affaires. Trois bodys jolis, un pyjama orné d'une girafe, un doudou à rayures, une salopette en taille trois mois, le polo assorti.

À petite vitesse, je me déplace en portant dans mon ventre un enfant qui se tient dans le même sens que moi. Je rentre échevelée. Il souffle un vent tourbillonnant duquel tout le monde s'abrite mais qui ne m'atteint pas. J'ai une bouillotte à l'intérieur. En regardant par la fenêtre, je constate que le moulin à vent planté dans ma jardinière s'est envolé avec la tempête. Je ne suis triste qu'un instant. J'ai perdu un moulin à vent mais je vais bientôt gagner un bébé.

UNE AMIE

— Pour faire construire la maison, j'ai comparé les artisans puis j'en ai choisi certains et je les ai payés. Je me suis pas amusée à apprendre la maçonnerie ou à lire plein de livres sur les toitures. Surtout que des maisons, je vais pas en faire construire trente-six mille dans ma vie. Ben c'est pareil, l'accouchement, j'y connais rien, alors je vois pas à quoi ça servirait de faire les cours : autant laisser ça aux professionnels.

MAINTENANT

Je passe plusieurs dizaines de minutes à quatre pattes sur le lit. Je pose les mains au sol en dressant les fesses sur le matelas. Je lève mon bassin de mille manières, le secoue au rythme de la musique. Je surélève mes jambes.

Je vais faire de l'acupuncture. Une sage-femme plante de fines aiguilles sur des points qui activent la production de liquide amniotique et favorisent les mouvements internes. Je repars avec un bâton de moxa : Luc aura la charge de stimuler les mêmes points d'acupuncture en chauffant le bâton qui ressemble à un cigare de bande dessinée. Il utilise aussi la moxibustion pour me soulager. Dos, ventre, jambes. Je me sens peser de plus en plus.

Je parcours les forums en ligne à la recherche de techniques toujours plus inventives, les poches de glace et d'eau chaude, l'hypnose et la méthode mexicaine. J'entends parler d'un ostéopathe dont les manipulations permettent de retourner les bébés. Je traverse Paris pour le rencontrer. Tout plutôt que la version par manœuvre externe réalisable à la maternité, qui fonctionne dans un cas sur deux. Je veux bien aider mon bébé mais pas le forcer.

Mon corps invente de nouvelles façons de dormir avec ce ventre proéminent. Mon lit s'adapte. Mon corps et mon lit trouvent des positions pour que mon ventre ne me pèse pas. Entre les phases de hoquet du bébé, je parviens à trouver le sommeil.

À côté de moi, Luc est réveillé par le tremblement de terre que provoque le moindre de mes mouvements.

Parfois j'angoisse. Et si je me réveillais en pleine nuit pour accoucher, seule avec Max m'empêchant d'atteindre Luc ?

Nous dormons de moins en moins bien.

Je continue à aller au yoga. J'ai mes habitudes dans la salle de méditation, en haut des marches à droite.

Je me meus avec difficulté. Je peine à me relever. Ou alors j'arrête en plein milieu de la séance pour ne plus rester qu'allongée. Je fais d'incessants allers-retours aux toilettes. Dans les vestiaires, je parle de valises de maternité, de soutiens-gorges d'allaitement et de crèmes antivergetures.

Il y a les jours où je suis un sourire, je regarde les autres, je leur souris et ils me sourient en retour, on se parle et ce n'est pas seulement en raison de mon ventre.

Il y a les jours où je suis une douleur dans le dos, dans la jambe, un ventre lourd à porter, alors je ne peux converser qu'avec l'intérieur de moi, et la conversation n'est guère optimiste.

Il y a avoir un corps et il y a être un corps. D'ordinaire j'ai un corps et cela passe inaperçu, maintenant que je suis enceinte je suis un corps et ce n'est pas facile à porter.

LA PROF DE YOGA

— Avez-vous des douleurs quelconques à signaler ?

— Non, par contre j'ai une question : y a-t-il des postures particulières que l'on peut faire pour retourner son bébé ?

— Pour *retourner son bébé* ? Mais ce n'est pas à toi de faire ça ! C'est ton bébé qui doit décider s'il veut se retourner ou non !

MAINTENANT

En cherchant sur Internet comment préparer son vagin afin d'éviter l'épisiotomie, je tombe sur la méthode « épi-no » : un assouplissement du périnée par un ballon gonflable en silicone, inspiré des calebasses qu'utiliseraient en Afrique les sages-femmes pour étirer et renforcer les muscles du plancher pelvien. En gonflant progressivement le ballon au long d'une préparation régulière, on détend son vagin jusqu'à l'équivalent du diamètre de la tête d'un bébé – environ dix centimètres. On s'entraîne également au mécanisme d'expulsion. L'appareil coûte une centaine d'euros et est en partie remboursé par la Sécurité sociale.

J'en parle à Maryline, qui me conseille quelque chose de plus naturel : masser la zone, matin et soir, avec de l'huile de sésame. Je sens que je préfère cette technique, et je missionne Luc de trouver un flacon d'huile.

Il sort au moment où je réalise que Maryline, c'est aussi le prénom de ma mère.

UNE AMIE

— Qu'est-ce que t'es grosse ! Tu as pris combien ? Moi je me suis arrêtée à +9 pour les deux. T'es au moins à +15, là, non ?

UNE IMAGE

En sortant de la douche, j'enroule une serviette autour de mes cheveux longs. Je choisis une épaisse serviette éponge, grande et moelleuse. Je garde le turban lorsque je m'habille. Si j'enfile un tee-shirt, il faut tirer un peu, forcer un minimum pour que celui-ci passe autour de ma large coiffure.

Mais cela fonctionne toujours. Le tee-shirt se retrouve sur mes épaules sans avoir été déformé.

Et chaque fois, je me dis que cela doit ressembler à ça.

Accoucher.

MAINTENANT

Je décide d'aller chez l'esthéticienne en prévision de l'accouchement. L'épilation des jambes et du maillot me semble faire partie de la préparation à la naissance tout autant que l'achat de couches taille 0 ou l'apprentissage des techniques de respiration.

Je choisis l'adresse la plus pratique, et celle-ci apparaît être un institut de beauté indien situé à deux rues. Pourquoi pas ? Toutes les cultures ne se valent pas en matière de soins du corps, mais les Indiennes, coiffées, maquillées, bindiées et apprêtées, ne sont pas les dernières question beauté.

À la toute jeune femme qui s'occupe de moi en anglais, je révèle que l'enfant que j'attends est un garçon.

— En Inde, on dit que le masculin c'est le ciel et que le féminin c'est la terre. La vie est plus facile pour un garçon.

Je réalise que je suis très heureuse d'attendre un garçon. Je me demande même si, dans le cas où l'on m'aurait laissé le temps de me poser la question avant de tout miser sur *une fille*, ce n'est pas ce que j'aurais désiré.

En fouillant sur Internet, je tombe sur un reportage montrant des naissances naturelles, sans péridurale ni présence de médecin. Des naissances dans la joie. Qui se déroulent comme une fête. Ces femmes qui vivent cela, sont-elles différentes de moi ? Possèdent-elles quelque chose que je n'ai pas ? Ou pourrais-je être moi aussi capable de ce dont elles sont capables ?

Luc a trouvé un moyen de contenter mes envies de saveurs japonaises. Il m'approvisionne en rouleaux de riz garnis de viande ou de poisson cuits que je trempe allègrement dans la sauce soja.

Sur la commode, l'huile de sésame me fait de l'œil. Chaque jour, je remets au lendemain mon premier massage ciblé. Je n'ai toujours pas débouché le flacon.

DANS UN LIVRE

« Voilà comment j'ai appris d'abord que mon sexe de femme était le lieu des fêtes dionysiaques de la vie.

J'ai regardé alors du côté de l'homme. Pour lui, une seule fête du sexe : le coït. Des autres fêtes, celles multiples de mon sexe, il ne voulut pas entendre parler. On n'en parla pas.

Et cette fête unique à laquelle il était convié, il la voulut pour lui tout seul. Il exigea de ma présence nécessaire qu'elle fût discrète et seulement dévouée à la fête de l'homme.

Il décréta qu'il n'y avait qu'une fête du sexe, et qu'elle était virile. »

UNE AMIE

— Je comprends bien tes trucs de position naturelle, de conditionnement et de méthodes douces, mais moi, je veux juste un accouchement classique, sur le dos, une péridurale et on n'en parle plus. Je ne te juge pas, c'est vraiment une question de choix.

LES FEMMES

Les femmes acceptent la domination masculine dans un domaine que personne ne peut mieux connaître qu'elles. « Une affaire de bonnes femmes », dit-on au bistrot pour parler des couches, celles qu'on change aux nouveau-nés comme celles dont on revient, si on en revient, après l'accouchement.

Fait-on payer aux femmes le prix de la puissance que leur confère sur les mâles le fait de pouvoir enfanter ?

Dans les services maternité des hôpitaux, combien de sages-femmes de sexe masculin ? Quelques-uns pourtant ont essuyé de leur pantalon les bancs des universités. Dans les services maternité des hôpitaux, combien de médecins de sexe féminin ?

Dans les services maternité des hôpitaux, combien de féministes ? Car c'est bien de féminisme qu'il s'agit. Mais ce combat-là ne semble guère intéresser les militants, et si peu les militantes... Qu'on dénude les femmes sur les publicités et se lèvent les boucliers. Qu'on les dénude dans une salle d'accouchement, qu'on expose leur sexe à la vue d'une demi-douzaine de personnes, qu'on le fouille sans avoir demandé l'autorisation des intéressées (combien de touchers vaginaux pour mesurer la dilatation ?), qu'on piétine leur pudeur devant le public hospitalier, qu'on coince leur dignité dans de rigides étriers, et tout le monde se tait.

On pourrait manifester afin de rendre aux femmes leur accouchement, mais encore faudrait-il avant cela cesser de les considérer comme des objets.

UNE IMAGE

Quand je veux extirper une bouteille de lait du pack de six dont je n'ai ni enlevé ni découpé le plastique, par flemme, je finis toujours par déchirer celui-ci un peu n'importe comment, avec mes doigts et mes ongles en guise de ciseaux.

Le plastique cède sans difficulté, il sait être résistant quand il faut et se laisser faire lorsque c'est nécessaire.

Et chaque fois, je me dis que cela doit ressembler à ça.

Accoucher.

UNE AMIE

— Ma pauvre, tu es énorme ! Tu vas en chier…

UNE OPTION

Stars enceintes : ces grossesses invisibles

On les surnomme les « *mummyrexics* ». Les stars du cinéma et de la chanson, en publiant sur les réseaux sociaux des photos d'elles fines comme des lianes au deuxième trimestre de grossesse, envoient un message culpabilisant que les femmes reçoivent cinq sur cinq, puisque le syndrome atteindrait actuellement une Américaine sur vingt, tout en progressant de façon inquiétante partout dans le monde.

En France, les psys appellent ça la pregorexie. La grossesse sans passer par la case « grosse ». Le corps médical a beau mettre en garde contre ce phénomène, il invite cependant à surveiller sa ligne lorsqu'on est enceinte, et recommande de ne pas prendre plus d'un kilo par mois.

Le culte social de la maîtrise de soi et de la maîtrise du corps est tel que les marques de vêtements pour femmes enceintes proposent désormais des modèles en XXS, soit l'équivalent d'une taille 34.

Il semblerait aussi qu'en refusant de grossir à la mesure de ce que réclame le fœtus, en n'investissant pas pleinement sa grossesse, la future mère tisse avec son enfant un lien moins fort qu'elle le pourrait. Un manque qui affectera peut-être peu l'enfant de la star, trimballé de nourrices en baby-sitters et promis de toute façon à une longue et inévitable psychanalyse, mais qu'il faudra trouver un moyen de gérer dans le cadre de relations familiales plus classiques.

MAINTENANT

Les autres sont de vraies femmes enceintes. Moi non.

Mon ventre est celui d'une autre femme. Mon *corps* est celui d'une autre femme.

Et cependant je suis moi. Un bébé dans le ventre.

Comment ont-elles fait, les autres, pour devenir de vraies femmes enceintes ? Quelle information ai-je manquée, quel courrier n'ai-je pas reçu ? À côté de quoi suis-je passée ?

J'ai mis dans un grand sac ce qui figure sur la liste des Myrtes. Dont des gants de toilette, des soutiens-gorges d'allaitement, des serviettes hygiéniques ultra-épaisses, plusieurs culottes à sacrifier et un petit koala en peluche. Mon sac pour la maternité s'alourdit de tous les paradoxes que je nourris au sujet de l'accouchement.

Puisque mon sac est prêt, Ulysse peut naître. S'il a attendu jusque-là, c'est qu'il doit savoir déjà que j'aime que les choses soient faites dans l'ordre.

Je pèse à présent plus de quatre-vingt-dix kilos. Jusqu'à quel point la peau du ventre peut-elle s'étirer ?

Maeva m'a avoué que son homme n'a plus voulu la toucher dès qu'il a su qu'elle était enceinte. Une amphore sacrée. Une vache indienne. Neuf mois d'abstinence imposée – et tant pis pour les hormones.

Luc et moi continuons de faire l'amour. Luc semble toujours autant aimer mon corps. Plusieurs fois par jour, il me regarde comme s'il le découvrait et s'exclame :

— Tu es enceinte !

L'évidence de la chose se double chez chacun de nous d'un étonnement sans cesse renouvelé. Ce qui nous arrive est incroyable.

Nous n'en finissons pas de nous émerveiller.

Le plus extraordinaire, c'est que Luc est en train de faire de moi une mère, cette chose simple et banale et consensuelle à laquelle personne avant lui n'avait véritablement pensé pour moi, pas même Guillaume je le crains.

Luc écrit chaque jour une phrase à la craie sur le tableau qui orne la devanture de sa boutique, et cette fois elle est d'Alfred de Musset : « Je ne sais pas où va mon chemin, mais je marche mieux quand ma main serre la tienne. »

DANS UN LIVRE

« Avant. Après. Comme on dirait avant ou après J.-C. Car l'amour est une nativité. L'instant charnière où les calendriers repartent de zéro, où les pendules sont remises à l'heure. Tout ce qui a eu lieu Avant-Amour relève du passé, du "parfait de non-constatation". Comme si on ne l'avait pas vécu soi-même et le connaissait seulement par ouï-dire. Comme si ce passé avait pris place dans notre mémoire *a posteriori*. Tout ce qui arrive Après-Amour est au présent. Il n'y a ni avant ni après. »

MAINTENANT

Nous sortons marcher dans le quartier. J'ai besoin de prendre l'air. Je réalise une fois dans la rue que j'ai oublié la ceinture qui d'ordinaire soutient mon ventre. Tant pis.

Un street artiste a posé un cœur en petits miroirs sur une gouttière. Un autre sur un soupirail. Encore un de l'autre côté de l'avenue. Cette chasse au trésor nous emmène plus loin que prévu, nous tombons sur une adorable boutique de jeux et jouets pour enfants, nous nous émouvons devant une fusée en bois, une dînette du petit-déjeuner, une mallette de pirate, nous discutons avec la propriétaire du magasin qui s'enquiert de mon terme. Je commence à fatiguer d'être debout, il faut encore passer chez le caviste pour trouver du vin pour ce soir, des amis viennent dîner.

Et puis là, chez Nicolas, quelque chose se passe. J'ai mal. Je me plie en deux. J'ai mal à nouveau. Le doute n'est pas permis. Luc demande à l'homme et à la femme devant nous si nous pouvons payer notre bouteille avant eux.

— Oui, bien sûr, dit l'homme. De toute façon, j'ai besoin d'un conseil.

— Non, déclare la femme.

— Pourquoi ? interroge Luc.

— Parce que moi je suis pressée.

— J'ai des contractions, interviens-je.

— C'est votre premier ? demande la femme.

— Oui.

— Alors vous en avez sûrement pour un petit moment. Je suis sage-femme.

— Je ne tiens pas à accoucher chez Nicolas.

— Je ne tiens pas à faire un accouchement maintenant.

L'homme derrière son comptoir ne sait pas qui il doit encaisser d'abord, ni s'il risque d'assister à une naissance dans sa boutique.

Nous passons finalement les premiers et reprenons le chemin de l'appartement. Nous décidons de ne pas annuler le dîner. Le porc au caramel a mijoté une partie de l'après-midi, la vaisselle est sortie et nous savons que la femme chez Nicolas a dit vrai : il ne devrait rien y avoir d'urgent avant plusieurs heures.

Nous sommes vendredi soir, notre bébé arrivera certainement dans le week-end. À deux, puis à quatre avec nos amis, nous faisons des pronostics sur sa date de naissance, nous répétons à quel point il est incroyable de penser que bientôt nous serons un de plus.

Les contractions restent présentes tout au long de la soirée, elles sont loin d'être insupportables – au contraire, je me réjouis de ce qu'elles promettent, alors je les guette, je les laisse venir et quand elles sont là je les annonce avec bonheur.

Tout est prêt. Nous n'attendons plus que le bébé.

Je m'endors à la fois sereine et impatiente.

Au réveil, la déception est rude : plus rien. Les contractions ne sont qu'un lointain souvenir, un mirage envolé.

LES FEMMES

Les femmes font le tour du quartier, montent et descendent des escaliers pour déclencher l'accouchement, qui pourtant est surtout dépendant des hormones, l'ocytocine en particulier.

Elles feraient mieux de prendre un bain, de faire l'amour, de se cuisiner leur plat préféré ou d'aller dîner au restaurant. De regarder leur film fétiche ou de dévorer une nouvelle bande dessinée. De choisir une activité-plaisir, plutôt que de chercher à provoquer des contractions à tout prix.

Encore faudrait-il qu'on leur explique le fonctionnement de leur propre organisme dans ces circonstances qu'elles connaissent pour la première fois.

Encore faudrait-il qu'on ait envie de les en informer.

Encore faudrait-il que disparaisse cette idée selon laquelle les femmes sont dangereuses pour elles-mêmes et pour leur bébé.

MAINTENANT

Une semaine s'est écoulée, une semaine vécue dans l'attente du dénouement. La peur a cédé la place à une certaine sérénité. Il ne me reste qu'à attendre, c'est finalement reposant. Excitant, aussi. Je ne suis plus que l'impatience de ce que je vais vivre. Je baigne dans l'euphorie du dernier jour d'école avant les grandes vacances, je nage dans l'extase de l'heure qui précède la fête à laquelle tous les amis viendront.

Je pense à toi qui patientes dans le vestibule, qui te prépares en attendant que s'ouvrent les portes, qui profites pour quelques instants encore de cette moite obscurité, de cette confortable chaleur, de cette inédite intimité.

À nous qui allons faire connaissance pour de bon, enfin.

Mais je pense moins à toi qu'à moi et à ce que je vais vivre.

Je considère l'accouchement comme un événement plus grand que la naissance.

Les contractions ont été plus fortes que le somnifère léger que j'ai avalé hier soir pour m'assurer une longue nuit de sommeil. Elles m'ont réveillée à 4 heures. J'ai chronométré leur fréquence. Une toutes les huit minutes. J'ai attendu un peu avant d'à mon tour réveiller Luc.

— Ça y est, c'est parti.

Mon corps tout entier est empli de cette idée. Ça y est, c'est parti. Le bébé veut sortir. Il va sortir. Bientôt il sera là. Entre nous. Dans mes bras.

Et cette fois, ce n'est pas une fausse alerte.

À 9 heures, nous appelons Maryline.

— Lorsque les contractions seront espacées de seulement cinq minutes, vous pourrez partir pour la maternité.

Elles sont toujours espacées de huit minutes. Nous avons le temps de finaliser les préparatifs et de nous régaler de l'idée que cette fois rien n'empêchera plus l'issue de survenir.

Nous déjeunons tardivement puis retournons au lit sur le conseil de Maryline qui recommande que je me repose pour prendre le plus de forces possible.

C'est la première fois de ma vie que je sens la présence en moi de cet organe nommé utérus. Même en fin de cycle, je ne l'ai jamais perçu en tant que tel.

Je suis une plage qui attend la prochaine vague, avant d'être mère je suis la mer qui avance et recule, je suis à moi seule le roulis, je suis la houle, je suis les eaux et je suis les flots sur lesquels un bateau gouverné par un matelot prénommé Ulysse s'apprête à terminer son beau voyage.

L'odyssée de la vie.

MA SAGE-FEMME

— Tu sais qu'à partir de maintenant tu n'as plus à t'inquiéter de rien ?
— Je balance entre une inquiétude maximale et une confiance totale.
— Réfugie-toi dans cette confiance. Dis-toi bien une chose : ton corps sait ce qu'il a à faire. Ton bébé aussi. Même l'univers sait. Tu peux t'en remettre à eux. Capituler, non pas par lâcheté mais délibérément. D'accord ?

MAINTENANT

Est-ce que la douleur se décide ? Est-ce qu'elle se maîtrise ? Est-ce que ma facilité à « gérer les contractions », selon l'expression consacrée, est liée à mon envie de voir venir ce bébé, et à ma conviction que cela se passera bien ?

J'ai toujours voulu tout maîtriser et puis un jour il m'est apparu que cela ne servait à rien. Je voulais tout maîtriser avant de pouvoir m'abandonner, tout maîtriser pour n'être plus que certitude, alors que la certitude ne se fraye jamais aussi sérieusement son chemin que lorsqu'on s'abandonne. Je me demande même si elle n'est pas conditionnée par l'abandon.

Être est un miracle et un mystère. La vie est un miracle et un mystère. La grossesse est un miracle et un mystère. Mais aussi un cours d'eau. Un fleuve. Ou plutôt une rivière, une rivière de montagne, dont le lit grossit, dont le courant gagne en puissance à mesure que les semaines s'écoulent.

Pour la fin du parcours, pour l'estuaire, pour l'arrivée au port, je choisis de me laisser porter par les flots. Après tout, je sais nager depuis bien longtemps. Et il y aura forcément sur la berge des gens bien intentionnés qui m'aideront si besoin. Au minimum Luc, mon capitaine de croisière, debout sur l'embarcadère.

Je pourrais aussi prendre un bateau mais dans un bateau on peut être malmené, chahuté par les vagues, le bateau peut se renverser – sans parler du mal de mère. J'aime autant plonger directement dans l'eau plutôt que de constamment craindre d'être trempée. Je pourrais faire confiance au bateau mais je décide de plutôt croire en moi et en mon bébé. J'ai foi en nous, et dans le courant. Advienne que pourra.

Il s'agit de vivre cet accouchement comme il se présente. Je réfléchirai ensuite.

Il s'agit de vivre.

Et vivre, c'est aussi manger.

Je vais me faire des pâtes.

LES FEMMES

Les femmes se laissent affamer. Non seulement elles sont soumises à de plus en plus d'interdictions pendant leur grossesse, plus personne ne voulant courir le moindre risque (la France se trouve être l'un des rares pays européens dans lequel existe une réglementation concernant la toxoplasmose), mais en plus elles n'ont souvent le droit ni de boire ni de manger pendant le travail obstétrical.

Cela date du lendemain de la Seconde Guerre mondiale. Depuis 1946, un jeûne est imposé au motif qu'en cas d'anesthésie générale, les aliments ingurgités pourraient remonter jusqu'aux poumons. Combien d'accouchements ont lieu sous anesthésie générale aujourd'hui ?

Le jeûne ne sert plus à rien mais il est maintenu. Et tant pis si les femmes fournissent un effort de marathoniennes, se livrant à une performance physique intense, transpirant pendant des heures dans une pièce surchauffée. Qui, à New York, à Paris, dans n'importe laquelle des villes organisant cette course de fond, priverait une marathonienne de ravitaillement ?

Aux Pays-Bas, au Royaume-Uni, on laisse depuis plus de trente ans les femmes boire ou manger si elles le souhaitent. La recherche scientifique affirme qu'empêcher les femmes de boire ou de manger n'a aucun bénéfice lorsque l'accouchement se déroule sans complication.

MAINTENANT

Je vais accoucher je vais accoucher je vais accoucher, me dis-je sans y croire. Je le répète à voix haute aussi, pour mieux tenter de m'en convaincre. Ce n'est guère plus efficace. Pourtant Luc me confirme que c'est ce qui va arriver.

Il est temps d'appeler un taxi.

Voilà plusieurs semaines que j'ai demandé à mon homme d'enregistrer le numéro de la compagnie de taxis dans son téléphone et de télécharger l'application permettant de réserver en quelques clics. Au cas où je ne serais en état de rien.

Luc commande une voiture mais à l'heure dite personne n'est là. Ni devant la porte de l'immeuble, ni plus loin dans la rue. Tout bien réfléchi, il n'est plus certain d'avoir validé la toute dernière étape de la commande.

Suis-je en couple avec le seul homme incapable d'appeler un taxi lorsque sa moitié doit se rendre à la maternité ? Est-ce finalement lui, plus que moi, qui n'est en état de rien ?

UNE AMIE

— Tu connais ces histoires de chauffeurs de taxi qui refusent de prendre les femmes enceintes ?

AU PAYS DES MERVEILLES

« Plus bas, encore plus bas, toujours plus bas. »

MAINTENANT

Luc porte le sac de ses deux mains, moi mon ventre dans les miennes. Nous sommes déjà un peu plus que deux à monter dans le véhicule.

J'ai donné l'adresse de la maternité mais pas son nom. Je gère plutôt bien les contractions, agrippée à la main de Luc. Malgré tout, je redoute que le chauffeur, craignant pour ses sièges, nous fasse descendre inopinément.

Il n'en est rien. Il nous dépose devant l'entrée des Myrtes sans même nous souhaiter bonne chance. Je me plais à croire qu'il ne se doute pas que je suis sur le point d'accoucher. Qu'il a à peine remarqué que j'étais enceinte.

Il est 17 h 15 lorsque nous franchissons la porte de l'établissement que nous connaissons bien. Cette fois, nous savons que lorsque nous en ressortirons quelque chose aura changé.

Puisqu'il va bien falloir faire sortir de moi ce que je n'ai pas vu y entrer.

— Oui ? demande l'homme à l'accueil, le même qu'à chaque fois.

— C'est pour accoucher.

DEDANS

Je me sens soudain à l'étroit. Étrange, pas vrai, de se sentir à l'étroit dans un espace sur mesure ? C'est pourtant bien ce qui est en train de m'arriver.

C'est comme le pull qui gratte tout à coup alors qu'on l'a porté sans problème toute la journée.

C'est aussi irrationnel et aussi incontestable.

Allons-y.

Du mouvement.

Ce n'est pas que je fasse partie du mouvement, que j'y contribue.

Je <u>suis</u> le mouvement.

Un proverbe japonais dit que l'accouchement est comme un lever de soleil, qu'on ne peut ni le bloquer, ni l'accélérer. Je me fiche de l'heure qu'il est et du temps qu'il fait : le soleil va se lever.

AU PAYS DES MERVEILLES

« — Voudriez-vous me dire, s'il vous plaît, par où je dois m'en aller d'ici ?

— Cela dépend beaucoup de l'endroit où tu veux aller.

— Peu importe l'endroit…

— En ce cas, peu importe la route que tu prendras.

— … pourvu que j'arrive quelque part », ajouta Alice en guise d'explication.

— Oh, tu ne manqueras pas d'arriver quelque part, si tu marches assez longtemps. »

MAINTENANT

Ils n'ont pas mon dossier.

— Nous sommes en transfert de la maison de naissance, explique Luc.

— Ce soir ? demande la sage-femme, les yeux exorbités.

— Non, on a fait le transfert il y a plusieurs semaines, le bébé est en siège.

— Bon, alors on devrait retrouver des choses. Vous avez vos derniers résultats d'analyse ?

Nous investissons la salle jaune. Jaune est la couleur du soleil, la seule qui filtre par la peau de mon ventre, me plais-je à imaginer. Jaune est la couleur du miel, de l'or et celle des cartes de visite de Luc. Jaune est la couleur de notre amour.

Il faut faire une échographie pour vérifier la position du bébé. Nous suivons l'interne dans une autre salle, au rythme de mes contractions.

Le bébé est toujours en siège, bien calé là-haut, contre mes côtes. Avec le diamètre de son crâne, on estime son poids à quatre kilos cent.

J'intègre l'information. Je voulais un petit bébé, mais avec le poids que j'ai pris et la taille de mon ventre, je m'attendais à ce qu'il ne soit pas si petit. J'apprendrai plus tard, en lisant le compte rendu opératoire, qu'on parle de « suspicion de macrosomie fœtale » lorsque le poids du bébé est estimé à plus de quatre kilos.

Ce n'est pas tout.

Il regarde en l'air. Il a le menton levé. Ce qui rend l'accouchement par voie basse risqué.

L'interne et le médecin arrivé en renfort n'ajoutent rien. C'est moi qui parle :

— Il faut faire une césarienne, c'est ça ?

— Oui.

— Tout de suite ? Comment ça va se passer ?

— On va y aller vite, oui. D'ici une demi-heure vous tiendrez votre bébé dans vos bras.

Ça me laisse très peu de temps pour pleurer. Je fais sortir les larmes en bloc, tout de suite. Il est déjà temps de regagner la salle jaune pour « me préparer ». Puisque rien ne m'a tuée jusqu'ici, je devrais survivre aussi à ce qui s'annonce.

Même si après je ne vois rien d'autre que le vide. Un gouffre.

Je pense à cette phrase d'Annie Ernaux : « C'est la dernière fois que j'ai mon corps. »

DES DISPARITIONS

Disparition de mes vêtements (sur la chaise) ;
Disparition de mes bijoux (dans mon sac à main) ;
Disparition de mes poils pubiens (sous la lame du rasoir) ;
Disparition de mes cheveux (sous la charlotte) ;
Disparition de mes pieds (dans les chaussons en non-tissé) ;
Disparition de mon corps (sous la chemise en papier bleu).

Le brancard m'emmène au bloc, existe-t-il seulement un verbe pour dire « arpenter » quand on est allongé et qu'on voit les choses à l'horizontale ? Je n'ai plus de vocabulaire. Je roule étendue, je traverse les couloirs en les découvrant à 90°, ça va encore plus vite dans ce sens-là, c'est étonnant cette vitesse, ça n'est pourtant pas une urgence je crois. Les portes à hublot s'ouvrent, le gris devient bleu comme ma chemise en papier, voilà donc ce qu'on appelle le bloc opératoire. Luc n'a pas eu le droit d'entrer, il me rejoindra seulement quand l'anesthésie m'aura été administrée.

Disparition de ma continence (autour de la sonde urinaire) ;
Disparition de ma pudeur (dans les bras de l'infirmière) ;
Disparition de mes bras (derrière les aiguilles des perfusions) ;
Disparition de mon corps (derrière les champs opératoires) ;

Disparition de mes sensations (sous la rachianesthésie[1]) ;
Disparition de mon corps ;
Disparition de mon corps.

Tout va tellement vite que mon esprit n'a le temps de rien. Et mon âme, où est-elle passée ?

1. Contrairement à la péridurale, la rachianesthésie consiste à injecter l'anesthésique à l'intérieur des méninges et non autour d'elles.

MAINTENANT

Et puis soudain, un bébé.

Il ne s'est pas écoulé deux minutes entre l'instant où j'ai entendu prononcer le mot « incision » et celui où a retenti un cri de nouveau-né dans la pièce bleue.

— C'est lui ? demandé-je.

Parce que c'est si rapide, parce que c'est extraordinaire, parce que c'est miraculeux, parce que je n'y crois pas.

Malgré les neuf mois écoulés, le poids sur mon périnée et les mouvements dans mon ventre, malgré les quatorze heures de contractions et l'équipe mobilisée pour que j'accouche, je n'y crois pas.

— C'est lui, confirme Luc qu'on a laissé me rejoindre.

Et on l'emporte, avec son long cordon, on le pose sur la table chauffée contre le mur de la pièce, je me tords le cou pour le voir, ça ressemble à un bébé, mais à un bébé qui n'a pas la couleur d'un bébé.

— Il est tout violet !

— Oui, c'est normal, me répond-on avant que je m'inquiète davantage.

Luc coupe symboliquement le cordon déjà sectionné, au scalpel car il n'y a pas de ciseaux, et une seconde plus tard on me pose dans le cou l'enfant que, bras en croix, je ne peux pas toucher.

Je le mange avec la bouche. La bouche est le premier instrument du corps que les nouveau-nés utilisent pour appréhender le monde. Pour un nouveau-né, le monde se mange ; voilà pourquoi les petits portent tout à la bouche. La bouche est le premier instrument que j'utilise, moi, pour faire connaissance avec l'enfant que j'ai porté. Je le mange avec la bouche.

Depuis lui, le monde se mange.

— Comment va-t-on l'appeler ? demande la sage-femme en s'approchant.

Je regarde son père, est-ce qu'on est sûrs, on avait dit qu'on se laissait jusqu'à ce moment, celui de la rencontre, pour décider, pour valider, est-ce qu'on a eu le temps de savoir, déjà, avec les quelques minuscules minutes qu'il nous a été donné de partager ?

— Je crois qu'on va l'appeler Ulysse ? réponds-je cependant que je questionne mon homme.

Luc hoche la tête.

Alors voilà, ça y est, c'est fait.

Mon enfant est né et il s'appelle Ulysse. Je viens de lui donner le prénom qui l'accompagnera tout au long de sa vie.

C'est Ulysse. Ulysse qui était venu me visiter en rêve et me dire : « Ne t'inquiète pas. » Ulysse qui avait raison : il était inutile que je m'inquiète.

MON BÉBÉ

C'est la course des bébés. Tous les bébés se tiennent derrière la ligne. Quelques-uns sont debout, la plupart à quatre pattes. Le signal du départ est donné, tous s'élancent. Tu avances plus vite que les autres, droit vers moi.

Ça y est, tu nous as rejoints.

Au lycée, j'ai étudié Platon qui dans *La République* affirme qu'un enfant choisit le corps dans lequel il veut naître. Si les bébés choisissent leur mère, leurs parents, alors pourquoi m'as-tu choisie moi, pourquoi nous as-tu choisis nous ? Sache en tout cas que je suis infiniment honorée que tu m'aies élue. Et que je te promets de tout faire pour être à la hauteur de tes attentes. Merci de me faire ainsi confiance.

Ton regard effaré dit, sans crainte mais avec étonnement, que l'environnement a changé. Brusquement.

La situation est nouvelle mais aux dires de tous, on s'y fait.

Alors tu vas t'y faire.

Et il n'y a pas de raison que je ne m'y fasse pas moi aussi.

DES CROYANCES

Au Niger, chez les Massaï, on dit au bébé qu'il est laid pour lui porter bonheur.

Dans certaines ethnies d'Afrique de l'Ouest, la mère ne doit pas regarder les yeux de son nouveau-né pendant les premières vingt-quatre heures sous peine de favoriser l'intrusion des mauvais esprits dans le corps de l'enfant.

Selon une légende talmudique, lorsqu'un enfant naît, il possède encore le savoir ultime de ses vies antérieures. C'est alors qu'un ange apparaît et lui enjoint de tenir ce savoir secret. L'ange pose son doigt sur la lèvre de l'enfant et à cet instant précis, le bébé oublie tout pour entrer dans la vie. Du geste de l'ange, il reste une trace : le petit creux qui dessine un fossé entre notre lèvre supérieure et la base de notre nez… Alors seulement, il peut pousser son premier cri.

Au Soudan du Sud, chez les Nuer, on juge que le mariage n'est pas complet tant que la femme n'a pas eu deux enfants. Si elle ne met pas au monde deux enfants, son mari est en mesure de demander le divorce.

D'après le Coran, le Seigneur ne nous charge pas de ce que nous ne pouvons porter.

Les croyances sont dures comme le diamant.

MAINTENANT

On l'emporte. Luc a déchiré sa chemise en papier bleu pour placer Ulysse contre la peau de son torse le temps qu'on finisse de « s'occuper de moi ».

C'est-à-dire le temps qu'on referme l'ouverture tout juste créée.

Vingt minutes que mon bébé tout neuf passe peau contre peau avec son papa tout neuf aussi, vingt minutes où je m'impatiente, immobile, tandis que plus personne ne se préoccupe de moi. Ici on connaît le prénom que je viens de donner à l'enfant à peine né mais pas le mien.

La foule grouillante en blouse est de l'autre côté des champs opératoires. Je sais ce qu'ils font mais je ne sens toujours rien, alors à vrai dire ils pourraient faire tout autre chose que je ne m'en apercevrais pas plus.

Refermer.

Recoudre.

Suturer.

Treize agrafes.

Et pendant qu'on les pose sans que je le sache, je réalise que c'était seulement ça.

Seulement ça, accoucher.

Ne rien sentir d'autre que ma peur, mon angoisse, mon ébahissement, mon émerveillement, mon apaisement. Ne rien sentir d'autre que mes émotions.

Je ne vois pas pourquoi j'en ai fait tout un plat.

L'enfant est sorti à 19 h 04. Moins de deux heures après que j'ai franchi le seuil de cette maternité. Vingt minutes plus tard, mon reboutonnage effectué, je suis de retour dans la salle jaune. Sur le lit d'accouchement m'attendent mon bébé et son papa.

Ulysse passe de la poitrine de Luc à la mienne. Le bébé humain est capable de trouver le mamelon dans l'heure qui suit la naissance. Ulysse cherche le mien, avec succès, pendant que Luc téléphone rapidement au tout premier cercle pour annoncer la naissance de notre famille.

MON BÉBÉ

J'ignorais la beauté. J'ignorais la pureté. Je n'en connaissais rien, tu les incarnes toutes deux, tu évinces la laideur, l'usure et même le gris, tu fais disparaître tout ce qui n'est pas toi.

J'ignorais l'innocence.

Il y a le moment où naît l'enfant imaginaire, l'enfant idéal, et le moment où arrive l'enfant bien réel. Tu es né une première fois il y a longtemps. L'enfant qui est dans la tête avant d'être dans le ventre. Une gestation qui peut durer bien plus que neuf mois. Arrive le moment où l'enfant fantasmé, l'enfant dont on rêve, cède la place à l'enfant que l'on porte en soi pour de bon, et que l'on met au monde.

Je n'avais pas envisagé qu'en naissant tu puisses souffrir d'une quelconque comparaison. Que mon bébé fantasmé puisse te faire du mal. Pourtant tu ne lui ressembles pas, sans que je sache vraiment à quoi j'ai pensé qu'il ressemblerait. Tu as l'avantage de la réalité. Un avantage considérable.

Les événements nous transforment. J'accepte ce qui vient et je me fiche du reste. J'espère juste que je ne me suis pas trompée d'avenir.

Bienvenue au monde, toi.

La nuit de ta naissance a duré une petite heure, et une éternité. Au milieu de laquelle a commencé ma plus belle histoire d'amour.

MAINTENANT

Je ne dors pas de la nuit.

Je le regarde. Je l'observe. Je le mange des yeux. Je le bouffe du cœur. Il est si beau, si pur, si parfait dans l'écrin de son berceau en plexiglas. C'est lui que mon corps a fabriqué ? Cette merveille ? Impossible, impensable !

Si réel, aussi. Enfin.

Chaque fois que le sommeil menace de prendre le dessus, il a un geste, un spasme, un bruit de bouche qui me rappelle à la veille. Je ne lutte pas.

Sur le fauteuil déplié dans le coin de la chambre, Luc se retourne de temps à autre, ouvre un œil.

Il y a dans cette pièce ma famille. Cette idée me paraît tellement dingue que je ne parviens pas déjà à y croire. Mais c'est sans doute normal. Il doit falloir un moment, quelques jours au moins pour intégrer le concept.

On verra déjà demain.

Je me demande à quoi ressemble l'avenir dans lequel cet enfant est attendu. Un bébé sur deux né maintenant sera centenaire, m'a dit quelqu'un tout à l'heure – qui ? la sage-femme ? l'infirmière ? l'anesthésiste ? Peu importe. J'espère que ce sera Ulysse, et que non seulement sa vie sera longue mais qu'en plus elle sera belle.

Surtout qu'elle sera belle.

DANS UN LIVRE

« La première nuit qui suit la naissance, c'est un peu comme après l'orage, quand ne tombe plus qu'une légère bruine. Je n'ai pas souvenir d'avoir jamais surpris une mère en train de dormir. »

AU PAYS DES MERVEILLES

« Mon Dieu ! Mon Dieu ! Comme tout est bizarre aujourd'hui ! Pourtant, hier, les choses se passaient normalement, je me demande si on m'a changée pendant la nuit ? Voyons, réfléchissons : est-ce que j'étais bien la même quand je me suis levée ce matin ? Je crois me rappeler que je me suis sentie un peu différente. Mais, si je ne suis pas la même, la question qui se pose est la suivante : qui diable puis-je bien être ? Ah ! voilà le grand problème ! »

MAINTENANT

J'ai tout connu, de l'amie qui envoie une annonce lapidaire après quinze jours d'un silence inquiétant, quinze jours nécessaires pour refaire surface après la naissance, à celle qui tient informée quart d'heure par quart d'heure toute la bande de copines de l'évolution de la dilatation de son col.

Nous avons décidé de ne prévenir personne que nous partions pour la maternité. Nous voulions que la naissance nous appartienne. Nous voulions prolonger notre secret à trois encore un moment.

De retour dans la salle jaune, Luc a utilisé mon téléphone. Mes deux mains à moi étaient refermées sur le petit corps recroquevillé de ma grenouille effarouchée. Nous avons contacté les très proches uniquement. Ma mère (qui n'a pu s'empêcher de décrire le restaurant où elle dînait avec Maurice), mon père (qui était dehors, dans le bruit, qui a entendu « Félix » et a cru jusqu'au lendemain que c'était le prénom que nous lui avions choisi), la mère de Luc (qui s'était tellement préparée à ce que ce soit une fille qu'il lui a fallu quelques instants pour intégrer son identité de garçon), ma sœur (qui avait parié sur le sexe, et a perdu cinquante euros), Justine et Marie *in extremis* (elles allaient se coucher).

C'est tout pour ce soir. Pour sa première nuit, Ulysse n'appartient qu'à sa famille. Ce n'est pas une dépossession, plutôt une fierté. Nous l'avons rendu plus vivant encore en l'annonçant.

Au matin, alors que je comprends que je ne serai jamais rassasiée de le contempler, il me semble qu'il est permis de le partager. Je laisse le réseau réanimer mon téléphone silencieux. Il est 9 h 13. Une heure décente pour adresser en quelques salves un message aux destinataires qu'il convient de prévenir. Je réfléchis à une formulation simple et sobre et, appuyant sur « envoyer », je laisse Ulysse venir au monde.

Le bébé rend amnésique. Sur l'instant déjà. Lui dans mes bras, lui sur moi, j'oublie les sondes, j'oublie les tubes collés à mes poignets par des sparadraps, j'oublie les pansements qui me décorent, je ne sens plus que sa peau, je n'entends plus que son souffle, je ne vois plus que ses yeux qui jouent à cache-cache derrière ses paupières.

Est-ce le plus beau jour de ma vie que je viens de vivre ?

LE CHEF PROPOSE

Dans mon imagination

Énorme brassée de roses (autant de tiges que de jours passés avec Ulysse dans mon ventre)

Assortiment de vêtements couleur de ciel

Placenta aux petits oignons

À la maternité des Myrtes

Lapin chasseur

Blé à l'italienne

Gouda

Banane

Pain

MA MÈRE

— Bravo, ma fifille !

MAINTENANT

C'est à la fois une arrivée et un départ. Quelque chose qui commence et autre chose qui s'achève. Je viens de vieillir sans prendre de l'âge ; je viens de traverser le miroir, de basculer de l'autre côté. La naissance est un cadeau. La naissance est une perte.

Il vient de se passer quelque chose dans mon arbre généalogique. Simultanément ont poussé une branche nouvelle et Ulysse son premier cri. J'étais en bas, fille de ma mère. Je viens de monter d'un cran, mère de mon fils. Je n'en suis pas moins la fille de ma mère, théoriquement – pourtant si, je me sens soudain moins fille.

Parce que vient de naître ma famille, dont elle ne fait pas partie, tandis que je fais toujours partie de la sienne.

J'ai intégré le début du mot *amour* à mon statut de *fille* et voilà qu'apparaît le mot *famille*.

J'étais le bout de la chaîne, j'en deviens un maillon. J'appartiens désormais à cette infinie lignée de femmes qui font se former les générations.

Et j'écris ce que Freud appelle le « roman familial ».

MA TANTE

— Toutes mes félicitations à Ulysse !

AU PAYS DES MERVEILLES

« Alice eut du mal à saisir le bébé qui avait une forme bizarre, et qui étendait bras et jambes dans toutes les directions, “exactement comme une étoile de mer”, pensa la fillette. »

MAINTENANT

Vivre la naissance, sentir la descente, le passage, la sortie, cette traversée incroyable, cette épopée miraculeuse, voilà ce que je voulais. Voilà ce qui seul me semble avoir du sens en matière d'accouchement. Ce qui seul, même, devrait mériter d'en porter le nom. Un « accouchement normal », comme disent les garçons.

Je suis prise d'une urgence. Il me faut en savoir plus sur ma propre naissance, tout de suite. Je téléphone à ma mère pour qu'elle me raconte ce que je sais déjà mais que je suis prête à entendre autrement, clairement pour la toute première fois.

Je suis née sept jours après terme. À force de tourner en rond, je m'étais enroulée dans le cordon. Trois tours autour du cou et un autour du ventre. Malgré cela, toujours pas d'attirance pour l'extérieur. Il a fallu qu'on vienne me chercher.

— Tu ne voulais pas sortir, répète ma mère en soupirant comme si j'étais encore dedans.

LA SAGE-FEMME

— Je ne sais pas s'il y a vraiment des bébés qui ne veulent pas sortir. En revanche, il y a des mères qui changent d'avis, et qui n'ont plus envie que leur bébé vienne.

— Ah. Tu as d'autres choses à me dire, tant que je suis sous le choc ?

— Oui. D'une certaine manière, la capacité à accoucher se transmet de mère en fille.

— Comment ça ?

— Eh bien, on a constaté que quand une mère a eu une césarienne, sa fille a plus de chances de donner la vie de la même façon.

MAINTENANT

Je suis branchée du côté gauche. Antidouleur en perfusion. Je suis reliée au lit relié au mur relié à la chambre coupée du monde.

Mon corps s'arrête à mon nombril. Au bas du tee-shirt Pink Floyd. En dessous, la sonde urinaire fait son boulot. On me change comme une vieille dame. Je n'ai pas le droit d'aller aux toilettes avant ce soir, et je devrai sonner à ce moment-là. Quelqu'un viendra assister à cet événement. *Dark side of the moon.*

Je produis une crème épaisse qu'Ulysse vient lécher. Un lait ultra-concentré, ultra-protéiné, bourré de minéraux et d'anticorps. Jaune comme la salle où je n'ai pas accouché. Cela porte le nom de colostrum et il est recommandé que ce soit le premier élément ingéré par mon bébé.

Dont acte.

Immunitétée.

Faites téter les veaux aussitôt après le vêlage, disent les agriculteurs.

Trois silhouettes féminines entrent dans la chambre. Ma belle-mère précède Justine et Marie. Elles embrassent Luc puis m'embrassent moi. La mère de Luc m'embrasse, me semble-t-il, un peu plus tendrement que d'habitude.

Je viens de donner un fils à son fils.

Je viens de lui donner un petit-fils.

Toutes trois se penchent sur Ulysse qui se réveille dans mes bras. Elles sont intimidées par le petit garçon. Aucune d'elles ne répond favorablement à ma proposition de le porter un peu. Marie note les caractéristiques physiques et cherche les ressemblances (« Il est blond ou châtain ? Papa, tu étais aussi grand que lui à la naissance ou plus petit ? Ses yeux sont vraiment très bleus ! ») tandis que Justine a des préoccupations plus techniques (« Pourquoi est-ce qu'il ne tient pas sa nuque tout seul ? Jusqu'à quand ses yeux resteront bleus ? Est-ce qu'il voit ? »). La mère de Luc se renseigne sur le déroulement de l'accouchement.

Justine, dont un ami vient de se faire opérer, me demande : fils ou agrafes ? Agrafes résorbables ou à faire retirer ? Je lui fournis des réponses qui l'intéressent moins que ce qu'elle a démontré de connaissances en me posant les questions.

Je viens de donner un petit frère à Justine et Marie.

De l'autre côté de la pièce, Luc observe toutes ses femmes réunies autour de son petit homme. Bonnes fées entourant le divin enfant. La famille s'agrandit et cela paraît faire plaisir à tout le monde. Marie rompt le silence de la contemplation :

— Est-ce qu'il sait qu'il est né ?

AU PAYS DES MERVEILLES

« Alice commençait à se dire : “Que vais-je faire de cette créature quand je l’aurai emmenée à la maison ?” »

MAINTENANT

J'ai une montée de lait. Mes seins enflent. Se tendent. Deviennent durs et douloureux. L'auxiliaire de puériculture prend deux couches de ma réserve pour Ulysse qu'elle place au congélateur et me redonnera au moment de dormir, j'en glisserai une dans chaque bonnet de mon soutien-gorge et le froid me soulagera. Elle me conseille d'utiliser un gant de toilette humidifié à l'eau tiède pour calmer la douleur et assouplir les seins avant d'allaiter Ulysse.

Ulysse qui pince mes seins, Ulysse que je veux nourrir car c'est mon rôle, il faut qu'il mange et c'est moi la pourvoyeuse de nourriture, Ulysse dont j'espère qu'il va arrêter d'avoir faim pour que cesse cette douce torture.

Nous décidons que Luc ira dormir à l'appartement pour reprendre des forces.

Lorsqu'il quitte la chambre, je tire vers le lit la table roulante sur laquelle attend depuis 18 h 10 mon dîner. Malgré la cloche de métal, le plat est froid depuis bien longtemps. La femme qui vient récupérer les plateaux a toqué à 19 h 30 et est repartie les mains vides.

Tout en rêvant à la soirée de fête qu'aurait été notre premier dîner à trois si j'avais accouché à la maison de naissance et si nous étions rentrés peu après comme prévu, j'ingurgite le menu concocté par le cuisinier de la maternité.

J'ai besoin de Luc et il n'est pas là. Je n'arrive pas à me lever du lit, alors attraper mon bébé ? Et Ulysse ne cesse de pleurer depuis que Luc est parti, il hurle à présent. Je ne vais pas déjà sonner, pas déjà appeler quelqu'un, pas déjà avouer mon incompétence ? Ulysse n'est là que depuis vingt-quatre heures…

Je dois y arriver, puisqu'elles y arrivent toutes. Même si toutes les jeunes mères ont des griefs contre leur compagnon. Si toutes considèrent n'avoir pas été suffisamment aidées. À tort ou à raison.

Pourquoi Luc n'est-il pas à nos côtés ? C'est là qu'est sa place.

Je l'aime autant que je le déteste.

Non, soyons honnêtes, je crois que je le déteste un peu plus que ce que je l'aime.

Alors que par Ulysse je viens de me lier à lui pour l'éternité.

Audition pour le poste de chef de famille : recalé.

AU PAYS DES MERVEILLES

« Hier, j'étais tout à fait différente de ce que je suis aujourd'hui. »

MAINTENANT

Je passe une nuit atroce. J'ose appeler à l'aide après une heure de pleurs ininterrompus. Des pleurs secs, sans larmes, faits seulement de désespoir et d'incompréhension. D'ailleurs je n'appelle pas *à l'aide*, mais *au secours*. Cependant que j'ai moi-même trop mal partout pour songer à pleurer.

La femme qui entre place d'autorité le coussin d'allaitement tamponné au logo des Myrtes dans mon lit, et Ulysse entre le coussin et moi.

— Il angoisse, votre bébé. Imaginez, hier encore il était tout contenu à l'intérieur de vous, et là il se retrouve perdu dans une turbulette au milieu d'un berceau. Il faut qu'il soit près de vous.

— Mais je ne vais pas l'écraser ?

— Bien sûr que non. Vous savez déjà tous les deux comment fonctionner ensemble. Ça va aller, ne vous inquiétez pas. Et essayez de dormir un peu. Vous avez besoin de vous reposer. Pour lui et pour vous.

Nous dormons quatre heures d'affilée. Je découvre que je suis capable d'immobilité. À moins que ce ne soit exceptionnel. De toute façon, entre le bas de mon corps toujours insensibilisé et mon ventre qui me fait souffrir le martyre, je ne vois pas comment je pourrais bouger.

Ulysse aussi est capable d'immobilité. Sa respiration fine devient mon métronome. Je ne parviens pas à nommer l'amour que je ressens pour ce petit garçon qui a besoin de moi.

Parce qu'il va bien falloir que j'admette qu'il a besoin de moi.

Au matin, j'appelle Luc et lui dis de venir. Avant le déjeuner, contrairement à ce que nous avions prévu. J'ai besoin qu'il s'occupe d'Ulysse pour que je puisse m'occuper de moi. Me rassembler. Parce que je suis en morceaux, éparpillée comme mes affaires dans la chambre.

Avant son arrivée, j'ai un défi à relever : prendre une douche. La première depuis l'avant-veille. Tout en évitant soigneusement le miroir de la salle de bains, qui risque de me renvoyer une image dont je ne veux rien voir encore.

Tous les professionnels le disent : le premier jour, quand on a eu une césarienne, qu'il s'agisse d'une césarienne d'urgence ou, comme moi, d'une césarienne élective en cours de travail, on ne peut pas s'occuper seule de son bébé. Parfois, le deuxième non plus.

Mais pourquoi personne ne l'a dit à Luc ? Pourquoi personne ne nous l'a dit à nous ?

DANS LA PRESSE

« Une mère migrante nigériane a appelé sa petite fille Gift (Cadeau, en anglais) après un accouchement difficile sur un navire de la marine italienne qui l'a sauvée en Méditerranée. Une Ghanéenne a prénommé son bébé Angela Merkel, par admiration pour la chancelière allemande. Ces derniers temps, d'autres femmes migrantes qui ont accouché au cours des voyages risqués vers l'Europe ont donné à leur bébé des prénoms comme Lucky (Chanceux) et Hope (Espoir). [...]

"C'est dangereux, mais ces personnes sont désespérées, explique Meron Estefanos, le directeur de l'Initiative érythréen sur les droits des réfugiés. Elles pensent : soit je meurs avec mon enfant à naître, soit j'ai de la chance et j'y arriverai." [...]

Mais il existe aussi de nombreuses issues dramatiques. [...] Quand un bateau transportant plus de cinq cents réfugiés a chaviré près de l'île italienne de Lampedusa en octobre 2013, l'une des victimes était une femme érythréenne qui s'est noyée alors qu'elle donnait naissance à un petit garçon. Quelques jours plus tard, lorsque les plongeurs italiens de la Garde côtière ont retiré leurs cadavres de l'eau, ils étaient toujours reliés par le cordon ombilical. [...]

L'ONU et l'Organisation internationale pour les migrations ne disposent pas de chiffres sur le nombre de femmes enceintes qui font le voyage. Mais il est clair que les gens qui fuient la Syrie et d'autres pays ravagés par les conflits sont tellement désespérés que la grossesse, même à un stade très avancé, ne retient pas les femmes. Elles ressentent parfois même une urgence encore plus grande de fuir les conditions de vie horribles de pays comme la Libye, où les passeurs leur refusent souvent les soins médicaux, affirment certains travailleurs humanitaires. [...]

Barbora Sollerova, une sage-femme qui travaille sur le *Dignity I*, le navire de Médecins Sans Frontières qui mène des opérations de sauvetage au large de Malte depuis la mi-juin, affirme qu'environ 10 % des femmes qui montent à bord sont enceintes. Récemment, son navire a secouru une Nigériane en plein accouchement qui a promis de prénommer sa fille Dignity, en hommage au bateau. L'équipe a également pris à bord un bébé âgé de cinq jours, né dans un centre de détention en Libye. Sa mère n'a pas été autorisée à se rendre dans un hôpital pour accoucher et a juste été aidée par sa belle-mère[1]. »

1. « VARSOVIE (AP) – Les prénoms de bébé qui portent la marque de la lutte et de la gratitude », article traduit par Marie-Hélène Lahaye et publié sur son blog http://marieaccouchela.blog.lemonde.fr/2015/09/21/ces-refugiees-qui-accouchent-sur-la-route-vers-leurope/

MAINTENANT

Certaines femmes associent dans leur mémoire l'accouchement à une zone de guerre. Parce que le vocabulaire est le même : effondrement soudain, bombardement, alarmes, idée d'une possible reconstruction.

Dedans, je me sens en ruine. Mon être est un champ de mines, ça peut exploser encore. La menace reste présente.

J'ai l'impression qu'un poids lourd a roulé sur mon corps, sans avoir pourtant jamais vécu la chose. Le voilà donc, le camion.

Et c'est une régression terrible. Le retour vers un état dont on n'a gardé aucun souvenir. L'atroce aperçu de ce que peut être la vieillesse.

Le corps qui ne contient plus. Le corps qui fuit. La tête qui n'y peut rien. Mais qui acte, et tremble de honte.

Combien de femmes se tiennent depuis leur accouchement assises au bord du gouffre ? Dans quels plis du corps se loge le drame des mères ?

Et au même instant, dehors, on ne doit voir que l'évident bonheur, c'est l'heure des sourires pour les photos, des visites, des cadeaux, des lèvres trempées dans le champagne que les autres boivent – j'en suis privée, j'allaite, je ne voudrais tout de même pas enivrer mon bébé ?

On peut revenir de loin sans nécessairement avoir beaucoup voyagé. Je ne sais pas d'où j'arrive.

Après le départ des derniers visiteurs, Luc s'excuse de n'avoir pas été présent cette nuit.

— C'était là qu'était ma place. Auprès de vous. Je ne retournerai pas dormir à l'appartement, ni même à l'atelier. Je resterai ici tant que vous y serez.

DANS UN LIVRE

« Les hommes comprennent toujours les choses trop tard. »

MAINTENANT

L'allaitement devient trop douloureux. Je crie grâce. Je demande une pause. Qu'on m'accorde sans me juger : Maryline, qui passe chaque jour, me conseille d'envoyer Luc acheter des coquillages d'allaitement pour protéger les crevasses qui sont déjà apparues et que la crème ne suffit pas à apaiser, pendant qu'on m'apporte de petites bouteilles de lait hypoallergénique et un tire-lait électrique.

— Il ne faut pas vous décourager, me dit l'auxiliaire de puériculture spécialisée en lactation. On va revoir la position, c'est très important de bien positionner votre bébé. Votre téton doit arriver au niveau de son palais mou. Ce n'est pas parce que ça vous paraît difficile aujourd'hui que la suite va être compliquée.

En attendant, je remplis d'autres petites bouteilles de mon propre lait, plus jaune et plus épais que l'hypoallergénique mais déjà moins crémeux que le colostrum, et je nourris mon bébé en lui mettant dans la bouche mon petit doigt en même temps qu'une seringue en plastique remplie de lait.

D'une manière ou d'une autre, toujours il me tète.

MON BÉBÉ

Tu viens seulement de venir au monde, mon bébé, et pourtant je te connais déjà. Je te connais par cœur en même temps que j'ignore tout de toi. Tu as tout à m'apprendre et je sais déjà tout. Je n'ai jamais mieux connu un inconnu que toi.

Ça ne m'a fait cela qu'une seule fois, avec ton papa. C'est à cause de cela sans doute que tu es là. Grâce à cela.

Mais avec toi c'est encore plus fort, et nous allons grandir ensemble.

Je suis tellement, tellement heureuse de te rencontrer enfin.

Je suis en train de vivre ma plus grande histoire d'amour.

MAINTENANT

Il existe d'autres bébés qu'Ulysse. D'autres accouchées que moi. D'autres pères que Luc.

Cette maternité compte d'autres chambres alors que jusqu'ici je croyais qu'il n'y avait que la mienne, que les couloirs ne menaient que là, que le personnel n'était dédié qu'à moi.

Qu'à nous.

L'OSTÉOPATHE

— Il est vraiment réceptif, ce bébé. Ça va être facile de travailler avec lui. On n'aura pas besoin des cinq séances pour son torticolis, à mon avis.

— Vous croyez que j'ai pu lui transmettre ma sensibilité, *in utero* ?

— Vous avez pu lui transmettre bien plus que vous ne pensez… Et puis, on se connaît déjà, tous les deux ! N'est-ce pas, jeune homme ? On a déjà communiqué quand tu étais dans le ventre de ta maman, pas vrai ?

LE CHEF PROPOSE

Dans mon imagination

Nouveau corps, jumeau de celui qui était le mien avant la grossesse
Placenta à l'étouffée

À la maternité des Myrtes

Radis beurre
Rôti de porc au jus
Gratin dauphinois
Babybel
Poire cuite choco-amandes
Pain

L'INFIRMIÈRE DE JOUR

— Vous avez mal ?
— Oui.
— Beaucoup ?
— Oui.
— Pourquoi vous ne le dites pas ?
Parce qu'on m'a appris à ne pas me plaindre.
Parce que je n'existe pas complètement.
Parce que ce qui compte, c'est mon bébé.
Parce que *souffrir* fait partie d'*accoucher*.
Parce qu'on ne me l'avait pas demandé.
— Je vous le dis, là.
— Vous prenez quoi ?
— Ce qui est dans le pilulier.
— Ça, c'est la base. Ce qu'on donne à tout le monde. Ensuite, on s'adapte à la douleur. On va jusqu'à la morphine, vous savez !
— Je l'ignorais.
— Je vais vous donner une ampoule. Ça devrait vous soulager très rapidement, ensuite vous allez pouvoir faire bien plus de choses, bouger davantage, etc. Vous pouvez prendre jusqu'à deux ampoules par jour.
— D'accord.
— Allez, ouvrez la bouche, je vous injecte ça directement sous la langue.
— Merci.
— Et dès que vous avez mal à nouveau, vous me sonnez. Je suis Fatima, l'infirmière de jour. Des ampoules, j'en ai toujours sur moi. Accoucher, c'est comme passer sous un camion. Ça laisse des traces.

ÉTAT DES LIEUX

Pour quelqu'un qui vient de « passer sous un camion », je m'en sors bien. Voyez, mon visage est intact. Mes pieds aussi sont indemnes. Même pas égratignés. Et puis mes oreilles. À moins que les oreilles ne fassent partie du visage ? Alors mon cou. Mon cou aussi est comme neuf. Et puis mes coudes. Mes genoux également ont l'air en forme, même si je ne les vois pas, même si je ne les sens pas. Vraiment, je m'en sors bien. Oh, et je ne vous ai rien dit de mes cheveux ? Ils sont là. Tous. Même pas décidés à tomber, alors qu'on le prédisait.

Non, franchement, ce camion, y a pire.

UN SOUVENIR

— Quelle comédienne !

Tout le monde est dans le jardin sauf moi, allongée sur le canapé du salon, dans la pénombre créée en fermant les volets pour empêcher la chaleur d'entrer. Je ne suis pas avec elles mais je les entends. Mère, grand-mère, tantes discutent entre femmes de ce qui m'arrive : ce matin, avant de partir pour cette réunion de famille, j'ai saigné. Pour la première fois j'ai saigné.

Je me suis inquiétée, j'ai cru m'être blessée mais l'écoulement était trop important en l'absence de blessure pour que je n'arrive pas rapidement à cette conclusion : *je les avais*.

À chaque départ en voyage, en colo, en classe de neige, maman m'a expliqué comment agir, les protections dont garnir la culotte, la petite lessive à faire à l'eau froide, surtout pas à l'eau chaude parce que l'eau froide lave le sang tandis que l'eau chaude l'imprime à jamais, c'est comme ça, mais là dans les toilettes, au moment du dernier pipi avant de monter à bord, en voiture Simone, c'est toi qui conduis, c'est moi qui klaxonne, je ne savais absolument plus ce que je devais faire.

Vers midi la douleur est arrivée comme une eau qui monte lentement, sans vague mais qui s'impose. Au déjeuner je n'ai rien pu avaler, qu'on me broie ainsi l'intérieur du ventre me coupait l'appétit. Pas besoin de dire pourquoi, toute la famille est au courant.

Mais on ne me croit pas. Je les entends parler et je comprends bien qu'elles ne me croient pas, elles ont connu ça elles aussi, elles le connaissent encore certainement, ça ne fait pas aussi mal, jamais eu des douleurs à se tordre, à ne rien manger, à rester couchée alors qu'il fait beau et que tous les cousins jouent dehors.

Pourtant la douleur est là, je ne l'invente pas, et ce que j'aimerais le plus au monde en cet instant c'est jouer dehors avec les cousins, ou alors mourir. Pour ne plus avoir mal.

Je sais que le sang reviendra, cette notion-là je m'en souviens, alors, en pressant davantage le coussin sous mon ventre dans l'espoir de museler la chose qui me broie, je me fais une promesse : la prochaine fois que j'aurai mal, je ne le dirai pas.

MAINTENANT

Être une femme, c'est faire comme si de rien n'était. Le sang menstruel doit être tu, masqué, nié. Toutes les publicités pour les protections mettent en avant discrétion et invisibilité. Les publicités nous disent qu'être femme, c'est faire comme si les règles n'existaient pas. D'ailleurs, la plupart des hommes ne veulent pas le savoir.

Alors en souffrir ? D'accord, mais en silence. Dans mon éducation pourtant exemptée de religion, on m'a fait comprendre que le sacrifice était nécessaire.

Un jour, un médecin m'a annoncé que souffrir n'était pas une fatalité et m'a prescrit des comprimés bleus à prendre au début de chaque cycle. Ma vie en a été transformée. Après quinze ans de cycles-martyres.

Ce n'est pas seulement mon éducation. La société judéochrétienne entretient le culte du sacrifice, empêchant les femmes de dire leur souffrance à hauteur de ce qu'elle est. Cela donne des maladies détectées bien trop tard. L'endométriose jamais nommée dont on découvre à peine l'existence.

Ce qu'il s'agit d'expier éternellement, c'est de posséder un ventre potentiellement fécond.

DANS UN LIVRE

« Nous aurions dû être dispensés de traîner un corps. Le fardeau du moi suffisait. »

MAINTENANT

Malgré les quatre heures de sommeil par nuit maximum depuis la naissance d'Ulysse, je ne me suis jamais sentie aussi heureuse. Alors c'est ça, la maternité ? Cet épanouissement n'est pas une légende ? Le bonheur peut ainsi arriver avec l'enfant et s'installer aussi durablement, aussi définitivement que lui ?

Luc va à la mairie déclarer Ulysse. Il lui donne son prénom, son nom, mon nom. Il y a nous trois dans ce petit être. Pas seulement nous deux, mais bien Luc, et moi, et aussi ce qui ne nous appartient pas, qui est déjà lui et lui seul, sa singularité, son identité.

Que l'administration nomme « état civil ».

Je savais que Luc respecterait nos choix, je n'ai pas douté de lui une seule seconde mais c'est tout de même quelque chose que de voir ce nom complet dactylographié sur l'acte de naissance.

Ulysse Antoine Bailly Lautrec.

Bienvenue.

Il est 15 heures, les visiteurs du jour peuvent défiler, mon téléphone m'a avertie que mon père venait d'entrer dans la maternité. Avant qu'on ne frappe à la porte, Luc a le temps de me glisser qu'il a répondu oui au fonctionnaire d'état civil qui lui a demandé s'il souhaitait un livret de famille. Et que c'est dans cet arrondissement-ci, précisément, que son père à lui est né il y a soixante-quinze ans.

La porte s'ouvre. Je sens bien qu'une boucle est en train de se boucler.

LES FEMMES

Les femmes se laissent dire : « Au moins, votre bébé se porte bien. »

Les femmes se laissent dire : « Arrêtez un peu de vous plaindre. »

La honte serait-elle un outil obstétrical à ce point efficace ? Rien n'est moins sûr. Pourquoi ne pas choisir plutôt la compassion, parmi ce qui est à disposition dans le haricot ?

Les femmes se laissent exclure de l'événement le plus important de leur existence.

Les femmes occultent leur douleur ou l'endurent sans bruit, taisent leur malheur, s'enferment dedans et glissent lentement vers la dépression. Le silence fait des ravages, empêche de tourner la page.

Les femmes se laissent considérer comme des incapables. Puis comme des ingrates.

Un accouchement est un choc. Il est traumatisant, même lorsqu'il se passe bien. Et nécessite d'être digéré au rythme de chacune.

Et au-delà de l'accouchement en tant que tel, la façon dont chacune a été traitée pendant celui-ci mais aussi pendant sa grossesse et au début de sa maternité. Qui aura des conséquences durables, sur elle comme sur sa famille. Le traumatisme viendrait davantage, d'ailleurs, de la façon dont chacune a été considérée que de la manière dont s'est déroulé l'accouchement.

Envisagera-t-on un jour que ces « affaires de bonnes femmes » sont aussi les fondations de la famille, de la construction des êtres humains, donc de la société ?

MES DROITS

Pas de toucher du ventre non souhaité ;
Pas de toucher du col systématique ;
Pas d'obligation de révéler le sexe ;
Pas d'obligation de révéler le prénom ;
Pas de déclenchement ;
Pas d'accouchement sur le dos ;
Pas d'interdiction de boire ou manger pendant le travail ;
Pas d'ocytocine de synthèse ;
Pas de péridurale ;
Pas de médecin présent si tout va bien ;
Pas d'épisiotomie ;
Pas d'obligation de couper le cordon tout de suite ;
Pas de bétadine sur le cordon ;
Pas de pesée immédiate ;
Pas de bain immédiat ;
Pas de séjour à la maternité ;
Pas d'humiliation.

MAINTENANT

Ulysse reprend le sein, je n'ai presque plus mal, il faut un bon trois semaines pour ne plus avoir mal du tout me suis-je laissé dire, avec l'aide de la sage-femme mon bébé trouve la bonne position, « ballon de rugby », j'aime ce moment où nous sommes tous deux allongés dans le lit, ce moment qui ressemble à un gros câlin, au prolongement de quelque chose qui existait lorsqu'il était dans mon ventre et qui a disparu lorsqu'il en est sorti, qui a disparu ou qui s'est rompu, mais je crois que ce que j'aime par-dessus tout, et ce qui fait disparaître la douleur aussi, c'est d'*y arriver*, d'*en être capable*, de *réussir*.

Tout n'est pas parfait cependant. Ulysse a perdu trop de poids. Plus de 10 % de ce qu'il pesait à la naissance. Nous ne sommes pas assurés de quitter la maternité demain. Notre sortie sera conditionnée par sa pesée.

Aujourd'hui il a pris trente grammes. S'il en prend autant demain, ça ira. Mais cela ne dépend pas de moi.

Bois, mon bébé.

L'INFIRMIÈRE

— Tout le monde va vous donner des conseils. Tout le monde vous en donne déjà, j'imagine. Alors je vais faire comme tout le monde : je vais vous donner un conseil. Un conseil pour ces conseils.

— …

— Dites oui. Quand on vous raconte une expérience, quand on vous recommande de faire ci plutôt que ça, quand on vous promet qu'on a trouvé la solution miracle à un problème – dites oui. Le oui flatte, rassure, coupe court, met fin. Grâce au oui, pas besoin de discuter, de vous justifier, d'argumenter. On pense souvent que le non est un bouclier, le oui en est un autre, pas forcément moins efficace.

— Je suppose que je dois vous dire oui pour ce conseil-ci ?

— Évidemment.

MAINTENANT

On frappe. La femme de ménage, une dame proche de la retraite, entre et me demande si elle peut faire ma chambre. J'acquiesce. Elle ouvre la porte de la salle de bains, pousse un cri comme si elle avait vu un monstre, referme la porte d'un coup et quitte la chambre en marmonnant quelque chose qui me fait penser à une prière. Dans sa précipitation, elle a laissé ouverte la porte qui me sépare du couloir.

Luc. J'ai oublié. Luc qui a dormi chiffonné sur le fauteuil de la chambre est en train de se laver. Dans la salle de bains minuscule dont la cabine de douche n'a ni porte ni rideau.

Je comprends quel genre de monstre la femme de ménage a vu et j'éclate de rire.

AU PAYS DES MERVEILLES

« — Nous sommes tous fous ici. Je suis fou. Tu es folle.
— Comment savez-vous que je suis folle ?
— Si tu n'étais pas folle, tu ne serais pas venue ici. »

MAINTENANT

La porte de la chambre est ouverte pour renouveler l'air, je reconnais le pas de Guillaume dans le couloir. Il avait prévenu qu'il passerait, la maternité est à deux pas de son appartement.

Guillaume admire Ulysse.

Guillaume caresse le visage d'Ulysse.

Guillaume y trouve les traits de Luc et le dit.

Guillaume n'ose pas prendre Ulysse dans ses bras, il est si petit.

Guillaume reste deux heures avec nous dans la chambre. Il pose des questions sur l'accouchement, l'allaitement, les nuits. Il s'intéresse avec sincérité.

D'autres visiteurs viennent, apportant pour Ulysse un mobile, un petit pull en tricot. Ulysse passe de bras en bras.

Les autres visiteurs repartent. Guillaume est encore là.

Il prend finalement congé.

Il est le premier des visiteurs à venir les mains vides. Pourtant son sac à dos laissait imaginer qu'il avait prévu un cadeau.

Guillaume est venu voir mon enfant, l'enfant que j'ai eu avec un autre que lui, l'enfant que nous aurions pu avoir ensemble peut-être, l'enfant que nous n'aurons jamais tous les deux, il est venu avec bienveillance, et c'est sûrement ça son cadeau.

UN FILM

« Lorsque Burt et Verona apprennent qu'ils vont devenir parents, c'est la panique. Ils détestent la ville de province où ils habitent, et maintenant que les parents de Burt déménagent, plus rien ne les y retient. Ils décident alors de partir à la recherche de l'endroit parfait où fonder leur famille. Sur leur chemin, ils rendent visite à leur famille et à de vieux amis. Certains leur paraissent fous à lier, d'autres leur donnent envie de suivre leur modèle… Mais finalement, tous vont aider à leur manière Burt et Verona à réaliser qu'ils n'ont peut-être besoin que l'un de l'autre pour fonder leur foyer… »

Mon appartement ? La maison de Luc ? Son atelier de fleurs ? La maternité ? Je sais où je dois être. Auprès de Luc et d'Ulysse. Tout contre eux. Peu importe ce qu'il y a autour.

MA MÈRE

— Je ne sais pas si tu te souviens – en fait non, tu ne peux pas t'en souvenir – mais tu ne voulais pas de mon lait. Je te mettais au sein mais tu ne tétais rien, sauf que je ne m'en suis pas rendu compte, et puis tu as perdu du poids, tellement que c'en est devenu inquiétant, et le pédiatre t'a fait hospitaliser.

— Qu'est-ce qui se passait ?

— Je crois que tu étais allergique à mon lait, simplement.

L'AUXILIAIRE DE PUÉRICULTURE

— Que se passe-t-il ?

— Ulysse ne prend pas bien le sein, je ne sais pas quoi faire...

— Il faut insister davantage. Tenez, je vais vous montrer.

— Mais peut-être qu'il est allergique à mon lait ?

— Allergique ? Pourquoi voudriez-vous qu'il soit allergique ?

— Moi, j'étais allergique au lait de ma mère...

— Ah bon ? C'est quand même extrêmement rare. Et puis avec ce qu'on vous donne à manger ici, ce serait vraiment étonnant. Par contre, il n'est pas impossible qu'une mère ne voulant pas nourrir son enfant, consciemment ou non, fasse en sorte que son lait tourne.

— Incroyable...

— Vous pourrez en parler avec votre mère, à l'occasion. Regardez, ça y est, votre bébé a compris. Il tète bien. Ça vous fait mal ?

— Non.

— C'est parfait. Je vous laisse. Bonne tétée à vous deux.

LE CHEF PROPOSE

Dans mon imagination

Clés d'une maison ancienne, spacieuse, inondée de lumière, à une heure de Paris, qu'un oncle jamais connu vient de me léguer, et dans laquelle une chambre dorée attend Ulysse

Placenta à la diable

À la maternité des Myrtes

Canette sauce champignons
Pâtes coudes rayés beurre
Choux-fleurs persillés
Fromage blanc de campagne
Clémentines
Pain

MAINTENANT

Nous sortons.

J'oscille entre surexcitation et regrets anticipés.

J'ai hâte de rentrer à la maison, d'investir mon chez-moi avec ce petit être supplémentaire, de découvrir habités le berceau, le transat, tout ce que nous avons prévu pour lui, de vivre enfin entre ces murs tout ce que nous avons rêvé à trois.

Mais il est confortable d'être prise en charge, de n'avoir à se soucier d'aucun aspect pratique, ni les repas, ni le ménage, il est confortable que toutes les heures quelqu'un frappe à la porte et s'enquière de mon état, il est confortable de savoir que rien de fâcheux ne peut arriver à mon bébé, qu'au moindre de mes doutes j'aurai réponse à mes questions, il est confortable de se sentir entourée, écoutée, comprise.

Il n'y a pas d'alternative.

Ulysse a repris du poids.

Nous sortons.

Et c'est au dernier moment que je remarque l'encart placardé au mur : « Nous considérons que chaque personne, même en situation de fragilité, est autonome et capable d'exprimer ce qu'elle souhaite en matière d'aide et de soins. Tous les membres de l'équipe s'engagent à respecter les échanges et les propos tenus par les différents usagers, dans le but d'assurer à chacun les meilleurs soins en tenant compte de ses attentes. »

UNE CHARTE[1]

[...]

3 – **L'information** donnée au patient doit être **accessible et loyale**. La personne hospitalisée participe aux choix thérapeutiques qui la concernent. Elle peut se faire assister par une personne de confiance qu'elle choisit librement.

4 – Un acte médical ne peut être pratiqué qu'avec **le consentement libre et éclairé du patient**. Celui-ci a le droit de refuser tout traitement. Toute personne majeure peut exprimer ses souhaits quant à sa fin de vie dans des directives anticipées.

5 – **Un consentement spécifique** est prévu, notamment pour les personnes participant à une recherche biomédicale, pour le don et l'utilisation des éléments et produits du corps humain et pour les actes de dépistage.

6 – Une personne à qui il est proposé de participer à **une recherche biomédicale** est informée, notamment, sur les bénéfices attendus et sur les risques prévisibles. **Son accord est donné par écrit**. Son refus n'aura pas de conséquence sur la qualité des soins qu'elle recevra.

7 – La personne hospitalisée peut, sauf exceptions prévues par la loi, **quitter à tout moment l'établissement** après avoir été informée des risques éventuels auxquels elle s'expose.

8 – **La personne hospitalisée est traitée avec égards**. Ses croyances sont respectées. Son intimité est préservée ainsi que sa tranquillité.

1. Extraits de la circulaire N°DHOS/E1/DGS/SD1B/SD4A/2006/90 du 2 mars 2006 relative aux droits des personnes hospitalisées et comportant une charte de la personne hospitalisée, ministère de la Santé.

MAINTENANT

Si certains établissements affichent leurs convictions, comme le respect des droits des patients, de leur information et de leur consentement, cela signifie que ce n'est pas la base, que ce n'est pas implicite. Que les autres établissements choisissent au contraire de ne pas respecter les droits, l'information et le consentement de leurs patients. Ça ne met la puce à l'oreille de personne, que l'hôpital soit avant tout un lieu de maladies, de problèmes et de mort ? Ça sent l'éther, le vieux, le mouillé, la poussière. La naissance ne devrait aucunement y être associée. Si l'on doit trouver une origine à l'inquiétude des futures mères, elle est certainement là. Pourquoi tous les établissements ne s'emparent-ils pas des découvertes faites en matière d'accouchement ? Pourquoi tous ne proposent-ils pas de la lumière tamisée, de la musique, une piscine ? L'effet inhibiteur de l'environnement hospitalier a pourtant été démontré dès le début des années 1980, grâce à Michel Odent qui, dans sa maternité de Pithiviers, a réaménagé les salles d'accouchement en des pièces conviviales ressemblant à celles d'une maison, introduisant un piano, proposant aux femmes qui le souhaitent d'accoucher dans l'eau – en installant d'abord une piscine de jardin gonflable dans la salle d'accouchement, puis une baignoire. « Les femmes devraient pouvoir accoucher dans un lieu intime et silencieux, dans la pénombre, où la température est suffisamment élevée et où elles ne se sentent pas observées. Ce sont les conditions idéales, équivalentes à celles d'une relation sexuelle, qui permettent la mise en veille du néocortex afin de libérer les hormones indispensables à l'accouchement que sont l'ocytocine et les endorphines, et d'assurer le fonctionnement optimal du corps[1]. »

Jusqu'à quand continuera-t-on de penser que les femmes ne savent pas accoucher par elles-mêmes ? Qu'elles ont besoin d'un aréopage autour d'elles – quand il suffirait d'une seule personne, tricotant calmement ou faisant des mots croisés, prête à intervenir en cas de besoin ? Il est avéré que la mère a surtout besoin de tranquillité, et que le bébé a surtout besoin de sa mère ; l'instinct maternel reste bien plus efficace que n'importe quelle avancée scientifique. Mais est-ce culturellement acceptable à l'ère du tout technologique ? Quand les professionnels de santé prendront-ils en considération l'état émotionnel des femmes ? Et que faire de nos traditions lorsqu'on s'est aperçu qu'elles vont à l'encontre du bon sens le plus élémentaire ?

Quand les femmes comprendront-elles que leur vulnérabilité réside moins dans l'imperfection de leur corps que dans la perte de contrôle qu'elles acceptent en mettant leur vie et celle de leurs enfants entre d'autres mains, sur lesquelles elles n'ont aucun pouvoir ? Quand oseront-elles remettre en cause la parole des médecins ?

Ce qui m'inquiète le plus, c'est de ne pas pouvoir imaginer de fin à la résignation et à la docilité féminines.

---

1. Michel Odent, 3 septembre 2014, propos recueillis par Marie-Hélène Lahaye pour son blog http://marieaccouchela.blog.lemonde.fr/2014/09/03/michel-odent-cest-la-science-qui-fera-evoluer-les-conditions-daccouchement/

UNE CHARTE[1]

Charte des droits de la parturiente

Résolution (doc. B2-712-86) présentée conformément à l'article du règlement et votée par le Parlement européen, Strasbourg, juillet 1988.

Le Parlement européen :

A- Considérant que, dans la plupart des cas, l'accouchement a perdu son caractère spontané et naturel en raison, souvent, d'une médicalisation inutile.
B- Considérant que la science médicale traditionnelle n'a jusqu'à présent pas toujours été en mesure d'aborder l'accouchement comme un événement physiologique naturel.
C- Considérant que cette altération de l'image de l'accouchement a permis le développement de modèles d'assistance qui répondent aux besoins de l'organisation médicale, mais pas toujours à ceux de la mère et de l'enfant.
D- Conscient que la structure sanitaire actuelle conduit dans de nombreux cas à compliquer l'accouchement et le travail qui le précède, multipliant les besoins d'intervention médicale.
E- Conscient qu'à la suite de tout cela, les femmes sont souvent dans l'impossibilité de vivre activement l'événement de l'accouchement et la rencontre avec l'enfant :
1- Demande que chaque naissance soit protégée depuis le début de la grossesse jusqu'à l'accouchement par une charte des droits de la parturiente.

2- Demande par conséquent que la Commission présente rapidement une proposition en ce sens prévoyant :

1. http://users.swing.be/carrefour.naissance/
http://naissance.ws

a- la création d'une fiche obstétricale reprenant les données relatives à la grossesse et mise à la disposition de la femme et des personnes qui l'assisteront pendant et après l'accouchement ;
b- la participation, avec le partenaire, à des cours de préparation à l'accouchement pour connaître le déroulement de la grossesse et de l'accouchement du point de vue physique et psychique, ainsi que les techniques et les méthodes d'accouchement en usage ;
c- l'insertion dans le cadre des accords syndicaux de clauses donnant à la femme enceinte et à son partenaire la possibilité de participer à ces cours pendant les heures de travail ;
d- le choix du lieu (domicile, hôpital) et des modalités (position) de l'accouchement ainsi que du type d'allaitement ;
e- l'assistance à domicile en cas d'accouchement à domicile ;
f- la possibilité d'accoucher au moment opportun, c'est-à-dire sans que l'accouchement soit accéléré ou retardé, et donc même en dehors des heures de travail normales du personnel, le dimanche, la nuit et les jours fériés ;
g- la présence pendant les douleurs et pendant l'accouchement d'une personne choisie par la parturiente, si possible son partenaire ;
h- la possibilité pour la femme enceinte d'être consultée sur les thérapies et les traitements qu'elle doit subir ainsi que sur les risques que présentent d'éventuelles thérapies de remplacement ;
i- la possibilité pour la mère d'avoir, pendant toute la période d'alitement, le nouveau-né à côté d'elle, de le nourrir suivant ses propres exigences plutôt qu'en fonction des horaires des hôpitaux ;
j- la possibilité pour le père et/ou d'autres personnes de la famille de rendre visite à l'accouchée et au nouveau-né sans restriction d'horaires.

3- Demande en outre que les institutions sanitaires concernées :
a- encouragent et diffusent la connaissance des pratiques de l'accouchement à domicile ;
b- vérifient les niveaux d'assistance et garantissent aux accouchées le droit à la vie privée et des traitements sanitaires adéquats ;
c- procèdent à une requalification et à une réaffectation de leur personnel dans la perspective de l'accouchement à domicile ou suivant des pratiques non prévues par les structures sanitaires actuelles ;

d- encouragent, pendant la période d'alitement, des rencontres entre des personnes spécialisées et les accouchées en vue de la formation de ces dernières en matière d'allaitement, de puériculture, d'hygiène périnatale et de contraception ;
e- fassent en sorte, par d'éventuelles restructurations, que des services de pathologie néonatale soient installés à côté de ceux d'obstétrique et que des locaux communs soient réservés aux activités prévues aux points 2b et 2d ;
f- fournissent périodiquement des données sur la morbidité et la mortalité périnatales et maternelles, sur les modalités des accouchements, sur l'utilisation de médicaments au cours de la période de travail précédant l'accouchement ainsi que des données statistiques sur la population assistée.

4- Charge son Président : de transmettre la présente résolution aux gouvernements des États membres, à l'U.N.I.C.E.F. et à l'O.M.S. en les invitant à la diffuser parmi les associations et les organismes sanitaires intéressés.

MAINTENANT

Nous empaquetons nos affaires dans des sacs bien plus pleins que celui de l'aller. Nous emballons Ulysse dans le plus chaud de ses pyjamas, un bonnet et une combinaison pilote ultra-résistante. Nous réglons la chambre au service des admissions. Je commande un taxi auprès de la compagnie que j'appelle lorsque je veux être certaine de ne pas tomber sur Guillaume, l'un des nombreux chauffeurs qui sillonnent la capitale au volant. Pas question que ce soit lui qui nous accompagne pour cette transition tellement symbolique. Nous saluons quelques visages croisés dans les couloirs ou en salle commune, pour qui c'est aussi le moment de se confronter au monde. Nous nous amusons des tenues, des bagages, des accessoires qui disent autre chose, au seuil de l'extérieur, que ce que l'on a pu supposer dans cette bulle hors du temps qui suit immédiatement la naissance.

Il fait un temps splendide. Pas un nuage, et dans le ciel juste le bleu éclatant.

Nous montons dans le véhicule et un flot de larmes me submerge. Ainsi donc c'est possible, la place de la Nation, le boulevard Voltaire, l'avenue Philippe-Auguste *et* mon bébé ; ainsi donc c'est envisageable, la vie de la ville et mon existence de mère. Je peine à y croire.

Je me suis absentée du monde pendant cinq jours. Pendant cinq jours j'ai vécu dans une bulle, j'ai vécu une parenthèse les yeux dans les yeux avec ce nouvel être. Cependant que la terre a continué de tourner, cependant que la lune a continué de se coucher, cependant que le soleil a continué de se lever et de briller.

Le plus beau des rayons de soleil se trouve dans l'habitacle. Notre bébé de porcelaine, si fragile dans sa combinaison étoilée.

Pourtant nous roulons vers mon appartement, celui-là même qui n'était pas à moi il y a seulement quelque temps, quand je cohabitais avec Guillaume, celui-là même qui soudain va m'abriter moi et Luc et Ulysse.

Nous sommes passés de un à trois sans que je m'en aperçoive vraiment.

Je dépose Ulysse dans le lit qui l'attend depuis des mois. La réalité est là, sous mes yeux, mais je n'y crois pas encore. Il faudra un peu de temps sans doute pour que je m'y habitue.

Luc sort d'une cachette une petite bourse en velours ras.

— Je ne peux pas attendre davantage.

Dans l'étui, il y a un anneau surmonté d'une pierre de la couleur des yeux d'Ulysse. Une bague achetée des semaines avant sa naissance. L'or bleu que porte Chloé dans *L'Écume des jours*, la plus belle histoire d'amour de tous les temps jusqu'à la nôtre.

C'est mieux qu'une demande en mariage : c'est une demande en amour toujours.

Pendant que notre petit dort paisiblement dans son nouveau cocon, Luc et moi, en larmes, nous disons merci.

AU PAYS DES MERVEILLES

« Ainsi l'histoire merveilleuse
Fut créée petit à petit...
Tous ses événements bizarres
Ont pris forme et sont bien finis ;
Tandis que le soleil se couche,
Nous voguons vers notre logis. »

MAINTENANT

Je suis si heureuse que j'ai du mal à y croire.

Est-ce vraiment de ma vie qu'il s'agit ?

Nous sommes parents. Ce bébé avec lequel nous sommes revenus de la maternité est le nôtre, nous avons le droit de le garder, de l'élever comme nous l'entendons, de tout choisir, de décider entre nous de ce qui est bon pour lui et de ce qui ne l'est pas, nous n'aurons pas à le rendre, personne ne nous le réclamera, c'est notre bébé.

Nous sommes parents et ce que nous vivons est unique. Nous sommes les premiers parents de l'histoire. Notre bébé est le premier bébé de l'univers.

Ce bonheur est fou. La vie n'a jamais été aussi belle. Le monde que j'habite est un paradis.

J'ignorais que le bonheur pouvait être aussi violent. Qu'il pouvait cogner aussi fort. Qu'il pouvait faire aussi mal.

Je n'étais pas préparée.

CE QUI DÉCLENCHE MES LARMES

Le ciel ;
Le soleil par la fenêtre ;
Un cœur dessiné par Luc sur le miroir embué de la salle de bains ;
Le lit bien fait ;
Un plat de pâtes préparé par Luc ;
Nos brosses à dents dans le même verre ;
Un voisin disant « bonjour » dans l'escalier ;
N'importe qui demandant « comment ça va ? » ;
Les bagues que m'a offertes Luc ;
L'étagère à doudous d'Ulysse ;
Les biberons dans l'égouttoir ;
La réserve de couches ;
La vue de Luc ;
La vue d'Ulysse.

MAINTENANT

Mes seins sont trop durs, ça ne fonctionne plus avec Ulysse. Je ne veux pas le forcer, je ne parviens pas à lui appuyer sur la tête pour le maintenir contre mon sein comme j'ai vu faire les sages-femmes, « ballon de rugby », je trouve ça violent, même si je sais qu'elles savent ce qu'elles font et qu'elles ne font pas de mal à mon bébé je ne veux pas moi risquer de lui en faire, je ne veux pas qu'il perde patience et qu'il s'agace et qu'il s'énerve, je ne veux pas qu'il m'associe à une contrainte et qu'il en souffre et qu'il en pleure.

Mais je veux quand même le nourrir, avec mon lait de préférence puisque c'est le meilleur, le plus riche en anticorps, le plus riche tout court – ce qui sort de mes seins ressemble à nouveau à de la crème, une crème beurrée jaune et épaisse, jaune comme la salle d'accouchement où je n'ai pas accouché, alors je tire mon lait. Pas moins de six fois par jour. Un cône de plastique de chaque côté, et les pompes s'activent pendant une dizaine de minutes. Luc qui passe m'avoue que les cônes, auxquels s'ajoutent mes bas de contention (noirs et gainés de dentelle, à la pharmacie il n'y avait que ça), seraient excitants en d'autres circonstances. D'autres circonstances, ce serait une situation sans fatigue, un ventre disparu, une cicatrice indolore, aucun bébé avide de lait maternel et qui ne tient guère longtemps en dehors des bras parentaux.

Mais dans les circonstances actuelles, la remarque ne me fait même pas sourire.

DANS LA PRESSE[1]

[Santé]

L'accouchement dure en moyenne deux heures de plus qu'il y a cinquante ans

[Beauté]

Les femmes sont désormais priées d'être Instagram-compatibles après l'accouchement

[Sciences]

Finissons-en avec l'épisiotomie systématique et non consentie !

[Accouchement]

Qu'est-ce qui est le plus douloureux, un coup dans les testicules ou un accouchement ?

1. www.slate.fr

MAINTENANT

Ulysse dort avec nous. Dans notre lit. Entre nous deux, calé contre les oreillers. C'est contraire à nos principes mais on sent qu'il a besoin d'être entouré. De toute façon nous n'avons plus de principes. Nous apprenons à vivre au rythme d'un bébé qui lui-même cherche son tempo circadien.

L'appartement est notre sous-marin. La vie existe audehors, mais notre cocon est parfaitement étanche, elle n'y pénètre pas.

Et donc mon ventre est vide. Toute vie l'a subitement déserté. Je peine à me faire à l'idée. Je m'étais habituée à cet état de transition, de perpétuels changements, qu'est la grossesse. Voici venir une autre transition, d'autres changements.

Mon ventre est vide mais mes seins sont pleins. Ulysse boit mon lait, la lactation est réactivée, les quantités ont augmenté. Par contre, il ne prend plus le sein le matin ni la nuit, ça ne marche plus, il avale au biberon le lait que j'ai tiré et dont nous gérons soigneusement les stocks.

Je me demande si j'ai vraiment envie qu'il prenne le sein. L'allaitement n'est pas ce que j'espérais. Pas ce moment de béatitude que j'ai fantasmé. Et il creuse un fossé dont je ne veux pas entre Luc et moi.

Je ne veux pas de l'aliénation de l'allaitement. Je veux pouvoir faire une pause quand je veux, et rester au lit pendant que Luc prépare un biberon. Sans utiliser cet horrible tire-lait dont, je l'ai lu sur Internet, l'OMS déconseille l'utilisation (le mot « jamais » figure dans ses directives).

Je ne suis pas une vache laitière, je suis une intellectuelle. Soudain les deux me semblent évidemment incompatibles. Dans l'ombre de l'armoire, je distingue le sourire d'Élisabeth Badinter.

Ulysse est une réponse. Une réponse à des questions que l'on ignorait se poser. Une réponse à des questions qu'on ne se posait même pas.

Est-ce que tous les bébés sont des réponses ? Est-ce qu'il y a des bébés-réponses et d'autres non ? Ou est-ce qu'il y a les bébés dont les parents comprennent qu'ils sont des réponses – et les autres ?

En pensée, je me télétransporte au Japon. Au pays du Soleil levant, il existe des bars à lait maternel.

Je décide d'arrêter d'allaiter sans avoir goûté ce que j'ai donné à mon fils.

UNE AMIE

— Tu connais la loi d'or : « Tout ce qui va, va. »

MAINTENANT

Je tombe dans le vide. Je m'affaisse et je m'effondre. Chute libre. L'idée de tomber me renvoie à « tomber enceinte », expression que j'ai toujours refusé d'employer, et à « tomber amoureuse », l'origine de tout.

Je tente comme je peux de donner un sens à ce qui n'en a pas. Si j'étais écrivain, sans doute éprouverais-je le besoin de mettre des mots sur ce que je vis, ce que nous vivons, notre situation nouvelle. Écrire pour comprendre, et réparer. Je ne suis pas écrivain mais photographe, ma plume s'appelle objectif, alors je capture ce que je peux, les pieds mignons de l'enfant, son bout du nez à croquer, sa mini-menotte dans la mienne, je capture tout cela comme autant de preuves que ce qui est a bien lieu, et aussi avec l'idée de figer les choses pour pouvoir témoigner qu'elles ont été. Conserver jusqu'à leur perte.

Et témoigner qu'elles sont.

Parce qu'en ce qui me concerne, je n'y crois toujours pas.

Luc propose de faire une grande salade, légumes du soleil, amandes et morceaux tendres de poulet, même si ce n'est pas la saison. Il entame le flacon d'huile de sésame et me le fait remarquer.

— Tu crois que je n'ai jamais fait les fameux massages parce que je savais qu'Ulysse ne naîtrait pas par là ?

— Je crois que ton inconscient m'a fait acheter le flacon en prévision de la salade de ce soir, voilà ce que je crois.

Si j'étais écrivain, j'inventerais une histoire différente et je me ferais vivre un accouchement par voie basse.

DANS UN LIVRE

« Écrire un roman,

C'est choisir et détacher un seul instant du temps,

Le traiter dans les moindres détails jusqu'à tirer le fil rouge qui relie le début – le développement – et la fin. »

MAINTENANT

Les visiteurs jugent qu'Ulysse me ressemble énormément. Je veux bien les croire, mais je ne me vois pas en lui. Je le vois lui, unique, neuf, comparable à personne, pas même à Luc, surtout pas à moi. Comme si je doutais qu'il ait poussé dans mon ventre, et qu'il en soit sorti.

— Je m'en étais déjà aperçue avec les photos, mais ça se confirme : c'est ton portrait craché, Luc, cet enfant ! affirme ma mère.

Elle est venue seule : Maurice l'a déposée et est parti faire un tour au vide-grenier annoncé tout près. Il en revient avec une mine conspiratrice : il n'a pas trouvé de coquetiers mais une grosse poule pondant des œufs en plastique de toutes les couleurs, destinée à Ulysse. Je note de récurer la chose, puis de la ranger : le jouet ne convient pas aux enfants de moins de trois ans, c'est écrit dessus.

Accaparé par son téléphone, un nouveau modèle qu'il a lui aussi obtenu en renouvelant son forfait, Maurice ne fait aucun commentaire ni sur la maison de Luc qu'il découvre, ni sur Ulysse qu'il semble à peine remarquer. Je crois savoir qu'il a des enfants, des petits-enfants même, mais il n'en a jamais parlé, et son attitude incite à ne lui poser aucune question.

Ma mère qui n'a elle d'yeux que pour Ulysse finit par se rendre compte de ma présence. Elle me pose des questions sur ma cicatrice. Ses dimensions, son emplacement. Je réponds mais je ne veux pas la lui montrer. Ma cicatrice est un secret qui nous unit, Luc, Ulysse et moi. Entre ma mère et moi, il y a déjà assez de dragons comme ça.

C'est dans la Genèse : « Fais-moi des fils ou j'en mourrai. » Mon père souhaitait un fils, nous l'avons toujours su. J'ai ce que ma mère n'a pas eu. M'en veut-elle d'être née fille ? Son couple aurait-il connu un autre destin si je n'avais pas été moi ?

UN SOUVENIR

Sur la plage de Jard, les méduses se sont échouées par dizaines. On les dit peu voire pas urticantes. Entre enfants, on joue à qui osera poser son pied dessus, bien à plat, en comptant jusqu'à dix et sans hurler de dégoût. Je touche la forme translucide et flasque du bout de l'orteil, le pied à plat je ne peux pas.

Ma sœur remporte la compétition en réalisant l'exploit de se tenir debout en équilibre sur non pas une mais *deux* méduses, les bras tendus vers le ciel comme les femmes au cirque qui cavalcadent en prenant appui sur deux chevaux.

De retour aux serviettes, elle questionne ma mère, qui lit en maillot deux pièces aux couleurs un peu passées, sur cette ligne horizontale qui lui barre le ventre. Ma mère écarte le livre dont l'ombre lui protégeait le visage :

— C'est Stéphanie et toi, ça. Le premier cadeau de Stéphanie. Comme elle ne peut rien faire comme tout le monde, elle n'a pas non plus voulu sortir normalement.

C'est dit sans amertume, plutôt comme une tendre confidence. Elle sourit. Mais le sourire ne suffit pas à masquer le reproche. Et le reproche rend impossibles la transmission, l'initiation, le partage d'expérience. Les poèmes écrits avec application en classe ne peuvent compenser les dommages faits sur le corps, les presse-papiers farcis de fleurs séchées ne peuvent effacer les traces laissées, les emballages colorés et les bolducs frisés ne peuvent réparer les dégâts causés.

Mon premier cadeau.

Nommé à mes sept ans, sur une plage de la côte Atlantique.

Que je paye depuis trente-trois.

MAINTENANT

Nous avons un rendez-vous administratif dans le quartier et en profitons pour passer à la maison de naissance présenter Ulysse à l'équipe. Le plan Vigipirate est toujours écarlate, il nous faut traverser la maternité. Ainsi je rentre à nouveau entre ces murs que j'ai cru ne jamais revoir. Dans l'ascenseur je monte, et les larmes aussi. Il s'est passé tellement de choses ici, les souvenirs sont frais cependant qu'ils ont déjà été chassés par la vie qui a déflagré, enterrés au troisième sous-sol de mon subconscient.

Je suis nostalgique de la maternité.

Je suis nostalgique de cette parenthèse, unique et éphémère, sans déjà la responsabilité parentale mais avec mon bébé.

Je suis nostalgique des murs bleus et du lit électrique, des draps rayés et du berceau transparent, je suis nostalgique du haricot en carton et de la poubelle à couches, je suis nostalgique des baies vitrées de la salle commune, de la lumière du jour au milieu des couloirs, je suis nostalgique des repas à heures fixes et du ménage fait sans que je m'en aperçoive, je suis nostalgique de la télécommande pour éteindre la lumière et de la tablette sur laquelle manger, je suis nostalgique des sages-femmes et des infirmières, je suis nostalgique des auxiliaires de jour et des auxiliaires de nuit, je suis nostalgique de la sonnette utilisable à toute heure, je suis nostalgique de l'atmosphère surchauffée et de mon numéro de chambre, je suis nostalgique de la ville qui vit sa vie sans moi mais dont j'observe le spectacle par la fenêtre qui ne s'ouvre pas, je suis nostalgique du store cassé qui ne se ferme pas, du fauteuil que Luc déplie chaque soir, de la chasse d'eau qui fonctionne mal, je suis nostalgique de nos existences contenues dans ce cocon de quinze mètres carrés, je suis nostalgique des visites l'après-midi et des hormones au plus haut.

Au NID, je monte sur la balance. Je ne suis pas encore redescendue sous la barre des quatre-vingts kilos.

AU PAYS DES MERVEILLES

« Car, voyez-vous, pensait Alice, à la fin des fins je pourrais bien disparaître tout à fait, comme une bougie. En ce cas, je me demande à quoi je ressemblerais. »

MAINTENANT

Je m'absente. Je suis là mais je ne suis pas là. Nous entrons dans le cabinet de l'ostéopathe qui doit manipuler Ulysse et je m'assois sur une chaise, en observatrice. Luc s'en rend compte, ne dit rien et double l'intensité de sa présence auprès de notre bébé qui en a besoin dans un moment comme celui-là.

Je me dis que je pourrais disparaître et que ça ne changerait rien, que ce ne serait pas grave, Ulysse serait avec son papa, Luc serait avec son bébé, la terre continuerait de tourner, personne ne s'apercevrait que j'ai déserté sa surface.

Nous sortons du cabinet en silence. Je suis venue là plusieurs fois pendant ma grossesse pour soulager mes douleurs. Je regarde le sol. S'il y avait du soleil, je ne serais pas étonnée que n'apparaisse nulle ombre devant moi – mais il fait gris, et cela va avec mon état d'esprit.

— Je m'inquiète, dit Luc.

Je vertige.

Elles sont pourtant toutes passées par là, ma mère, ma grand-mère, ma belle-mère, ma tante et ma cousine, toutes les autres femmes aussi, maintenant et depuis la nuit des temps. Je ne suis pas la première à qui cela arrive. On enregistre un accouchement toutes les minutes en France.

Alors je devrais m'y faire comme elles s'y sont faites. Ce que je vis n'a rien d'extraordinaire.

Je devrais me reprendre mais je suis lasse et fatiguée. Comme si j'étais en permanence chargée de sacs remplis de cailloux plus lourds que moi.

LUC

— Tu savais que des chercheurs avaient étudié les effets de la péridurale chez des brebis en train d'accoucher ?

— Non.

— C'était dans les années 1980, les types s'appelaient Krehbiel et Poindron, ils ont fait pas mal de recherches sur le comportement maternel en fonction de la naissance.

— Il y a tant de points communs que ça entre les femmes et les brebis ?

— Vous êtes des mammifères…

— Hum. Et alors ?

— Eh bien, ils ont constaté que les brebis qui accouchaient sous péridurale n'étaient pas intéressées par leurs agneaux.

MAINTENANT

Je ne vais pas y arriver.

La vie avec un enfant est trop compliquée.

Déjà que la vie…

J'ai été si longtemps une fille désincarnée que tant de vie surgissant aussi soudainement me paralyse.

Je n'arrive pas à être présente à la fois pour lui et pour moi. C'est trop me demander.

Quelles solutions ai-je ?

À Paris, mon appartement est au sixième. Il suffit d'un seul étage pour faire disparaître un bébé.

Le précipice est juste là, à ma fenêtre. La prochaine fois que nous quitterons la campagne…

Je peux faire de lui ce que je veux. J'ai les pleins pouvoirs. Il est entièrement dépendant de moi. C'est grisant, fascinant, inquiétant. Je suis celle qui peut le maintenir en vie, le faire grandir ou le réduire à néant – en agissant ou, plus facilement encore, en n'agissant pas.

Mais Luc ne me laissera pas faire.

À moins que je trompe sa vigilance.

Non.

Je risquerais de le regretter. Il y a assez comme ça de choses dont je ne me remettrai pas.

DANS UN LIVRE

« Ce livre traite de la féminité, d'une période sombre mais somme toute assez brève de la vie des femmes. D'un état d'âme qui arrive d'un seul coup et repart aussi vite qu'il était apparu, dans un rapide mouvement de ressac. Au regard de cela, le livre que vous tenez en main est une sorte de témoignage. Mais un témoignage sur une saison éphémère, sur la période intermédiaire qui suit l'accouchement.

Dans le jargon médical, cette saison a pour nom post-partum. »

MAINTENANT

Je voudrais être une bonne mère. Une *wondermum*. Je me suis imaginée comme ça. Rêvée comme ça. Force est de constater que la réalité est tout autre. Je ne suis visiblement pas à la hauteur de la responsabilité dont je me trouve soudain investie.

Je ne ressens rien qui ressemble à de l'instinct maternel, du moins pas à l'idée que je m'en fais. Bien sûr, je me battrais pour lui et je le protégerais en toutes circonstances. Mais je n'éprouve pas le besoin de le nourrir de mon lait ; je ne me pense pas capable de tout sacrifier à son existence ; et ses pleurs ne me vrillent pas le cœur.

Je suis une mère débordée par la montée des eaux.

La société attend des femmes qu'elles aient l'instinct maternel. Parce que ce sont elles qui passent le plus de temps avec leur petit, qui l'observent le plus, qui le comprennent le mieux, qui sont les seules à même de répondre à ses besoins. Dit-on.

Il y a d'autres réalités.

La médecine admet que les conséquences physiques de la césarienne peuvent jouer en faveur du père, qui se retrouve d'emblée plus impliqué.

L'instinct maternel n'est-il pas avant tout un état d'esprit ? Simone de Beauvoir a assuré qu'il n'avait rien de naturel.

L'instinct maternel, Luc l'a.

À la radio, j'entends l'actrice Anémone déclarer regretter d'avoir conçu ses enfants. La journaliste Françoise Giroud dit que, du jour où son fils est né, elle a marché avec une pierre autour du cou. Mère d'un garçon, Brigitte Bardot a affirmé qu'elle aurait préféré accoucher d'un petit chien. En Allemagne, un parent sur cinq regrette de l'être devenu. Le sacrifice est trop grand, trop lourd à porter. « Un cauchemar dont je ne me réveillerai jamais », insiste une Allemande.

Je suis nostalgique de la force qui m'habitait pendant ma grossesse, et qu'on a sortie de moi en même temps que le placenta.

Une seule lettre sépare « vagir » de « vagin ». Vagir s'emploie au sujet du nouveau-né, du lièvre et du crocodile.

Qu'il se taise. Il faut que ses pleurs cessent, là maintenant, sur-le-champ, sinon je deviens folle. Sans silence autour de moi il ne peut y avoir de silence en moi, et sans silence en moi je deviens folle.

Je traverse la journée comme on traverse un champ de mines, en courant, sans réfléchir et sans se retourner, le soir je m'écroule sur le lit, épuisée comme je ne pensais pas qu'il fût possible de l'être, et entre les murs enfin silencieux je m'endors la tête pleine de ses pleurs.

Je me demande de quoi est faite la colère des bébés.

LA COLÈRE DES BÉBÉS

Froid ;
Chaud ;
Faim/soif ;
Inconfort ;
Mal au ventre ;
Couche pleine ;
Fatigue ;
Vent ;
Lumière ;
Obscurité ;
Bruit ;
Électricité dans l'air ;
Orage ;
Pluie ;
Ennui ;
Angoisse du soir qui tombe ;
Angoisse de la vie à affronter ;
Angoisse d'être né ;
Peur que le sommeil dans lequel il s'apprête à sombrer soit définitif ;
Réminiscence d'une soirée où on l'a réveillé pour l'attirer dans une salle bleue animée et le poser sur mon cou alors qu'il n'avait rien demandé.

MAINTENANT

Et si mon état était la conséquence de la façon dont Ulysse est né ? Cet instant n'a pas cessé. La naissance d'Ulysse dure depuis le 25 janvier. Pour combien de temps encore ?

Je vais à la bibliothèque, rayon santé / grossesse / maternité afin d'en savoir plus.

Je lis ici qu'au bout d'environ quatre semaines, j'aurai oublié que j'ai eu une césarienne. Ce mensonge me paraît grotesque, je ne l'oublierai jamais, la cicatrice est imprimée profond pour toujours, je connais la mémoire du corps, et celle du mien est excellente.

Je lis là que le corps de la femme après la naissance met quarante jours à se refermer. C'est pour cette raison qu'en Turquie on veille à ne jamais laisser la jeune mère seule à cette période, pour que les djinns n'en profitent pas pour s'engouffrer dans la béance.

Je lis ailleurs l'histoire d'une femme en prétravail dont la dilatation du col a cessé parce qu'elle craignait que son homme, finalement et malgré l'enfant, ne veuille plus s'engager. L'homme, éperdu d'amour, a demandé sa femme en mariage en salle d'accouchement. L'ouverture du col a repris sa progression aussitôt, et l'enfant a dit oui au monde juste après que sa mère a dit oui à son homme.

Je comprends qu'enfanter, quelle que soit la manière dont les choses se passent, est une expérience existentielle, l'expérimentation du surréalisme, du surnaturel.

Je lis encore que le travail permet de régler ses ultimes comptes avec son futur ou avec son passé. La césarienne que j'ai subie a interrompu le travail. Et le règlement de comptes. Trouverai-je assez de ressources en moi pour le poursuivre et l'achever ?

Je choisis un roman pour me changer les idées. J'ouvre une page au hasard et la phrase me saute aux yeux : « On ne revient pas de la naissance, on y reste, on y est toujours. »

DES ÉCLAIRAGES

césarienne

nom féminin (latin *caesar*, enfant tiré du sein de sa mère par incision, de *caedere*, couper)

Opération chirurgicale qui consiste à extraire le fœtus par incision de la paroi abdominale et de l'utérus, quand l'accouchement est impossible par les voies naturelles.

(*Larousse*)

La césarienne se pratique, de nos jours, dans 8 à 15 % des accouchements.

(*Larousse médical*)

17,5 % des naissances ont lieu par césarienne contre 11 % dans les années 1990. Ces chiffres dépendent des maternités. En effet, selon le lieu et les médecins, on enregistre entre 9 et 30 % de césariennes.

(Allô docteurs)

Le mot « césarienne » viendrait de la naissance de Jules César, autour de 100 avant J.-C., né de cette façon. La mythologie a fait de cette ouverture d'une partie du corps le mode de naissance des dieux pour souligner le caractère exceptionnel de leur venue au monde ; ainsi Dionysos est né de la cuisse de son père Jupiter, Athéna du crâne de son père Zeus, le dieu hindou Indra du flanc de sa mère, Esculape, le dieu de la médecine, de l'abdomen de sa mère Coronis… Quant à Gargantua, il est sorti par l'oreille gauche de sa mère Gargamelle, tandis que Rabelais évoque avec sa naissance celle de Roquetaillade (né du talon de sa mère) et celle de Croquemouche (né de la pantoufle de sa nourrice).

(Légende)

Si Jules César est né de façon tout à fait classique, la césarienne est pratiquée depuis le XVIe siècle, d'abord sur des femmes décédées afin de sauver les enfants, puis lors de naissances compliquées, au cours desquelles souvent la mère périt. Jusqu'à l'époque moderne, la césarienne s'accompagne d'un taux de mortalité de 50 à 80 %.

La césarienne moderne naît au XXe siècle.

(Histoire)

MAINTENANT

Personne ne parle de la violence de la césarienne. On associe l'opération au confort, à la passivité, à la facilité. Personne ne parle de la violence qu'il y a à se faire ouvrir le ventre en une seconde, puis recoudre presque aussi vite, à se faire transporter d'une table d'opération à un lit roulant, un brancard, une civière, à passer de l'une à l'autre en étant manipulée comme un mammifère marin, un infirme, un blessé, un handicapé.

Personne ne parle de la détresse qui accompagne la découpe de l'utérus. De ce qui a eu le temps de se glisser dans l'âme de la *césarisée* avant que son ventre ne soit refermé.

Et qui y reste à jamais.

Ce que j'ai vécu, était-ce le sommet de l'horreur ou l'acmé du sublime ?

La folie, est-ce l'autre nom que l'on donne à la maternité ?

En allemand, césarienne se dit *Kaiserschnitt*. La section impériale.

Peut-être qu'il faudrait faire un autre enfant tout de suite, pour effacer, réparer, cesser de penser et cesser d'être vide ?

Mon cerveau en pilotage automatique, ma main sur la souris, j'aligne les photos de mon ventre vu d'en haut. À la maternité, j'en ai fait une dernière, Ulysse blotti contre la peau qui l'a abrité. Je fais défiler en continu le montage obtenu. Le ventre qui grossit et change de couleur en permanence m'intéresse davantage que le bébé niché dans le coussin d'allaitement posé sur le canapé.

Au moins, les images ne me demandent pas de les nourrir toutes les trois heures.

UNE INFIRMIÈRE

— Vous savez, on fait des études sur des groupes de femmes dans tous les pays du monde. On essaie d'adapter la pratique à la réalité, et d'améliorer les choses en fonction de la physiologie. La difficulté dans ce domaine, c'est qu'on ne peut pas comparer. Un même bébé ne pourra jamais naître par voie basse *et* par césarienne. Une même femme ne pourra jamais accoucher des deux manières pour le même enfant. Il y a quinze ans, une étude a affirmé que pour un siège, il valait mieux une césarienne programmée qu'une voie vaginale programmée. Là où j'étais avant, je n'ai pas croisé un seul obstétricien qui aurait tenté le coup par voie basse.

— À quoi servent le pelviscanner et les mesures préalables si tout est joué d'avance ?

— Ici, on se dit que la majorité n'est pas l'unanimité, et que tout groupe de femmes a ses exceptions.

MAINTENANT

Peut-on être nostalgique de quelque chose que l'on n'a pas connu ? Je suis nostalgique du triomphe qui doit suivre l'expulsion. Je suis nostalgique de la saine fatigue, du repos de la guerrière. Nostalgique de la descente de mon bébé en moi, qu'il avait entamée et qu'on a interrompue – qu'en a-t-il compris ? Est-il nostalgique, lui aussi ? Lui ai-je transmis la nostalgie en premier héritage ? Quand on m'a fait rouler jusqu'au bloc, quand j'aurais dû être toute avec lui, ne penser qu'à lui, j'ai pensé à moi, rien qu'à moi, moi qu'on venait de séparer de Luc, j'ai réclamé « mon mari » pour ne pas vivre la naissance seule alors que j'étais deux même si pas mariée, j'ai oublié mon bébé alors qu'on s'apprêtait à le sortir de moi et que pourtant toutes les trois minutes une contraction s'efforçait de me le rappeler.

Je suis nostalgique de l'accouchement que je n'ai pas vécu.

Et puis peut-être que dans tous les deuils à faire, tous les deuils auxquels on n'est pas préparé, dans le travail desquels on n'est pas accompagné, il y a celui de celle que j'étais avant Ulysse. La femme partie, qui avait été petite fille d'abord.

Moi qui étais si pleine, voilà que je suis vide.

Et on m'a volé mon accouchement.

Je suis en train de vivre mon plus grand chagrin d'amour.

Cependant que je comprends que pour avoir ma place de mère, il me suffit de la créer. De créer cette place et de l'occuper. De l'habiter. De m'étirer du bout des doigts jusqu'aux orteils pour ne laisser personne d'autre que moi s'y glisser.

Et de ne pas capituler.

On ne naît pas mère, on le devient, dit-on. Mais peut-on devenir mère à part entière quand on n'a fourni aucun effort pour accoucher ?

La salle de travail, je n'ai fait qu'y poser mes affaires, y enlever mes boucles d'oreilles et mon collant. Je n'y ai pas *travaillé*. Pourtant je suis bonne élève et j'en avais l'envie, je le promets. J'avais révisé.

J'ai ressenti le bonheur plein et entier de rencontrer mon bébé mais je ne sais rien de la satisfaction qui accompagne ce moment où l'on sort son enfant de soi.

« Le cri furieux et triomphant des mères » d'Adèle dans *Pot-Bouille*, je ne l'ai pas poussé. L'impression de mourir qu'a Melanie dans *Autant en emporte le vent*, je ne l'ai pas ressentie. Le moment est-il venu d'admettre que je ne suis pas une héroïne de roman ?

DES AVEUX

J'ai copié sur Dimitri pendant un contrôle sur les massifs montagneux en CE1.

J'ai subtilisé plusieurs jetons à Karine pour remporter une partie de Nain jaune en classe de neige.

Je me suis inventé plusieurs maladies pour ne pas grimper à la corde au collège.

J'ai dit à Pierre qu'il était le troisième garçon que j'embrassais alors que c'était le premier.

Je n'ai pas réussi l'oral d'entrée de la section photo de mon lycée.

J'ai falsifié ma carte d'identité pour entrer en boîte.

Sur mon CV, je me suis attribué une meilleure mention au bac que celle que j'ai obtenue.

Je n'ai pas eu mon permis de conduire du premier coup.

J'ai plusieurs fois menti au don du sang pour pouvoir donner quand même.

Pendant des années, je ne suis pas parvenue à être enceinte.

MAINTENANT

J'ai échoué.

J'ai été trahie par mon propre corps, lui que je croyais connaître si bien. Cette trahison me ramène à ma petitesse.

On me dit et on me répète que c'était la seule issue. Et puis de nos jours, tant de femmes accouchent par césarienne… Mais alors, s'il n'y avait pas d'autre possibilité, pourquoi suis-je si bouleversée ?

J'ai triché.

Tenace sentiment d'imposture. D'illégitimité. Sentiment qui coupe comme un couteau. Plus tranchant encore que l'outil avec lequel on m'a ouvert le ventre.

Et la cicatrice se rappelle à moi chaque fois que j'y pense.

Usurpatrice. Voilà le mot exact, celui autour duquel je tourne depuis plusieurs jours. C'est comme se retrouver sur la plus haute marche du podium suite à l'abandon d'un concurrent, ça ne *peut* pas avoir la même saveur que suer sang et eau pour décrocher la victoire.

Je pourrais essayer d'oublier tout ça, mais comment oublier quand, à chaque instant, à chaque seconde, mon bébé, le visage de mon bébé, tout de mon bébé jusqu'à l'infini amour que je lui porte me rappelle comment je l'ai fait sortir de moi – non, comment *il est sorti* de moi – non, comment *on l'a fait sortir de moi*.

Un *on* dont je n'ai même pas le prénom.

Même si je n'en aurais pas vu davantage, l'accouchement par voie basse aurait été le moyen d'enfin sentir que je suis mammifère. Et d'enfin savoir si je suis courageuse ou pas.

Toute notion de performance devrait être exclue de l'accouchement. Mais si l'accouchement est un rite de passage, alors je ne suis pas vraiment une mère, pas vraiment une femme.

Alors que la littérature résonne de tous les cris que poussent en naissant les bébés, le mien n'a pas hurlé. Était-ce qu'il n'était pas effrayé ? Que je l'avais suffisamment préparé à ce qui l'attendait ? Ou qu'il me connaissait tant que je le rassurais, que cela lui suffisait pour ne pas s'inquiéter ? Rien ni personne ne m'interdit de le penser.

La césarienne est ma cicatrice émotionnelle. Il faut que je fasse le deuil de l'accouchement qu'*on* m'a volé. Je ressens une grande tristesse. Il faut surtout que je me pardonne de n'avoir pas voulu de la naissance qui aurait été la plus favorable pour mon bébé. Que je fasse sortir de mon corps le couteau silencieux de l'imposture.

Le plus vite possible.

AU PAYS DES MERVEILLES

« Mais c'est bien inutile à présent, pensa la pauvre Alice, de faire semblant d'être deux ! C'est tout juste s'il reste assez de moi pour former une seule et unique personne ! »

MAINTENANT

Je découvre qu'on peut développer un syndrome de stress posttraumatique après un accouchement, après une césarienne. Le SSPT est un « trouble anxieux sévère qui se manifeste à la suite d'une expérience vécue comme traumatisante avec une confrontation à des idées de mort. » Situations données en exemple : accident grave, agression, attentat, guerre, maladie grave, mort violente, viol. Points communs : débordement des capacités d'adaptation du sujet, peur intense, impuissance et/ou horreur.

Depuis 1994, l'accouchement est considéré comme un facteur de risque susceptible d'entraîner un SSPT. Et un SSPT non traité peut entraîner une dépression.

Des chercheurs en périnatalité ont identifié dans la césarienne plusieurs facteurs pouvant être traumatisants : le fait qu'un processus naturel soit interrompu et remplacé par un acte chirurgical, le stress de l'imprévu, les interventions obstétricales en elles-mêmes, l'intrusion physique dans le corps de la mère, l'action de forces mécaniques, l'extraction et l'enlèvement du bébé, la séparation immédiate de celui-ci avec sa mère…

Ainsi donner naissance par césarienne peut avoir des conséquences psychologiques. La césarienne laisse l'empreinte d'une intervention extérieure, chez la mère mais aussi chez l'enfant. Adulte, celui-ci a par exemple plus de difficultés que d'autres à s'enraciner et à lâcher prise.

Il y a toujours quelque chose à réparer…

Je continue à me caresser le ventre. Qui peut vraiment me prouver qu'il n'y a plus rien, plus personne dedans ?

L'occupation nécessite un processus d'acceptation pour lequel neuf mois sont nécessaires. Quel est le mot pour accepter la fin de l'occupation ? Existe-t-il seulement ?

UN CHIFFRE

85 000

Chaque année en France, plus de 85 000 femmes traversent une difficulté maternelle majeure, qui nécessite un suivi psychologique - de quelques semaines à plusieurs mois. Une femme sur dix est concernée. La question relève donc de la santé publique.

Pourtant, alors que l'insuffisant rénal reçoit des soins permanents, la femme qui souffre d'insuffisance affective, qui reste traumatisée par son accouchement ou place malgré elle une distance émotionnelle avec son bébé, n'est pas prise en charge longtemps. Alors qu'on aide sans réfléchir un homme qui peine à avoir une érection ou à éjaculer, en comprenant que c'est important pour lui, que son identité masculine en dépend, on n'aide pas spontanément les femmes qui, dans une société pour laquelle la maternité constitue l'ultime expression de la féminité, souffrent, sont déçues, voire culpabilisent de n'avoir pas accompli la fonction physiologique féminine par excellence : donner naissance.

On attend des femmes une satisfaction pleine et entière à l'arrivée de leur enfant, un amour inconditionnel à son égard, et cette attente vient accentuer la détresse de celles qui ne sont pas envahies par le bonheur. Elles oseront encore moins demander l'aide qui leur est nécessaire et souffriront sinon en silence, du moins dans l'incompréhension de leur entourage.

MAINTENANT

La technique de la césarienne a longtemps été réservée à l'extraction de bébés des utérus de leur mère décédée.

Et il faudrait encaisser ça en quelques jours ? Que ça passe comme une banale visite chez le dentiste ?

Est-ce qu'on demande à l'Atlantique de rester tranquille ?

Et encaisser aussi que mon accouchement se résume à un ventre dont on a sorti un bébé ? Car c'est bien ce qui s'est produit. Mon accouchement, c'est mon ventre dont on a sorti un bébé. Je n'ai rien vu, rien senti d'autre. Pas de placenta, pas de poche des eaux. Rien d'autre. Comme sur le dessin que m'a demandé de réaliser la sage-femme. Ou comme chez Barbie enceinte, accessible contre une poignée d'euros sur Internet ou dans les magasins de jouets, dont le ventre s'ajoute, s'ouvre, s'enlève en une seconde.

Les jambes de la poupée ne sont de toute façon pas conçues pour que leurs extrémités se glissent dans des étriers.

Lors d'un accouchement par voie basse, la dernière étape s'appelle délivrance. C'est l'expulsion du placenta. Placenta qui, sur le plan légal, appartient à celle dont on l'extrait – jusqu'à ce qu'il sorte d'elle.

Je ne sais rien du mien. Ni de quoi il était constitué, ni à quoi il ressemblait, ni ce qui en a été fait. On ne m'a rien proposé. On me l'a volé comme on m'a volé mon accouchement.

Est-ce parce que de cela non plus je n'ai pas eu à me préoccuper que je peine tant à me délivrer des tenailles de *l'événement* ?

Est-ce qu'il en va de même pour l'accouchement – dès que l'enfant est là l'accouchement n'est plus à celle qui vient de le vivre ?

Est-ce qu'on m'a repris quelque chose qui en réalité n'était déjà plus à moi ?

LUC

— Qu'est-ce que tu n'arrives pas à digérer ?

— Je ne sais toujours pas ce qu'est *accoucher*.

— Tu sais ce qu'est *accoucher par césarienne*.

— Je n'ai rien fait. On a fait pour moi.

— Tu as eu des contractions pendant quatorze heures ! Tu étais dilatée de trois centimètres ! Ton corps a fait ce qu'il fallait, il a commencé le travail. *Tu* as commencé le travail.

MAINTENANT

Luc a pris son matériel, ses couleurs, son imagination, et il dessine le faire-part d'Ulysse. En y mettant du jaune, forcément. Et du blanc. Chaque fois qu'il prépare des œufs, Luc dit que nous sommes pareils, le jaune mêlé au blanc et le blanc mêlé au jaune, et ça le fait rire. Moi aussi, du coup. Surtout quand il se met à les brouiller avec énergie. Il n'y a que pour les œufs durs que ça ne marche pas, mais ni lui ni moi ne les aimons comme ça.

Au recto, la lumière chaude et pleine d'espoir d'un ciel que le soleil embrase esquisse des dunes devant lesquelles file une camionnette de marque allemande qui pourrait être le camion de Luc. Des lettres déterminées déclarent :

« Ulysse est né le 25 janvier, nous invitant à embarquer avec lui pour un grand voyage.

En route pour l'aventure ! »

Au verso s'affichent nos trois prénoms, puis nos deux patronymes accolés. Nous mettons tout en commun.

Ce faire-part n'annonce pas seulement la naissance d'Ulysse. C'est aussi une déclaration d'amour. Nous faisons acte de famille.

J'aimerais que Luc m'épouse. Puisque *a priori* je ne l'ai pas déçu.

Mais je n'ose pas en parler une nouvelle fois.

J'avais lu que les chiffres d'Ulysse étaient le 2, le 5, le 6. Notre Ulysse a choisi le 25 janvier 2016 pour venir au monde. L'expérimentation des maisons de naissance – dont le NID – a officiellement démarré le 1er février. Ulysse est né à terme, donnant raison à cette gynécologue de la maternité : dans ma vie, j'ai eu un cycle plus long que les autres, et Ulysse a choisi celui-là.

Sur le sac que j'emporte pour aller acheter des couches pour Ulysse, des cotons-tiges pour Luc et des serviettes hygiéniques pour moi, il est écrit : « Votre vie n'a jamais été aussi bien remplie. »

Le monde est plein de vibrations et d'énergie. J'ai à nouveau envie d'en faire partie.

CE QUI SÈCHE MES LARMES

Le monde va recevoir un aperçu cartonné de mon bonheur ;

Luc va fleurir le salon pour nous trois ;

Ulysse va sourire autrement que par automatisme ;

Je vais retrouver un corps convenable ;

Ulysse va grandir ;

Ulysse va devenir un petit garçon ;

Luc va apprendre à Ulysse à communiquer avec les arbres ;

L'hiver va être chassé par le printemps ;

Le soleil va entrer jusqu'au tapis les jours clairs ;

Ulysse va faire ses nuits ;

Je vais dormir huit heures d'affilée ;

Nous allons faire des grasses matinées, qui s'achèveront par les pas coquins d'un petit garçon sur le parquet ;

Luc va me faire d'autres surprises ;

Nous allons nous retrouver ;

Je vais me retrouver.

MAINTENANT

Je suis en guerre contre mon corps. Mais c'est une guerre lasse. Je suis trop fatiguée pour lutter. Je n'ai plus de forces. Je suis sur le point de capituler. Et cependant je compte sur le temps qui passe pour gagner malgré tout cette guerre froide.

Je vis au-delà de la fatigue, dans un état pour lequel aucun mot n'existe, aucun mot encore n'a été inventé, et pour cause : ceux, celles surtout qui connaissent cet état ne sont pas en mesure d'en parler, pas même à un médecin, et encore moins d'en faire enrichir le dictionnaire.

J'aimerais ne plus avoir de corps. Être un esprit, simplement un esprit. Ou alors des bras, uniquement des bras, pour bercer Ulysse. Mais même Ulysse si petit est trop lourd à porter. J'aimerais oublier mon corps mais celui-ci s'exprime en permanence, il parle, il couine, il gémit, il bavarde, il se rappelle à moi.

En fait non, je n'arrive même pas à savoir contre quoi je lutte. Je sais juste que cette guerre est trop intime.

Et quand j'arrive à trouver une poignée d'heures de répit au cœur de la nuit, quand le sommeil m'aspire, m'en tire l'angoisse qu'Ulysse ne respire plus et je tends l'oreille pour l'écouter dormir.

LIVRET DE FAMILLE

Application du décret n° 74-449 du 15 mai 1974 modifié et de l'arrêté du 1er juin 2006 modifié

Délivrance du livret de famille

Le livret de famille est remis par l'officier de l'état civil lors de la déclaration de naissance du premier enfant lorsque la filiation est établie à l'égard d'au moins l'un des parents.

Autorité parentale

L'autorité parentale est un ensemble de droits et de devoirs ayant pour finalité l'intérêt de l'enfant. Elle appartient en commun aux parents jusqu'à la majorité ou l'émancipation de l'enfant pour le protéger dans sa sécurité, sa santé et sa moralité, pour assurer son éducation et permettre son développement, dans le respect dû à sa personne.

L'autorité est exercée en commun par les parents. À l'égard des tiers, chacun d'eux peut accomplir seul les actes usuels qui concernent l'enfant.

Nom des enfants

Les parents peuvent choisir le nom de famille de leur enfant, lorsque sa filiation est établie à leur égard au plus tard le jour de la déclaration de sa naissance. Ils peuvent alors choisir, soit le nom du père, soit celui de la mère, soit leurs deux noms accolés dans l'ordre choisi par eux dans la limite d'un nom de famille pour chacun d'eux.

Le nom dévolu au premier enfant vaut pour les autres enfants communs.

Époux ou père
Luc François Philippe BAILLY

Épouse ou mère
Stéphanie Jeanne Caroline Marie LAUTREC

Premier enfant
Ulysse Antoine BAILLY LAUTREC
suivant déclaration conjointe en date du 27 janvier (1re partie : BAILLY 2de partie : LAUTREC)

MAINTENANT

Je ne sais plus comment m'habiller. Je n'ai pas déjà rangé les vêtements de grossesse, que je porte encore mais qui sont un peu amples, et il est trop tôt pour penser aux vêtements d'avant.

Un samedi après-midi, Luc ne me laisse pas le choix.

— On va faire les boutiques, on va trouver des tenues, je te les offre et la transition se fera sans problème.

Je ne suis pas convaincue mais je me laisse guider. Luc place Ulysse, haut de deux semaines, dans le porte-bébé, et nous partons en direction des grands magasins. Je ne marche pas encore tout à fait normalement, ce ne sont plus les balancements que m'imposaient mon ventre et mon poids en fin de grossesse mais mon bassin n'a toujours pas retrouvé son état initial alors tout reste perturbé.

Au bout du rayon, j'aperçois Esther la filiforme. Je me réfugie du côté des cabines d'essayage.

Sur les bancs qui font face aux cabines, les dames s'extasient de voir un bébé si petit. On cède sa place à Luc avec une obligeance à laquelle aucune femme enceinte n'a droit. De l'autre côté du rideau, je suis désemparée.

Rien ne me va. Pas même la salopette, pas même le 44, pas même en détachant le bouton à droite et en laissant ouverte la fermeture éclair à gauche. Je ne peux rien fermer.

— 46 ? suggère Luc.

Le 46 n'existe pas ici. Question d'image. Il faut se rendre à l'évidence : on ne trouvera rien.

— Tant pis, je porterai encore mes jupes de grossesse quelque temps, et…

— Non, on va plutôt changer de rayon, m'interrompt Luc.

Il me conduit au –1. Dans le porte-bébé, Ulysse s'est endormi avant qu'on ait atteint l'escalator.

Il y a d'autres vêtements, d'autres modèles. Les coupes ne sont pas les mêmes. Je ne suis jamais venue au sous-sol, c'est étrange. Et puis soudain, je réalise.

— C'est le rayon pour grosses !

Bien sûr ! Je regarde autour de moi. Les clientes sont différentes. Et je suis l'une d'elles.

— On s'en fiche, dit Luc. Si pendant quelques semaines tu dois porter des vêtements plus grands ça ne fera pas de toi une grosse.

Les coupes pourtant ne me vont toujours pas. Quand je peux fermer le vêtement, il est informe. Bouffant. Ridicule. J'abdique.

C'est sans compter Luc qui m'entraîne à l'étage. Rayon femmes enceintes. Là, dans le rayon où j'ai acheté il y a quelques mois des robes de grossesse, il trouve deux pantalons et une chemise. Il prend du 46, et du 44 « au cas où ». Et tous les trois retournons aux cabines d'essayage.

Le 46 est très large.

Le 44 aussi.

Luc retourne chercher des 42.

Comme un gant.

— Tu es belle !

— Mais c'est du 42, Luc ! Je mettais du 36 l'année dernière…

— … Et tu viens d'avoir un bébé. Allez, on embarque le tout. Tu sais quoi ?

— Quoi ?

— Je le prendrais bien en levrette, moi, ton 42.

ESTHER

Esther est maman d'un petit Gabriel âgé de quatre ans. À la naissance, tout s'est bien passé. Lorsque Gabriel a eu un an, Esther a abordé avec Maxime, le papa, la question du deuxième enfant. Tout juste remis de la fatigue du premier, le jeune père s'est montré catégorique : de deuxième il ne voulait point. Ça a contrarié Esther, issue d'une famille nombreuse, qui s'est toujours imaginée entourée de plusieurs enfants.

Quelques mois après cette discussion, lors d'une banale consultation, on a diagnostiqué à Esther une tumeur au duodénum. Une tumeur inexplicable, inexpliquée ; orpheline. Tout juste savait-on une chose : cette tumeur compromettait grandement toute perspective de nouvelle grossesse. Esther a accusé le coup.

La tumeur a grossi doucement mais sûrement, Esther a fait la tournée des spécialistes sans obtenir ni explication sur l'origine de la tumeur, ni solution pour s'en débarrasser : deux opérations successives n'y ont rien changé, après lesquelles il a été décidé de stopper l'acharnement.

Au moment des quatre ans de Gabriel, Nathalie, la sœur de Maxime, a donné naissance à un petit garçon. Maxime est vite devenu fou de son neveu : il avait oublié combien un bébé naît petit, combien c'est adorable... Il avoue à Esther que, sous réserve que cela ne mette pas sa santé en péril, il n'est plus opposé à ce qu'ils envisagent d'agrandir la famille.

Quand Gabriel souffle ses cinq bougies, un transat trône au milieu du salon. Clémentine, trois semaines, y dort profondément.

Dans l'intervalle, la tumeur d'Esther a mystérieusement disparu.

MAINTENANT

Luc disait vrai. Les vêtements ont un pouvoir incroyable. Je range mon confortable pantalon de jogging, celui avec lequel il n'aurait jamais été question que je sorte dans la rue, et j'enfile un pantalon digne de ce nom. J'ai soudain envie de retrouver très vite ma silhouette d'avant tout cela. J'ai envie d'à nouveau ressembler à quelque chose, de sentir que mon corps m'appartient, rien qu'à moi – et à Luc aussi, un peu, quand je le décide. Je prends rendez-vous chez le coiffeur, je veux qu'on s'occupe de ma tête bientôt.

Devant la glace, je descends légèrement la ceinture intégrée, en tissu souple, qui fait que ce pantalon est vendu au rayon femmes enceintes. J'ose regarder.

On la voit à peine, cette cicatrice. Luc a raison, elle est en bon état, un peu rose, régulière, discrète. Belle, dit-on.

Si tant est qu'une cicatrice puisse être *belle*.

Je la touche avec la pulpe de l'index. Certes, je la sens, mais ce n'est plus boursouflé comme au début.

J'ai envie de faire l'amour avec Luc.

UNE CHANSON

« Il a bon goût,
Celui qui va passer toute sa vie avec vous. »

MAINTENANT

La dernière fois, c'était hygiénique. Ou psychologique. Pour se dire qu'*on l'avait fait*, à l'aube du neuvième mois.

C'était un besoin d'où était absent presque tout désir.

C'était rapide et contraint, les obstacles se nommant ventre proéminent, douleurs musculaires, mouvements difficiles.

C'était à peine déshabillé.

— Bonjour mon amour.

— Bonjour, Luc chéri. Tu dors ?

— Non, je t'aime.

Elle n'est pas donnée à tout le monde, la chance de faire à deux reprises l'amour pour la première fois avec le même homme.

On peut faire ça. Décider sur un coup de tête d'aller manger une pizza arrosée d'un verre de vin sicilien, y aller même s'il est 21 heures, après avoir fait l'amour en début de soirée, comme au bon vieux temps. C'est possible. Qu'Ulysse soit là ne change rien. Ce bébé n'est un frein à rien. Ensemble, nous pouvons tout faire. Mon corps n'est pas un sanctuaire, c'est encore mon corps.

Ce qui était valable pour nous deux, Luc et moi, est valable pour nous trois, Luc, Ulysse et moi. Ces trois personnes réunies dans un livret de famille renseigné au porte-plume.

Pourquoi faire croire qu'après une grossesse on peut retrouver son corps à l'identique ? Qu'après l'accouchement le sexe se fait de la même manière ? Que la mutilation soit plus ou moins importante, le vagin est différent, le périnée est différent, les seins sont différents. Il y a des cicatrices et des vergetures. Il y a la psyché qui empêche de prendre un miroir pour regarder *en bas*. L'entrejambe devenu temporairement une zone de non-droit.

Le vagin d'une femme qui a eu une césarienne aussi, puisqu'il s'est préparé au passage du bébé.

D'après les statistiques, les couples recommencent à faire l'amour au bout d'un mois. Avant quinze jours, c'est déconseillé.

Parfois, quelque chose est mort, définitivement, et ce n'est plus jamais comme avant. Pas seulement parce que les amants sont devenus parents, mais parce que la donne physique a été changée. Parfois aussi, les hommes n'aiment plus le corps qu'ils ont contribué à changer, et ils s'en vont. Parfois, il y a un Lenny et une Muriel, mes cousins qui ne se sont pas touchés pendant six ans, hors toutes statistiques.

Je sais quel sera mon prochain projet. Je vais mettre en scène des corps de mères. Des corps d'après. Je n'en peux plus de l'injonction du corps parfait. Je veux proposer une réponse à ces images de mamans sportives qui, après avoir exhibé des ventres minuscules et musclés à huit mois de grossesse, affichent sur les réseaux sociaux des abdominaux en béton une poignée de semaines seulement – de jours, parfois – après la naissance. Ces femmes sont réelles mais elles sont des exceptions, pas la norme.

Hier encore, la radio m'a rapporté les propos d'une actrice évoquant « les générations de comédiennes qui se sont interdit d'avoir des enfants, dans l'idée qu'on ne peut être sex-symbol et mère. »

Le changement n'exclut pas la beauté. Ni la fierté. Encore moins l'amour.

J'appellerai ça « Le quatrième trimestre ».

Ne dit-on pas que le corps met neuf mois à faire un bébé et neuf mois à s'en défaire ?

Le quatrième trimestre durera aussi longtemps qu'il le faut.

DANS LA PRESSE

« Il n'y a pas de honte à prendre du poids pendant sa grossesse (ou autrement). Il n'y a pas de honte à mettre plus de temps que prévu pour perdre ses kilos (si vous voulez les perdre). Il n'y a pas de honte à prendre le taureau par les cornes et fabriquer vos propres shorts parce que ceux de l'été dernier sont simplement trop courts pour vos cuisses cette année. Les corps changent. Les corps grossissent. Les corps rétrécissent. C'est de l'amour (ne laissez personne vous dire le contraire)[1]. »

1. Anne Hathaway, 4 août 2016 (maman depuis mars). Message Instagram.

MAINTENANT

J'ai toujours aimé les enfants mais j'avais tellement peur d'accoucher que j'ai fini par croire que je n'en aurais jamais.

Parce que accoucher m'apparaissait comme prendre le risque de sacrifier mon vagin, dont j'avais mis un certain temps à apprivoiser le fonctionnement, et, toute convaincue que je pouvais être du bonheur lié à l'enfantement, je l'étais aussi de la nécessité de pouvoir compter sur mon vagin.

Ainsi, je n'étais pas certaine que ce risque vaille la peine.

Selon les jours et malgré mon vagin intact, les hormones me poussent à me demander ce qui dans tout cela valait la peine.

Peut-être parce que je n'arrive pas à faire coïncider tout à fait l'image du bébé qui était dans mon ventre, que je sentais dans mon ventre, avec le bébé qui est né.

Peut-être parce que malgré mon vagin intact, il y a beaucoup à réapprivoiser.

DANS UN LIVRE

« Nerrévik commença de lire le chapitre “Fécondation” dans l’autobus et elle fut surprise d’apprendre que la médecine est mieux renseignée sur ce qui se passe dans l’utérus des lapines, des chèvres, des rates et des truies que chez la femme, mais comme il se passe plus ou moins la même chose partout, ce n’était pas trop grave. L’étude des oursins avait permis aux êtres humains de comprendre ce qu’était la fécondation. Nerrévik se jura de ne plus jamais manger d’oursins : on avale sans le savoir leurs testicules roses ou leurs ovaires orangés.

Les médecins avaient traité le corps de la femme en conquistadores. Ils avaient exploré l’intérieur du corps humain comme s’il s’agissait de franchir le cap de Bonne-Espérance ou de découvrir des fjords. Nerrévik lut pour la première fois cinquante termes qui immortalisaient sans doute des batailles, des percées : la membrane de Slavjanski, la couche de Nitabuch, la colonne de Streeter, la poche de Rathke, l’appareil de Golgi, le cul-de-sac de Douglas, les tubercules de Montgomery, l’aqueduc de Sylvius, les trous de Monro, la tétralogie de Fallot, le canal veineux d’Arantius, les cellules de Leydig, et pourquoi pas le canal de Donald Duck et les trous de l’oncle Picsou ? »

MAINTENANT

Je m'inquiète de n'avoir aucune nouvelle de l'assurance-maladie. Elle continue de rembourser mes prescriptions mais semble ignorer totalement ce qui s'est passé. Aucune trace d'aucune indemnité au titre du congé de maternité. Sait-elle, elle aussi, que je n'ai pas *vraiment* accouché ? Compte-t-elle en profiter pour ne rien me verser ? Faire comme si je n'avais pas de bébé ?

Pourtant il est là. Le petit que j'ai porté.

Au premier hoquet je l'ai reconnu. Pas de doute, c'était bien lui et nul autre que lui. Ce hoquet que le bébé avait dans mon ventre et qu'Ulysse a plusieurs fois par jour.

Ce hoquet est la preuve irréfutable qu'il s'agit du même bébé.

Qu'il n'y a qu'un seul bébé dans cette affaire.

Je partage à jamais un secret avec mon bébé, le secret de sa vie *in utero*, le secret de la façon dont mon corps l'a bercé, l'a porté, l'a fait grandir. Chacun a offert un cadeau à l'autre, qui n'avait rien demandé. Moi celui de le faire naître. Lui celui de me transformer. À jamais.

Le secret qu'à un moment donné de l'existence, lui et moi avons fusionné.

On dit cela des amitiés les plus fortes, des amours les plus grandes, des passions charnelles les plus enflammées. Il n'y a pourtant que dans le cas qui a été le nôtre que cela se produit vraiment.

Fusionner.

Et l'étape d'après, dont nous mettrons je le sens je le sais la vie à nous remettre, à nous réparer, que nous mettrons je le sens je le sais la vie à accepter, c'est se séparer. Guérir de la fin de notre unité. Notre miraculeuse et insondable unité.

Accepter l'arrachement.

Ulysse est mon odyssée.

Notre odyssée.

Maintenant, nous avons la vie et les branches de l'arbre généalogique à regarder grandir.

MON BÉBÉ

Tu souris aux fissures du plafond et aux mouvements du rideau. Je m'en rends compte en suivant ton regard. Tu souris aux motifs du dessus-de-lit et au mur blanc. Les bébés voient des choses que nous ne voyons pas, c'est bien connu. Et ils savent, perçoivent, des choses que nous ne percevons pas.

Luc me raconte que quand Clémence attendait Marie, à partir du moment où il a été évident qu'*il allait y avoir un bébé*, Justine s'est mise à parler au ventre quotidiennement avant le départ pour la crèche.

Un bisou au bébé.

Et puis un matin, trois semaines avant la date du terme, Justine qui était elle-même encore un bébé a dit : « Le bébé vient. »

Personne n'a accordé d'importance à ses mots, parce qu'on était trois semaines avant la date du terme, parce que les adultes n'accordent pas toujours d'importance aux mots des bébés, parce que les adultes n'accordent pas toujours d'importance aux mots.

En fin de matinée, Clémence a ressenti les premières contractions. Marie est née dans la soirée.

MAINTENANT

À mesure que les traits d'Ulysse se dessinent, que son visage ressemble de plus en plus au mien, l'enfance me revient par bouffées puissantes. Comme dans ces collages à la mode, une grande image se dessine, formée par des centaines de photographies juxtaposées. La grande image offre une certaine idée du bonheur pour catalogues, les fillettes y sont souriantes et bien peignées, les cols des chemisiers dépassent des gilets de façon parfaitement symétrique. De près, pas une photographie pourtant qui ne révèle un éclat de violence, la menace d'une punition injuste qui plane, une humiliation gratuite, une sanction disproportionnée. L'enfance est un mirage. Je te pince, je te tire les cheveux, je te confisque ton baladeur, je t'oblige à me donner l'argent de poche que tu économises depuis des mois, je te punis parce qu'il faut bien que je passe sur quelqu'un ma rage de n'avoir pas la vie que j'aurais voulu avoir.

Ma propre enfance ne m'intéressait guère avant la naissance d'Ulysse. Parce que je la pensais heureuse (puisque tout le monde s'accordait à la juger heureuse), parce que je pensais que tout le monde avait été traumatisé par son enfance mais pas moi. Pas la première fois que je passe entre les gouttes, je suis une habituée des tapis volants.

Plus possible de retrouver la grande image de bonheur dès lors qu'on a mis son nez trop près des photographies. Non seulement celle-ci n'est plus visible, mais pire encore, il semblerait qu'elle n'ait jamais existé. L'enfance est une utopie.

À présent qu'Ulysse est là chaque bouffée d'enfance me fait constater, avec une certitude viscérale, que jamais je ne pourrais faire subir à mon enfant ce que j'ai subi. Jamais les gifles sans cesse, jamais les peaux pincées jusqu'au sang, jamais la douleur physique, jamais la honte, jamais les humiliations, jamais les punitions systématiques, jamais l'éducation par la punition, jamais l'abus d'ascendant psychologique. Je me sais d'une banalité confondante – je veux pour mon fils autre chose que la façon dont j'ai grandi. Mais je sais qu'en le disant à Luc, qu'en partageant nos souvenirs déroutants d'enfance, entre nous adultes apaisés, je sais qu'en mettant en commun nos désirs de ne rien reproduire de mauvais et d'aller main dans la main vers du mieux, du doux, du bon, nous y arriverons.

Ou, puisque nous trébucherons forcément, nous écarterons parfois du chemin envisagé, nous détournerons peut-être de nos principes par instants, comme tout le monde, les erreurs sont réputées inévitables et les êtres humains faillibles, nous ferons de notre mieux pour y arriver.

Ce qui sera déjà formidable.

DES PRINCIPES

Le laisser expérimenter ce qu'il veut ;
Relever ce qu'il fait bien ;
Peindre avec les doigts ;
Ne jamais interdire sans expliquer ;
Faire du vélo ;
Ne pas le punir sans raison ;
Ne pas le taper ;
Aller à la piscine ;
Lui offrir vite un appareil photo ;
Laisser la porte ouverte au dialogue ;
Écouter un peu de musique tous les matins ;
Ne pas lui faire de chantage ;
Lui apprendre le nom des fleurs ;
Lui dire je t'aime chaque jour.

MAINTENANT

Ma mère m'envoie des petits vêtements et des jouets. Lorsque je la remercie, elle me fait remarquer :

— Ce n'est pas pour toi, c'est pour Ulysse !

Elle ne me demande pas si ma cicatrice change déjà d'aspect : elle hésite entre du parme et du violet pour le paillasson de l'entrée.

Elle ne me demande pas si j'ai commencé à perdre du poids : elle choisit un nouveau robot de cuisine avec Maurice.

Elle ne me demande pas si j'ai le moral : Maurice vient de dénicher un coquetier rare, à motifs de perles et barbeaux, réalisé pour la reine Marie-Antoinette par la manufacture royale de Sèvres.

Ma mère semble me juger ingrate de considérer comme normaux les sacrifices qu'elle a faits pour moi, de ne même pas l'en remercier.

La fatigue, la souffrance, l'inquiétude constante, le ventre qui pend, les seins qui se vident. Et, pour couronner le tout, la cicatrice.

Elle a fait tourner le lait qui m'était destiné. Ma sœur, elle, a dû sortir très tôt, bien avant le terme, pour une histoire de rhésus incompatibles. « Ça allait m'empoisonner », dit ma mère, avant le sang ça lui empoisonnait déjà l'existence et peut-être même que ça n'a pas cessé.

Plus je regarde Ulysse et moins je comprends ma mère. Jamais je ne demanderai à mon fils de me rembourser quoi que ce soit. Un enfant ne doit rien à ses parents.

Des spécialistes de la relation parent-enfant affirment que tous les enfants déçoivent leurs parents dans la mesure où ils font autre chose que ce que les parents avaient imaginé.

Même si ce n'est pas moins bien.

J'avais qu'à ne pas vouloir de bébé.

Le pan actuel de sa vie est sa revanche sur celui qu'elle nous a consacré, celui que nous lui avons volé. Plus que ce larcin, ce qu'elle nous fait payer est notre absence de culpabilité.

Les cadeaux pour Ulysse sont des pas qu'elle fait vers moi, mes mercis en sont d'autres que je fais vers elle, mais il se peut que malgré cela nous n'arrivions plus jamais à nous croiser.

Puisque tout n'est plus que malentendus, éternellement.

DANS UN LIVRE

« Le malentendu est entier : chacune impute à l'autre de ne pas avoir reçu comme il faut ses propres marques de tendresse, en somme d'avoir boudé ou négligé l'autre, faisant mine de ne pas se sentir suffisamment aimée. »

MAINTENANT

Lionel a souhaité nous voir. Nous l'avions rencontré à plusieurs reprises lorsqu'il sortait avec Virginie, avant que Virginie ne devienne la sorcière, puis Lionel a quitté l'invivable Virginie et Virginie nous a sommés, Luc et moi, de couper tout contact avec Lionel. Ce que nous avons fait, par amitié pour celle qui nous a permis de nous rencontrer. Nous sommes des amis disciplinés.

Lionel contemple Ulysse endormi dans sa nacelle et je me souviens soudain qu'il est lui-même père d'un garçon et d'une fille de l'âge de Justine et Marie. Il s'étonne que nous ayons accepté sa proposition malgré le veto de Virginie.

— Le veto n'a plus cours depuis qu'elle se répand en malédictions à propos de nous, fait Luc.

— Tu sais, me dit Lionel, tu réalises son rêve.

— Quel rêve ?

Virginie voulait un enfant. Un enfant de Lionel. Ils en ont caressé le projet, ensemble. Puis Lionel est parti et Virginie a fêté ses quarante ans au cuivre des trompettes qui sonnaient le glas de sa reproductibilité.

L'aigreur est une lionne que les êtres maîtrisent mal.

La frustration de ne pas être mère est une tigresse qui transforme les femmes en sorcières.

À la hyène qui déclare en ricanant derrière le comptoir que mon dossier de congé de maternité a purement et simplement disparu, je n'ose demander si elle a des enfants.

À *L'ORCHESTRE*

Meredith prend l'apéro à *L'Orchestre*. Sans moi. En buvant un Ice Tea avec quelqu'un que je ne connais pas.

C'est un réseau social qui me le signale. Elle apparaît, son verre à la main, dans ce décor que je connais si bien, souriant à l'amie qui a pris la photo avant de se géolocaliser à quelques mètres de l'Opéra.

Soit.

Meredith n'a pas encore eu le temps de venir voir Ulysse. Beaucoup de dossiers à gérer, plusieurs séminaires en cours, une supérieure hiérarchique en plein dans sa crise existentielle annuelle.

Soit.

Mais elle a envoyé quelque chose. Un joli body bleu marine et jaune, qui ira parfaitement à Ulysse dans sept ou huit mois. En enlevant l'étiquette, j'ai vu que le prix y était resté. Quatre-vingt-dix-neuf centimes d'euro. Trois fois moins que la valeur du timbre sur l'enveloppe épaisse.

Soit.

MAINTENANT

Jeanne nous rend visite. Ses yeux se mouillent dès qu'elle nous aperçoit tous les trois dans l'encadrement de la porte. Elle me pose mille questions sur ma nouvelle situation, sur ce que j'ai ressenti en tenant Ulysse pour la première fois dans mes bras, sur l'évident bonheur d'avoir donné naissance à une telle merveille, sur le fait d'être dorénavant trois à jamais, sur l'idée de famille. Je réponds, docile, et m'aperçois qu'il n'y a plus de café.

Le temps que Luc descende en acheter à la supérette, Jeanne fond en larmes. Elle est un citron que l'on broie, l'existence d'Ulysse jouant le rôle du presse-agrumes le plus performant du marché. Soudain, Jeanne qui ne m'a jamais rien confessé d'intime – Jeanne est une ancienne collègue de l'agence – m'explique que Thomas ne veut pas d'enfant, qu'il ne veut pas faire naître d'humain supplémentaire dans notre monde en délabrement, qu'il ne veut pas abandonner sa liberté. Ses larmes sont pamplemousse, fruitées, juteuses, acides ou sucrées.

— Est-ce que vous en aviez parlé, avant de vous marier ?

— Oui. Moi je ne ressentais pas d'envie particulière, et j'étais folle amoureuse, ça prenait toute la place. Mais maintenant ce qui prend toute la place c'est ça, et je te jure ça me ronge, ça me grignote, non ça me bouffe de l'intérieur, et depuis que j'ai fêté mes trente-cinq ans je ne pense plus qu'à ça, je me dis que mes œufs sont vieux et que c'est maintenant qu'il faut les faire fonctionner.

Je comprends tout à coup pourquoi elle offre à Ulysse un doudou pingouin *et* un hochet hippopotame *et* une marinière à pompons *et* un lézard d'activités. Je sais pour qui elle a choisi tout ça.

RAISONS DE NE PAS FAIRE D'ENFANT

Le monde est surpeuplé ;
Écologiquement, la planète court à sa perte ;
Les hommes sont de moins en moins humains ;
Élever et éduquer un enfant coûte cher ;
Politiquement, la planète court à sa perte ;
Le chômage ne fait que croître ;
Les inégalités sont grandes et le seront de plus en plus ;
Le monde est violent ;
Socialement, la planète court à sa perte ;
Un enfant est une trop grande responsabilité ;
Un enfant signe la fin de la liberté ;
Un enfant est une entrave à la vie ;
Le meilleur est derrière nous ;
La plupart des lieux où bruncher n'acceptent pas les poussettes ;
Nous sommes en guerre.

MAINTENANT

Luc veut m'emmener au Texas. C'est là que vit son père. Son père à qui il n'a pas parlé depuis près de vingt ans, son père qui n'a jamais rencontré ses filles, son père qui a divorcé de sa mère après un désaccord dont Luc m'a dit seulement quelques mots et à propos duquel j'ai compris qu'il ne fallait pas poser davantage de questions, son père qui, passionné de chevaux, a choisi de mettre des milliers de kilomètres entre sa vie et lui afin d'en redémarrer une nouvelle en s'établissant dans un ranch au pays du rodéo.

— D'accord. On pourrait y aller l'année prochaine, par exemple ?

— Je crois que j'aimerais que ce soit avant.

— Alors, cet été ?

— Et si on partait maintenant ? Tous les trois ?

— Maintenant ? Mais Ulysse a seulement vingt jours...

— Quand je dis maintenant, c'est, disons, le mois prochain. Le temps qu'on lui fasse faire son passeport. Voyager avec un bébé d'un an ou un an et demi, qu'il faut constamment occuper, c'est compliqué. Mais avec un tout-petit, c'est facile. Il sera toujours avec nous, il sera bien. Il peut dormir n'importe où et n'importe comment, il ne remarquera même pas qu'on a changé de continent, il sera insensible au décalage horaire.

— Mais il y a urgence ?

— Oui, d'une certaine façon. J'aimerais le présenter à mon père. Je suis prêt à le revoir.

Je n'ajoute rien. J'imagine que quand on est prêt, alors l'urgence s'installe, surtout quand on craint que quelque chose n'intervienne qui rende la décision impossible à concrétiser.

— J'y ai pensé tout au long de ta grossesse. J'ai aussi mis de côté l'argent des billets. Je t'invite. Et je te demande comme une faveur de m'accompagner. Je ne veux pas me séparer de vous. Et je n'irai pas sans toi. J'ai besoin que tu sois avec moi.

Je réalise qu'il y a une chose à laquelle je n'ai pas pensé, moi, avant de faire un enfant avec Luc : l'idée ne m'a pas traversée qu'en faisant un bébé avec quelqu'un qui ne parle plus à son père, j'allais priver *mon* enfant de son quatrième grand-parent. Et ce sans même savoir pourquoi.

— Je vais chercher l'ordinateur. Je crois que pour faire faire un passeport on peut prendre rendez-vous en ligne.

Je m'occupe d'Ulysse, Luc de son père. Le passeport sera établi sous quinze jours, a annoncé l'agent de la sous-préfecture de police où j'ai déposé la demande après avoir fait poser Ulysse dans un studio photo homologué, mon bébé de trois semaines se tenant droit comme un sac de pommes de terre sur mes genoux dont la photographe a effacé toute preuve.

Luc a retrouvé la trace de son père. Si vite que je me demande s'il ne l'avait pas déjà cherché. Vincent (Luc porte un prénom d'un autre temps et son père aussi, comme s'il y avait eu inversion volontaire) réside à Galveston. Luc a son adresse.

Du Texas je ne connais les noms que de trois villes : Austin, Houston et Dallas, ton univers impitoya-a-ble. Galveston m'évoque l'Amérique profonde, une ville au sol sableux organisée autour d'une rue principale, un petit pays de ranchs et de saloons comme dans *Le train sifflera trois fois* dont j'ai revu des passages l'autre nuit pendant un biberon.

Je n'ai jamais mis les pieds aux États-Unis, je peux tout découvrir.

Avant de m'envoler, je dépose dans la boîte aux lettres de l'assurance-maladie un nouveau dossier complet. Il faudra bien que l'administration finisse par admettre ce qui s'est passé.

L'OFFICIER DE L'IMMIGRATION

— Pourquoi voyagez-vous avec un si petit bébé ?
— Nous venons voir de la famille.
— Hum. Et vous n'avez pas de mari ?
— Si, il est là, au début de la file.
— Allez le chercher. Si vous voyagez en famille, vous restez en famille.

MAINTENANT

Nous posons pour quinze jours nos bagages dans la vaste chambre d'un hôtel de Houston un peu excentré où nous avons fait monter un lit de bébé. Nous découvrons chaque jour quelque chose de nouveau, au rythme tranquille que nous impose la fatigue conséquence des nuits hachées. *Downtown* Houston, dont les tours grattent le ciel. Le parc national de Brazos Bend, pullulant d'alligators. Galleria, le plus grand *mall* de l'État. Un spectacle de rodéo, le sport national. Le marché mexicain. Un match de basket. Le Space Center de la NASA.

Comme un clin d'œil à Philae, ce robot retombé sur ses pieds, dans l'espace, peu de temps après que j'ai rencontré Luc.

Que nous visitons accompagnés de notre bébé-fusée.

J'étudie le rayon des laits pour nourrissons pendant que, dans l'allée voisine Luc, Ulysse dans le porte-bébé, hésite entre les bretzels au chocolat et le beurre de cacahuètes zébré de confiture de raisin pour le trophée de la pire aberration alimentaire.

— *A boy or a girl ?* me demande en désignant mon ventre une femme sans âge avec la décontraction dont sont coutumiers les Américains.

— *A boy !* réponds-je en souriant.

Il me faut plusieurs minutes pour réaliser que la femme n'a pas vu Ulysse. Qu'elle m'a posé la question en pensant mon ventre plein. Qu'un bon mois après mon accouchement, j'ai toujours l'air d'être enceinte.

Est-il judicieux de goûter au beurre de cacahuètes ?

Chaque soir, je constate que Luc n'a pas contacté son père. Peut-il nous laisser repartir sans l'avoir fait ? Se le pardonnerait-il, à présent qu'il a fait tant de chemin ?

À quatre jours du départ, j'aborde enfin la question. Nous passons certes de bonnes vacances, mais elles ont été motivées par un objectif précis, sans lequel nous n'aurions jamais choisi ce timing et cette destination. Luc quitte la chambre pendant presque une heure. J'ai peur de l'avoir brusqué. Après tout, peut-être qu'il ne peut pas. Peut-être qu'approcher son père ainsi, c'est le maximum dont il soit capable. Peut-être que je ne devrais pas m'en mêler.

— Ils nous attendent demain à 17 heures, m'annonce-t-il en revenant.

Mille questions embouteillent mon esprit. Je n'en pose qu'une :

— Il vit avec quelqu'un ?

— Oui. C'est à elle que j'ai parlé.

Ulysse dort sans problème dans le lit bleu marine et gris qui occupe un coin de la grande chambre. Nous avons détaché notre bébé de nous pour les nuits sans même nous en apercevoir. Personne ne semble en souffrir. Nous pourrons le faire dormir dans son lit à lui lorsque nous serons de retour en France. Tout est doux, même la fin de cette fusion-là.

DES SÉPARATIONS

Quitter mon corps ;
Regarder autour ;
Se nourrir autrement qu'à mon sein ;
Dormir hors de mon lit ;
S'apaiser ailleurs que dans mes bras ;
Entrer en communication avec des tiers ;
Sourire à un inconnu ;
Passer du temps sans moi ;
Marcher sans mon appui ;
Apprendre en mon absence ;
Aimer quelqu'un d'autre ;
Ne plus avoir besoin de moi.

MAINTENANT

Galveston est une cité balnéaire bâtie sur une presqu'île, au bord de l'océan Atlantique. J'ignorais que le Texas descendait jusqu'au golfe du Mexique. Le front de mer est une succession d'hôtels, de restaurants de crevettes et de boutiques pour vacanciers, et l'on pourrait se croire en Vendée ou le long d'une plage des Landes si tout n'était disproportionné, gigantesque, à l'américaine, fait pour les grosses voitures plutôt que pour les promeneurs en tongs. De promeneurs d'ailleurs il n'y a guère, nous sommes les seuls touristes à nous aventurer, à observer le parc d'attractions endormi sur la jetée, qui s'avance sur l'eau comme le bras pustuleux d'un géant, les vingt-cinq degrés de ce mois de mars n'attirant pas les autochtones jusqu'ici.

L'adresse du père de Luc nous conduit une poignée de miles plus à l'ouest. Nous laissons la ville derrière nous et découvrons un territoire paradisiaque : tout le long d'une plage presque sauvage s'alignent tels des échassiers des maisons de bois sur pilotis.

C'est dans l'une d'elles que vit Vincent, et je me demande ce que ses soixante-quinze printemps pensent des escaliers à grimper pour arriver jusqu'à la maison à proprement parler.

UNE RÉDACTION

Thème : la famille
Indique le titre de ta rédaction et explique en quelques lignes de quoi il s'agit

Titre : Lettre à mon nouveau papi
Sujet : Papa est parti en Amérique rencontrer mon papi que je ne connais pas. Comme il a son adresse, je vais pouvoir lui écrire une lettre et lui raconter ma vie.
Marie Bailly

(rappel : ton devoir est à rendre pour mardi 24)

MAINTENANT

Je vois Luc et son père s'observer chacun à la dérobée quand l'autre regarde ailleurs. Vincent fait la conversation, nous posant des questions sur notre séjour comme il le ferait à n'importe quels visiteurs de passage, nous demandant si nous n'avons pas été soupçonnés de trafic d'enfant à l'immigration avec un nourrisson. Martha sourit beaucoup mais reste silencieuse, sauf lorsqu'elle nous propose, pour accompagner les jus de fruits qu'elle a servis, une part du gâteau aux patates douces et à l'ananas qu'elle a confectionné – une spécialité mexicaine. D'un coffret en bois posé au niveau inférieur de la table, Vincent, qui a vendu son ranch pour acheter cette maison face à l'océan, extirpe une boîte en fer-blanc à demi pleine de palets bretons. Luc en prend deux. Il avale le premier et croque dans le second.

— C'est mon péché mignon, commente Vincent. Impossible à trouver au Texas.

— Je suis désolé, s'excuse Luc. En France il y en a dans le premier supermarché venu, je ne veux pas te priver de ce qui est si rare ici.

— Ça me fait plaisir, au contraire, affirme son père. Tu as toujours adoré ça.

Les sourires timides fleurissent le silence dans lequel Martha remplit à nouveau les verres.

Ça n'est pas possible, cette rencontre après vingt ans de silence ne peut pas se limiter à ça, ça ne peut pas être juste ça, du jus de fruits et du gâteau, des considérations au sujet des palets bretons, il faut que je trouve quelque chose à dire, quelque chose à faire pour que s'invitent à cette table les événements des années de silence, que soient également convoquées Justine et Marie, alors je regarde mon bébé à qui j'ai mis une couche propre juste avant que nous n'arrivions et je dis, en m'adressant à Martha :

— Où est-ce que je pourrais changer Ulysse ?

Elle me mène à une grande chambre, derrière la cuisine. Le lit est bordé à la perfection. Martha déplie une grande serviette et sourit à Ulysse. Il n'y a rien dans la couche, bien entendu.

Je ne sais si Martha reste auprès de moi par intérêt pour le bébé, par crainte qu'il me manque quelque chose ou parce qu'elle a compris ma manœuvre. Puis elle va chercher dans une pièce voisine la guirlande de boules de laine qui nous permettra de rester un moment à jouer sur le lit, et je ne me pose plus la question.

UNE OPTION

Aux États-Unis, une pratique a fait son apparition : il s'agit du « *rehoming* », soit le fait de proposer à d'autres l'enfant que l'on a adopté et dont on ne veut plus. Ces adoptions « de seconde main » sont facilitées par Internet et les réseaux sociaux, sur lesquels se multiplient les petites annonces de parents – parce que l'enfant a une personnalité trop marquée, parce que le courant ne passe pas après quelques jours de vie commune ou simplement parce qu'ils ont changé d'avis. On pense inévitablement aux animaux abandonnés sur le bord de la route au début des vacances d'été. Mais des associations vont plus loin en organisant des défilés au cours desquels ces « enfants jetables » sont présentés à de potentielles familles d'accueil. Une sélection sur catalogue contre laquelle les aspirants parents doivent débourser l'équivalent de cinq mille euros, soit moitié moins que s'ils passaient par une procédure d'adoption classique –, et ils s'épargnent les difficultés administratives.

Dans quarante et un États, la législation américaine permet de confier la garde d'un enfant à un autre adulte par simple procuration. La procédure, à l'origine destinée aux situations temporaires, permet de se débarrasser d'un enfant en toute légalité, et en l'absence de tout contrôle quant au foyer où il atterrit.

En grandissant, les enfants parlent parfois ; certains ont ainsi pu être « donnés » cinq ou six fois au cours de leur enfance. Ils sont en outre les proies idéales de prédateurs sexuels, puisque le profil des adoptants ne fait l'objet d'aucune vérification.

Ce marché de « l'enfant d'occasion » est considérable : on estime que vingt-cinq mille enfants, soit un quart des enfants adoptés, sont abandonnés par leurs nouveaux parents. Aux États-Unis, les services sociaux n'assurent pas le suivi des enfants adoptés. Le député James Langevin, qui a lui-même été adopté, a déposé un projet de loi national visant à interdire la réadoption.

MAINTENANT

Je ne pose pas de questions, je jugerais cela déplacé, de le faire maintenant sinon de le faire tout court, mais je dois sacrément interroger Luc du regard car il me répond :

— Parfois, un événement pour lequel on en veut à quelqu'un n'a pas été vécu de la même façon par cette personne. Parfois même, l'événement n'existe plus pour cette personne.

— Alors ?

— Alors la rancœur est inutile. Elle ne sert qu'à se torturer vainement.

Et il ajoute :

— Merci.

Puis Luc m'embrasse.

Dans la mythologie, Ulysse part à la guerre alors qu'il est tout juste père. Son odyssée le mène jusqu'aux Enfers avant qu'il ne retrouve sa femme et son fils.

Vincent vient chaque année en France, avec Martha, pendant l'été. En août, nous le reverrons et il rencontrera Justine et Marie. Les traits que l'on tire ne sont pas forcément définitifs.

On se croit parfois victime d'autrui. On oublie qu'on peut facilement être son propre bourreau. Ils sont nombreux ces barrages qu'on érige plus facilement qu'on ne les autorise à céder. Je fredonne *L'Amérique* de Joe Dassin. J'en connais un autre, qui en revient plus riche qu'avant.

Alors que je faisais danser les boules de laine au-dessus du visage d'Ulysse, j'ai demandé à Martha si elle avait des enfants.

— Deux, a-t-elle répondu. Une fille et un garçon. Je les ai adoptés tous les deux. Et je suis devenue mère deux fois de la même manière, à l'instant précis où j'ai croisé leur regard à l'orphelinat.

Combien Luc a-t-il dépensé pour les billets d'avion ? Deux mille euros, peut-être un peu plus, nous ne les avons pas réservés longtemps à l'avance. Mais peu importe le prix. Ce que ce séjour lui a rapporté est mille fois plus précieux.

Tandis que je me laisse embrasser à nouveau, je réalise que le prénom Ulysse se fête le 4 juillet, jour de l'indépendance américaine.

Et que le pardon, parfois, est simple comme un voyage au Texas.

Je ne pose pas de questions mais à la fin du vol retour, Luc, lui, m'en pose une seule :

— Tu veux m'épouser ?

UN JOUR, MON PRINCE

Viendra ;
M'aimera ;
M'écoutera ;
Me parlera ;
M'amusera ;
M'étonnera ;
Me séduira ;
Me plaira ;
M'aimera ;
Me fécondera ;
M'emmènera ;
M'émerveillera ;
M'aimera ;
M'épousera.

MAINTENANT

« Le baiser est la plus sûre façon de se taire en disant tout », a écrit Maupassant. Je ne comprends pas toujours la signification des baisers de Luc. J'étais en tout cas passée à côté du sens de celui qu'il m'a donné lorsque j'ai proposé qu'on se marie. Pourquoi, en l'absence de réponse, envisager le pire ? Je dois apprendre à me détendre davantage.

Cela tombe bien. Meredith va se faire masser, Patrice lui a offert une après-midi dans un espace bien-être, elle me propose de l'accompagner. La perspective de ce massage devient une idée fixe, une obsession. Pourquoi n'y ai-je pas pensé plus tôt ? Voilà un moyen de me sentir mieux dans mon enveloppe, d'accélérer le processus dont les retrouvailles avec mon corps seront l'issue.

Nous bavardons dans le bassin à jets jusqu'à l'heure de notre rendez-vous, sous une de ces verrières qui envahissent les arrière-cours parisiennes. Je ne dis rien du mariage encore, je prolonge le secret. À 16 heures précises, deux masseuses viennent nous chercher. Elles affichent les sourires d'usage, chaleur professionnelle, considération exagérée à l'égard de la clientèle. Celui de la masseuse dédiée à Meredith change lorsqu'elle aperçoit son ventre. Ce n'est plus le sourire d'une masseuse payée à la commission mais le sourire d'une femme, d'une mère, d'une sœur, d'une complice.

Dans la cabine à la lumière tamisée, j'annonce à la mienne qui me demande si elle doit prendre certaines précautions que j'ai accouché récemment par césarienne, que la cicatrice est encore sensible.

— Pourrai-je tout de même vous masser le ventre ?

Pas d'autre remarque, pas d'autre question. L'enfant que j'ai mis au monde n'existe pas. Je ne suis plus que moi, avec un ventre et rien dedans.

Être enceinte ne se vit qu'au présent. Avoir été enceinte – tout le monde s'en fiche.

Pour les gens que je rencontre, je suis un corps flasque. Une coquille vide.

Cette idée m'est insupportable.

À *L'ORCHESTRE*

Meredith ne sort plus, recommandation du médecin qui l'a arrêtée plus tôt que prévu. Elle navigue de son lit au fauteuil relax du salon en avalant des litres de thé glacé, seul moyen de supporter les nausées qui font d'elle une mer déchaînée du matin au soir. La grossesse n'est pas une maladie, serine la *vox populi*.

— C'est un lendemain de cuite qui dure depuis sept mois et demi.

— J'espère que la fête a été bonne et que tu en as bien profité.

— Je n'ai profité de rien du tout et il n'y a pas eu de fête. C'est une injustice totale.

La persistance des nausées chez Meredith me renvoie à cette théorie échafaudée pendant que j'attendais Ulysse quant à leur caractère psychologique. Meredith qui a tellement souhaité avoir un enfant subit sa grossesse. Au quatrième mois, Patrice lui a lâché :

— Moi, les bébés, avant deux ans, ça ne m'intéresse pas. Je n'arrive pas à communiquer avec eux.

Nul besoin de traducteur pour comprendre « pendant vingt-quatre mois, les nuits c'est toi, les couches c'est toi, les biberons c'est toi ; tu as voulu un enfant, tu prends tes responsabilités ». Les nausées du premier trimestre ont renoncé à lever le camp. Ce n'est pas à Meredith que je peux dire que lorsqu'on a connu l'état « enceinte », ne plus l'être paraît d'une inénarrable fadeur.

Que restera-t-il de cela lorsque l'enfant aura grandi ? La femme – puisque le bébé est bien de sexe féminin et se prénommera Augustine – se sentira-t-elle empêchée, dans un aspect ou un autre de sa vie, d'avoir commencé comme cela ?

Meredith m'envoie des messages dans lesquels elle me raconte le rêve qu'elle fait de façon récurrente : elle tient dans ses bras un bébé de quinze centimètres dont la tête est détachée du corps – mais l'enfant va bien. Quand elle se réveille, heureusement, Patrice est à ses côtés.

Lorsque Meredith remettra les pieds à *L'Orchestre*, il y aura aussi les roues d'une poussette. C'est à Nadia que j'y ai donné rendez-vous aujourd'hui. Nadia est photographe et, parce que jamais aucune femme de sa famille ne lui a parlé de son accouchement, Nadia a toujours pensé qu'elle enfanterait par césarienne. Elle s'était préparée à ce passage « par le haut ». Elle a été très surprise que ses fils naissent par voie basse. Depuis, entre deux commandes – Nadia est photographe politique –, elle photographie des ventres, en quête de la cicatrice qu'elle n'a pas, et cherche à comprendre pourquoi elle n'a pas eu les accouchements qu'elle imaginait. C'est comme pour les cheveux, aucune petite fille n'est satisfaite, celles qui les ont raides les veulent frisés, celles qui les ont crépus les rêvent baguettes de tambour.

Nadia et moi avons des choses à nous dire.

NADIA

Nadia allaite Romain, bébé adoré, attendu, espéré en tant que garçon. Elle produit un lait riche en grande quantité, qui nourrit à satiété l'enfant pendant dix-huit mois.

Elle est en train de passer au biberon lorsqu'elle réalise qu'elle est à nouveau enceinte. Ce n'était pas prévu, elle rêvait d'un écart de quatre années, l'optimum selon elle. Que ce soit une fille serait une maigre consolation – mais une consolation tout de même, puisque Nadia et son mari ont décidé de *garder le bébé*.

C'est à nouveau un garçon. C'est Louis qui pointe le bout de son nez, pour le bonheur de son papa. Nadia, qui a pleuré lorsque l'échographiste lui a révélé le sexe de l'enfant qu'elle portait, fait contre mauvaise fortune bon cœur. Et met son bébé au sein, comme le premier.

Elle produit un lait clair, en quantité insuffisante pour nourrir Louis, trois semaines après la naissance apparaît une crevasse qui bientôt s'infecte, Nadia est hospitalisée, naturellement il n'est plus question d'allaiter Louis ; resté seul à la maison avec ses deux garçons son papa s'occupe de le sevrer.

Dans la famille, cet épisode devient légendaire, « quand Louis a mordu le sein de maman », et toute sa vie Louis s'entendra reprocher, d'une manière détournée, de n'avoir pas été celui qu'on attendait.

MAINTENANT

Nous avons acheté le porte-bébé à la fin de ma grossesse. L'objet était suspendu en vitrine par d'invisibles fils qui donnaient l'illusion qu'un bébé y logeait. À l'arrière-plan était affichée la photographie d'une femme asiatique, de trois quarts, portant haut sur son dos un jeune enfant maintenu par des bandes de tissu, devant un paysage de rizières s'étendant à perte de vue.

Les premiers temps, Luc s'en servait puisque j'avais ordre de me ménager. À présent, je me harnache à mon tour, ravie de cette possibilité offerte de câlin ambulant, de prolongement de la grossesse.

Luc me demande de prendre mille précautions : « avec un porte-bébé, tu ne vois plus tes pieds ni l'endroit où tu les poses » ; « avec un porte-bébé, ton centre de gravité est déporté vers l'avant, tu peux plus facilement tomber » ; « avec un porte-bébé, tu ne passes plus partout de la même manière ». La chaleur sur l'abdomen et le volume nouveau du corps, le manteau qui ne s'attache pas et les regards extérieurs bienveillants. Luc découvre et m'avertit. Il oublie que j'ai découvert tout cela avant lui : j'ai été enceinte.

Le porte-bébé est un instrument de l'égalité entre les sexes. Une belle invention.

Cependant que celui qu'on y installe chaque jour ne cesse de nous enchanter et de nous émerveiller.

Ulysse est un faiseur de miracles. Les gens voient en lui un parfait mélange de nos deux visages, auxquels ils trouvent des similitudes dont ils ne s'étaient jamais rendu compte auparavant. Ulysse a fait que Luc et moi nous ressemblons.

Ulysse a rendu évident aux yeux de tous ce que Luc et moi savons depuis longtemps.

LA GYNÉCOLOGUE DES MYRTES

— Alors, je reprends votre dossier... C'était un siège, c'est ça ?

— Oui.

— Oh, un siège défléchi !

— Oui, il avait la tête très en arrière.

— C'est le genre de cas qu'on apprend dans les livres, on sait que ça existe mais... personnellement, c'est la première fois que j'en rencontre un. Et quel médecin s'est occupé de vous, laissez-moi voir ? Oh, Selim. Lui pourtant, il tente la voie basse aussi souvent qu'il peut. C'est vraiment qu'il ne devait pas avoir le choix.

— C'est ce que j'ai compris, oui.

— Vous attendiez autre chose ? Vous *espériez* autre chose ?

— J'ai été suivie au NID jusqu'à mon neuvième mois. Alors en effet, une césarienne, ce n'est pas vraiment ce que j'avais envisagé.

— Est-ce que vous êtes déçue ?

— Déçue...

— Dites-moi.

— Je ne sais pas ce que c'est qu'accoucher.

— Bien sûr que si. Vous savez ce qu'est donner la vie. Mettre au monde. Et vous savez ce qu'est accoucher par césarienne. Chaque femme en sait autant, puisqu'elle a vécu son propre accouchement et qu'il n'y en a pas deux pareils. Comment va votre cicatrice ? Elle vous tire un peu ?

— Seulement quand il pleut. Mais elle est encore très visible. On m'a conseillé de la masser avec des huiles essentielles, vous en pensez quoi ?

— Je ne sais pas si c'est vraiment efficace, mais enfin ça ne peut pas faire de mal. Quelles huiles vous a-t-on conseillées ?

— Rosier, argan, lavande, hélichryse, ciste…

— Hum. Vous pouvez rajouter le myrte.

— Le myrte… comme les Myrtes, ici ?

— Oui. Le myrte est cicatrisant.

MAINTENANT

Je reviens avec émotion dans les lieux arpentés quand Ulysse n'était encore que l'idée d'Ulysse et je m'interroge : qu'est-il advenu dans l'intervalle ? Où ai-je disparu entretemps ? Je n'ai rien vu, rien compris.

Chaque fois que je passe devant le laboratoire du début de l'histoire, je me trouve aussi émue que si c'était là qu'Ulysse avait été conçu ou imaginé. Il y a un peu de ça sans doute ; puisque c'est là que son histoire a commencé. Que *notre* histoire a commencé.

Aujourd'hui me voilà, je suis toujours moi et pourtant j'ai un bébé, une bague à l'annulaire et je vais épouser l'homme qui m'a offert les deux. Nous prévoyons quelque chose de très simple, un mariage comme une après-midi au jardin l'été prochain, avec pas plus d'une trentaine de personnes. Ma place dans le monde a changé ; il va falloir un certain temps pour que je m'y habitue.

Et je me rends au cabinet de sages-femmes pour la première séance de rééducation de mon périnée. Dans la salle d'attente est encadrée une de mes photos, la série que j'ai réalisée pour la maternité des Myrtes a été tirée à grande échelle. Je ne suis pas étonnée mais je mentirais en disant que cela ne me touche pas. Je fais cependant mine de rien et prends place au milieu des femmes à gros ventre qui mangent éhontément des yeux Ulysse le magnifique en espérant couver aussi mignon.

La sage-femme qui m'accueille se prénomme Laure. Pendant qu'elle me fait faire mes exercices, je la questionne sur la nécessité de rééduquer son périnée lorsqu'on a accouché par césarienne.

— Toutes les femmes en ont besoin, en réalité. Indépendamment de l'accouchement. Le périnée travaille chaque fois que vous portez quelque chose, que vous secouez la couette, que vous éternuez, et même à chaque éclat de rire. Il est particulièrement mis à l'épreuve pendant la grossesse en raison du poids qu'il supporte, mais les femmes qui ont le périnée dans le pire état, je vais vous dire, ce ne sont pas celles qui ont eu un accouchement difficile mais les caristes, qui portent des charges à longueur de journée, et les allergiques chroniques, au pollen par exemple, qui éternuent à tout bout de champ.

Laure est très jeune, et je comprends qu'elle n'a pas d'enfant. Je ne peux m'empêcher de penser à Maryline, qui en a eu quatre avant de se reconvertir et de décider de transmettre ce qu'elle avait compris des femmes à partir de sa propre expérience. Je ne peux m'empêcher de penser au chirurgien-gynécologue Michel Odent, qui dans ses livres suggère que la première condition pour devenir sage-femme – ou pour qu'un médecin se spécialise en obstétrique – pourrait être le fait d'être mère et d'avoir une expérience personnelle de l'accouchement non perturbé.

Lorsque j'appelle pour prendre un nouveau rendez-vous le mardi matin, Laure dont je reconnais la voix m'indique que c'est impossible ce jour-là et se justifie :

— Je suis pleine.

UNE AMIE

— Non, moi je n'ai pas besoin de faire de la rééducation du périnée, c'est bon.

— Comment ça, c'est bon ? Tout le monde en a besoin, en fait. Et en plus, tu as accouché par voie basse…

— Oui mais moi on m'a dit que j'étais OK à ce niveau-là, je suis suffisamment musclée, c'est bon. Toi tu dois le faire, malgré ta césarienne ?

— Oui, on m'a prescrit les dix séances que l'on donne à toutes les femmes, normalement…

— Pour une césarienne, je pensais pas. Moi j'ai pas eu d'ordonnance. Ça doit être qu'il y a vraiment du boulot !

MAINTENANT

La rééducation du périnée est une expérience de soi fascinante. Laure égrène les éléments que je dois visualiser en contractant le muscle, un pont-levis, une herse, des vagues, les portes d'un ascenseur, le portail d'une grande église. Je les personnalise, le pont-levis et la herse du château de Mareuil, les vagues de la plage de Jard-sur-Mer, l'ascenseur de mon ancienne agence, l'entrée de la cathédrale de Strasbourg. Chaque fois elle me félicite, car malgré le scepticisme que je n'hésite pas à exprimer la représentation mentale fait travailler la zone adéquate – le muscle transverse, le muscle profond, le muscle supérieur…

Le mystérieux pouvoir de ces visualisations va plus loin : si j'imagine que ma vessie est une montgolfière, je peux maintenir le ballon si haut au-dessus de moi que je me retiendrai d'uriner aussi longtemps que nécessaire. Je sais que de la même manière, certaines femmes se passent de protections périodiques en retenant le sang. Je n'y croyais pas. Je commence pourtant à admettre cette capacité.

Je commence à admettre que pour ce qui concerne le corps, l'esprit peut être le seul maître.

Au bout de je ne sais combien de démonstrations.

L'assurance-maladie me rembourse les séances avec Laure mais pour le reste, elle semble m'avoir définitivement oubliée.

Dans la salle d'attente avant de voir Laure, j'ai feuilleté le *ELLE* posé en haut de la pile. Je me suis arrêtée sur une page de la fin, l'une de ces pages que je zappe d'ordinaire, tout comme celles qui concernent les enfants. Son titre : « Chouchoutez votre périnée ! »

DANS LA PRESSE

Buzzomètre - L'air du temps en coup de vent

① La star : Natalia Vodianova

Parce qu'un mois après la naissance de son cinquième enfant, elle a défilé pour Givenchy[1].

1. *ELLE* n° 3681, 8 juillet 2016.

MAINTENANT

La mère de Luc s'emploie à devenir ma belle-mère.

Elle me questionne sur mes projets.

Elle demande à voir mes photos.

Elle s'intéresse au plus haut point à tout ce qui concerne Ulysse.

Elle me parle de sa vie de mère.

Elle me confie à propos de Luc enfant des choses que même lui ne sait pas.

Je l'écoute.

Je lui réponds.

J'accueille ses confidences à la mesure de leur importance.

Je lui envoie par e-mail des photos d'Ulysse.

Nous avons parfois des conversations dont je ne rends pas compte à Luc.

La mère de Luc m'adopte sans *a priori*.

Et je m'emploie à devenir sa bru. Je réalise qu'elle n'en a plus depuis que son fils a quitté la mère des filles.

La situation me va. Dans « belle-mère », après tout, il y a « mère ».

MA BELLE-MÈRE

— Eh bien voilà, il y aura tout de même eu un garçon dans cette famille ! Les cousins de Luc n'ont fait que des filles, eux aussi. Deux filles et un garçon, c'est très bien, je suis une grand-mère comblée.

— Et qui sait, il y aura peut-être un autre garçon un jour…

— Un autre garçon ? Ça va peut-être faire beaucoup, à force…

— Ulysse est mon premier bébé, à moi.

— C'est vrai. Je n'avais pas vu les choses comme ça.

UNE PERSPECTIVE

En avril 2016, une Indienne de soixante-dix ans donne naissance à son premier enfant, un garçon. Elle a eu recours aux services d'une clinique spécialisée de l'État de l'Haryana et à une fécondation *in vitro*. Daljinder Kaur est mariée depuis quarante-six ans. En Inde, un couple sans enfant subit de la part de son entourage un certain mépris, l'infertilité étant considérée comme une malédiction voulue par Dieu. Une publicité pour la FIV a changé le destin des époux. Dans un communiqué, le National Fertility and Test Tube Centre a affirmé que l'enfant était « en bonne santé et plein d'énergie ».

L'événement fait débat chez les professionnels de l'obstétrique, qui évoquent les risques pour la santé de la mère ainsi que des questions d'éthique. Il semble difficile de savoir si la fécondation a été obtenue en utilisant les ovules de la mère ou un don d'ovocytes. En revanche, il n'y aurait pas de doute quant à l'origine du sperme : c'est celui du mari, âgé de soixante-dix-neuf ans.

Le record mondial est détenu par une autre Indienne, qui a accouché en 2008 de jumeaux également conçus par fécondation *in vitro*. La jeune mère était alors âgée de soixante-douze ans.

En France, les grossesses dites tardives (après quarante ans) concernent environ 3 % des femmes ; elles ont été multipliées par deux en vingt ans.

Au-delà de cinquante ans, on parle de grossesses « ultra-tardives ».

MAINTENANT

Aujourd'hui ce n'est pas Laure mais Sabine, sa collègue. Elle m'accueille par un : « C'est vous, la photographe ? » à peine la porte refermée. Ma fiche de renseignements a été consultée.

Elle s'extasie sur la beauté de mon bébé et la fermeté du périnée qui l'a porté. Tout au long de la séance, avec des intonations un peu empruntées, elle me pose mille et une questions sur mon métier, ma vie de photographe, les gens connus que je connais.

Je lui réponds en me retenant de lui dire – après tout, c'est ici qu'on m'a appris à me contenir – que je suis là non pas en tant que photographe mais en tant que femme devant rééduquer son périnée, cependant que je contracte mes muscles autour de la main qui est dans le gant qui est dans mon sexe.

DANS UN LIVRE

« Nous avons vu chacun de nos amis disparaître une fois changés en parents, devenir méconnaissables, inaccessibles. Nous avons vu nos amis tout entiers happés par leur progéniture, obsédés par la température du biberon, la qualité des couches, la sécurité de la table à langer. Nous avons assisté à la rapide dissolution de nos amis, leur façon de renoncer à toute conversation n'ayant pas trait à leur enfant, leur façon de penser leur enfant unique, doté de capacités incomparables. Nous avons pris peur en voyant les filles se changer en mamans, mâchant la nourriture pour leur enfant, suçant la tétine tombée par terre, donnant le sein au milieu des convives. Nous nous sommes inquiétés en assistant au spectacle de nos amis se métamorphosant en parents jaloux, qui voient éclore leur instinct de protection, leur goût du confort, l'explosion de leurs penchants "petits-bourgeois". Nous avons assisté, médusés et tristes, au renoncement des idéaux de nos amis qui, après avoir prétendu œuvrer pour un monde plus juste, se sont contentés de signer des pétitions pour qu'ouvre une crèche dans leur quartier. »

MAINTENANT

Nous faisons l'acquisition d'une poussette. La vendeuse dont le badge affirme qu'elle se prénomme Alma nous propose un modèle évolutif, puis un modèle tout-terrain, puis un modèle 3 en 1. Nous voulons une poussette simple pour asseoir Ulysse, qui jusqu'alors ne connaît le monde dehors que vu de ma poitrine ou de celle de Luc. Pas une Rolls, ni un Touareg, ni une Smart. Une Clio ou une 206 conviendra. N'importe quel véhicule capable de rouler, en réalité.

La vendeuse paraît déçue. Nous considère-t-elle comme des sous-clients ? Est-elle commissionnée sur les Mac Laren ? La poussette est un signe extérieur sinon de richesse, du moins d'appartenance à une catégorie sociale. Les propriétaires de Xplory ou de Yoyo se reconnaissent entre eux.

Nous installons Ulysse dans la poussette. Je pousse la poussette dans laquelle est installé Ulysse. Et c'est comme une déclaration. Un *coming out*. La fin de la clandestinité dans laquelle nous maintenait le porte-bébé. *Hello world*, voici notre enfant. Nous sommes prêts à le partager avec toi. À te le montrer. Tâche d'être à la hauteur.

Avant que nous nous envolions pour le Texas, j'ai mis en ligne le montage des photos de mon ventre – sans bien savoir pourquoi. La chose est devenue virale. *DEHORS->/<-DEDANS* a été vu 1,4 million de fois. Un festival de films réalisés avec un téléphone portable m'a demandé de bloquer une date à la rentrée. *DEHORS->/<-DEDANS* est en finale.

— Ton ventre va devenir un phénomène ! s'amuse Luc.

Sa voix est couverte par une autre. Depuis hier, Ulysse fait des vocalises intenses.

Voilà bien le seul phénomène qui ait de l'importance.

ALMA

Alma va fêter ses trente ans en juillet. D'ici là, Grégoire et elle auront fini les travaux dans la maison qu'ils viennent d'acheter, ils auront aussi fini la terrasse, sur laquelle seront célébrés en même temps que l'anniversaire d'Alma leur achat immobilier et leur amour. Les amis et la famille sont prévenus, la date est fixée.

Mais le ventre d'Alma durcit et ses seins grossissent, et le temps qu'elle comprenne ce que son corps lui dit il est trop tard pour envisager autre chose que mener la grossesse à son terme. Grégoire est fou de joie, après tout c'est pour ça qu'ils ont choisi une maison avec trois chambres, et que cela arrive plus tôt que prévu ne lui pose aucun problème.

Mais Alma s'emmure dans sa contrariété, elle ne déteste rien tant que de voir ses plans bousculés, le timing était déjà serré mais désormais, avec elle obligée de se reposer, jamais la terrasse ne sera terminée à temps – ni le reste des travaux. La fête doit être annulée. Reportée, dit Grégoire qui voit le bon côté des choses.

Alma accouche en avance, deux jours après que le gynécologue lui a dit : « Si votre bébé naît maintenant il sera viable. » Elle accouche comme on s'en débarrasse, elle l'expulse pour s'en délivrer.

C'est une fille, qu'ils prénomment Lucie.

Dès que la fillette a poussé son premier cri, Alma roule sur le côté. Elle ne veut pas la voir, pas tout de suite. Grégoire prend l'enfant dans ses bras, ouvre sa chemise pour déposer le nourrisson sur son torse comme on le lui a dit. Alma ne l'allaitera pas, elle ne veut pas, elle tient trop à ses seins qui de toute façon ne sont pas faits pour ça. Au bout d'une heure, la petite Lucie cherche à téter le sein de son papa.

Alma regarde enfin sa fille mais de tout son séjour à la maternité, jamais elle ne la prend dans ses bras. Grégoire est là pour ça.

La petite famille rentre à la maison, on installe Lucie dans sa chambre toute neuve et là encore c'est Grégoire, et seulement Grégoire, qui s'en occupe. Il est trop accaparé par la petite pour faire autre chose que demander à Alma de prendre rendez-vous pour parler à quelqu'un de cet évident rejet.

Lucie a seize jours lorsqu'elle se met à pleurer alors que Grégoire est sous la douche. Alma quitte son lit, mollement, marche jusqu'à la chambre de l'enfant et la sort du lit. Elle la prend dans ses bras et la serre fort. Alma pleure tellement que Lucie cesse de le faire. Alma pleure les seize jours d'absence et toutes les mauvaises pensées. Elle demande pardon à son bébé.

À sa façon, son bébé le lui accorde.

En fin d'année, Alma demande à Grégoire un second bébé pour pouvoir recommencer, mais cette fois en étant là dès le départ.

MAINTENANT

« Fruité et gourmand au goût acidulé, assorti d'une note fraîche et délicate évoquant la rose et la pivoine, ce mariage parfumé de thés verts et noirs est sublime ! Brillante et douce, sa tasse élégante est idéale pour fêter toute l'année la plus belle maman du monde ! »

Le thé a pour nom « Jolie maman », il est parfumé à la fraise, au lotus et au litchi, il m'a été offert par une amie pas si proche, dans un paquet qui contenait aussi un livre pour Ulysse.

Une ménagerie complète de doudous, des tenues de petit garçon pour maintenant dans trois mois dans six mois dans un an, des premières lectures et des livres musicaux, deux mobiles, des jouets d'éveil, pour le bain, pour les dents, des hochets, un lézard et un bateau d'activités, des pyjamas et des turbulettes, plusieurs couvertures, des bavoirs amusants, des chapeaux, des bonnets, des casquettes, des chaussons tricotés par toutes les mains âgées de l'entourage, des chaussettes et des capes de bain plus douces les unes que les autres... Ulysse est gâté. Les gens pensent à tout, y compris à ce dont nous avons besoin sans le savoir. Boîte à musique et collier d'ambre, puzzle et imagier, ciré jaune et tour de lit. Je suis touchée par les présents autant que par les gestes qu'ils représentent, par le soin avec lequel ils ont été choisis, par les cartes qui les accompagnent.

Pour moi spécialement, seulement ce thé « Jolie maman ».

C'est bien ce qui me semblait : je n'existe plus désormais que pour ce que j'ai produit.

LE PÉDIATRE

— C'est votre premier enfant ?
— Oui.
— L'accouchement s'est bien passé ?
— Ulysse est né par césarienne. Il était en siège défléchi.
— Ah oui ? Alors comme ça, bonhomme, on a voulu embêter maman ?

MAINTENANT

Deux jours de reportage loin de mes hommes. En fin de journée, un dîner d'équipe s'organise. Nous sommes cinq, uniquement des femmes, dont quatre avec enfants. C'est mon premier dîner de filles depuis la naissance d'Ulysse. Nous parlons un peu du reportage puis beaucoup de tout sauf ça. Et la conversation dévie sur la maternité. Après le plat je ne tiens plus, je montre la photo d'Ulysse prise juste avant mon départ, un portrait en gros plan sur lequel on le voit rire aux éclats, les yeux qui pétillent. On s'extasie, une fois, deux fois, trois fois, et tandis que je dirige l'écran de mon téléphone vers ma dernière camarade de tablée, celle qui n'a pas d'enfant, mon geste se brise. Je suis en train de faire ce dont j'ai souffert. Et j'ai enclenché un mécanisme inévitable : trois autres écrans s'éclairent de visages poupins.

Par quel mystère oublie-t-on, aussitôt qu'on a des enfants, celle qu'on a été avant d'en avoir ?

Le lendemain, au réveil, j'ai un message : l'assurance-maladie vient de procéder au paiement de l'intégralité des sommes qui me sont dues au titre du congé de maternité. Enfin, on a reconnu l'événement le plus notable de mon année. Voilà un dossier que je peux refermer.

Au même moment, la mère de Luc m'installe chez elle. Elle a acheté un tirage de la série « Enfances », fruit de mes pérégrinations dans les lieux où jouent les plus jeunes. C'était l'été dernier, Ulysse était dans mon ventre.

À contre-jour, trois tout-petits s'éclaboussent dans les jets d'eau de la place de la République. Les gouttes qui scintillent paraissent dorées bien que l'image soit en noir et blanc. On entend leurs rires rien qu'en regardant la photo. Un instant de grâce.

Le tirage trône sur le mur du salon, au-dessus du canapé.

Une photographie prise par moi exposée dans son intérieur à elle. Je ne sais pas qui, d'elle ou de moi, en est la plus fière.

À *L'ORCHESTRE*

Je ne fais plus que passer devant. Les garçons doivent avoir oublié mon visage et mes habitudes, même le serveur sympathique ; Paris regorge de clientes comme Meredith et moi.

Je suis au pied des marches de l'Opéra lorsque mon téléphone sonne.

— J'ai des contractions hyper rapprochées, j'ai pas perdu les eaux mais je sens que c'est pour maintenant, je pars à la clinique, tu peux me retrouver ? crie Meredith en proie à la panique. Je veux pas accoucher toute seule !

— Mais… et Patrice ?

Il n'a jamais été question que je sois plutôt que lui aux côtés de Meredith à la maternité.

— Il est en déplacement, il est en Italie, je l'ai prévenu mais il ne pourra pas être là avant demain matin, s'il te plaît viens, je t'en supplie, je veux pas accoucher toute seule.

Je maudis brièvement Patrice d'avoir osé partir en déplacement à une semaine du terme de la grossesse de Meredith. Puis je pense à la course que j'étais sortie faire, à Luc et Ulysse qui m'attendent à l'appartement. Ça ira.

— J'arrive.

Et je m'engouffre dans le métro pour prendre la direction du sud de Paris.

MAINTENANT

Je n'avais pas envisagé de mettre les pieds en salle d'accouchement pour une autre naissance que celle de mon enfant. Mais la vie n'est qu'une suite d'imprévus, qui fuit les prédictions dans lesquelles on tente d'enfermer l'avenir.

Les salles d'accouchement sont au rez-de-chaussée – ici, ils disent rez-de-jardin pour souligner la présence de massifs de fleurs de l'autre côté du couloir.

J'ai retrouvé Meredith dans le hall de la clinique, elle venait d'accepter le fauteuil roulant qu'on lui proposait. J'ai poussé le fauteuil dans le couloir où l'infirmière nous enjoignait de la suivre, couloir où une dizaine de femmes à gros ventre, allongées sur des bancs ou assises, le buste penché en avant, attendaient qu'on s'occupe d'elles.

— Pourquoi y a-t-il autant de monde ?

— C'est la pleine lune, on ne s'en sort pas. Pour celles-ci, c'est trop tôt pour aller en salle d'accouchement mais trop tard pour qu'on les renvoie chez elles, alors on les garde.

Meredith, qui a des idées bien différentes des miennes sur à peu près tout a choisi une clinique privée ; je ne peux m'empêcher d'imaginer le symbole € scintillant sur les ventres de chacune des futures accouchées. Mais l'heure n'est pas au mauvais esprit.

Meredith me broie la main à intervalles réguliers tandis que je lui rappelle les différentes positions dans lesquelles elle peut accoucher.

— Vous êtes du métier ? Médecin, sage-femme ? me demande l'infirmière en haussant le sourcil.

— Non.

— Alors laissez-nous faire notre travail, madame, s'il vous plaît.

Le miracle se produit soudain. La porte s'ouvre, et les traits de Patrice apparaissent.

— J'ai réussi à attraper l'avion de fin de journée !

Le visage de Meredith change de couleur. Je peux passer le relais. Je m'éclipse. C'est pleine lune, mes hommes m'attendent. Je rentre à la maison.

COMME MÈRE

Le pédiatre me valide comme mère.
Le pharmacien me valide comme mère.
La dame de la PMI me valide comme mère.
La vendeuse de chez Petit Bateau me valide comme mère.
Meredith me valide comme mère.
Ma sœur me valide comme mère.
Mon père me valide comme mère.
La mère de Luc me valide comme mère.
Justine et Marie me valident comme mère.
Luc me valide comme mère.
Ulysse me valide comme mère.
L'assurance-maladie me valide comme mère.

Mais je ne sais toujours pas ce que cela signifie.

DANS LA PRESSE

« Devenir mère est un processus psychique. Il y a quelque chose dans la tête qui se passe, qui n'est pas que biologique et qui peut déstabiliser. Il y a aussi un coût, une transformation du corps, une remise en cause de la sexualité, parfois un sentiment d'étrangeté. Le lien avec l'enfant se construit dans un dosage souterrain d'amour-haine et dans ce travail, l'amour prendra le dessus.[1] »

1. Leticia Solis-Ponton, psychanalyste, *L'Obs*, « Être mère et le regretter : "Je me suis fait un enfant dans le dos" », 28 juin 2016.

UNE FABLE[1]

Il y avait deux bébés dans le ventre d'une mère.

Le premier dit à l'autre :

— Est-ce que tu crois à la vie après l'accouchement ?

L'autre répondit :

— Bien sûr ! Il y a forcément quelque chose après l'accouchement. Peut-être que nous sommes ici pour préparer ce qui va se passer après.

— Non-sens ! dit le premier. Il n'y a pas de vie après l'accouchement. Et puis, à quoi cette vie ressemblerait-elle ?

Le deuxième dit :

— Je ne sais pas… Peut-être que nous marcherons sur nos jambes et que nous mangerons avec notre bouche. Peut-être que nous développerons des sens que nous ne comprenons pas pour l'instant.

Le premier répondit :

— Mais c'est absurde ! C'est impossible de marcher. Et manger avec la bouche ? Ridicule ! Le cordon ombilical nous donne tout ce dont on a besoin, mais il est trop court et c'est pour ça qu'il ne peut pas y avoir de vie après l'accouchement.

Le second insista :

— Eh bien, moi, je pense qu'il y a quelque chose. Et peut-être même qu'on n'aura plus besoin de ce cordon.

— Ah oui ? Moi je pense que l'accouchement est la fin de la vie, qu'après il n'y a que le silence, l'obscurité et l'oubli.

— Je ne sais pas, dit le second. Mais peut-être que nous rencontrerons notre Mère, et qu'elle prendra soin de nous.

1. Attribuée à l'écrivain hongrois Útmutató a Léleknek.

— Notre Mère ???? Tu crois à notre Mère, mais c'est aberrant ! Si elle existe, où est-elle alors ?

Le second dit :

— Je crois qu'elle est partout autour de nous. Nous sommes entourés d'elle. Nous sommes d'elle. C'est en elle que nous vivons. Et sans elle nous ne pourrions vivre.

— En tout cas je ne la vois pas, moi. Et je pense qu'il est donc logique qu'elle n'existe pas.

Ce à quoi le second répondit :

— Parfois, lorsque tu es en silence, que tu te concentres et que tu écoutes vraiment, tu peux sentir sa présence. Et entendre sa voix pleine d'amour qui t'appelle de tout en haut.

MAINTENANT

Je suis loin d'Ulysse mais je trimballe le tapis d'éveil « Safari forestier » qui lui est destiné. Si l'Éducation nationale n'est pas constituée que de femmes, celles-ci sont en tout cas les plus promptes à proposer d'utiliser leur voiture personnelle. Passant de coffre en coffre au gré des plannings des enseignantes qui me véhiculent, le tapis hérissé d'animaux des bois joue le rôle de bâton de parole : celles qui le transportent se sentent autorisées à me parler de la naissance de leurs enfants sans autre forme de préambule. Ma carte mémoire pleine d'images d'établissements destinées au hors-série « vie scolaire » du magazine du conseil général, mes oreilles se remplissent de détails sur les accouchements, les désertions de conjoints et les premières nuits avec bébé de femmes que je ne reverrai jamais.

Ulysse me manque. Physiquement. Un trou au creux du ventre. Je suis loin de lui cependant que lui croit que son corps et le mien continuent de ne faire qu'un, comme il le pensera jusqu'à ses sept ou huit mois.

Je ne sais plus à quoi ressemblait la vie avant de le connaître. S'il y a un « Après-Amour », il y a aussi un « Après-Bébé ».

Devenir mère, ça ne s'apprend pas, ça se décide. On y met les moyens – le temps, l'envie, la sincérité – ou on ne les met pas.

Toi et moi contre le monde entier.

Ça y est, mon bébé. Enfin. Je t'ai dans la peau.

DANS UN LIVRE

« Une personne sécurisée possède une confiance en elle profondément enracinée. Elle sait que tout marchera bien. Elle le sait avec la merveilleuse certitude de quelqu'un à qui l'on a dit depuis la première étincelle de conscience, et à qui l'on n'a cessé de le répéter, qu'elle est voulue et aimée. De ce sentiment découlent tout naturellement des traits de caractère précis, tels que l'optimisme, la confiance, l'ouverture aux autres et l'extraversion. Autant de dons précieux pour un enfant, et qu'il est facile de lui apporter. En créant un environnement affectivement riche *in utero*, la mère peut exercer une action décisive sur tout ce que son enfant ressent, espère, rêve, pense et accomplit au cours de son existence. Ce pouvoir, c'est elle qui le détient. Elle, et le père. »

MAINTENANT

C'est une demeure clinquante, tape-à-l'œil. Du marbre, des lustres, des statues. Et du rose, beaucoup de rose. Pas le rose tendre de l'enfance, plutôt le fuchsia d'une adolescence provocante et orgueilleuse.

Nous ne visitons pas la leur mais les autres chambres sont sans âme, sauf deux : la première est la pièce dans laquelle Maurice stocke sa collection de coquetiers (« Grâce au système de clim réversible, la pièce est à température constante toute l'année », explique-t-il – j'ignorais que des coquetiers réclamaient tant de précautions, c'est peut-être l'effet Marie-Antoinette), la seconde est destinée à Ulysse. S'y trouvent un lit à barreaux, une table à langer, une armoire basse, un parc rempli de peluches et de jouets, un castelet et ses marionnettes. Au mur, une frise à motifs de poussins. Derrière la porte, une toise. Ma mère est plus équipée que moi pour mon bébé.

Elle s'inquiète de la façon dont Ulysse la nommera lorsqu'il saura parler. Mon fils, mon acte d'amour, ma démonstration d'optimisme, mon pari sur l'avenir et mon bourgeon d'éternité, mon fils la fait vieillir. *Je* la fais vieillir. Depuis deux ans, on ne la voit que dans des vêtements que je n'ose plus porter depuis que je suis majeure. Je l'ai vu faire ailleurs et voilà que ça arrive chez moi : ma mère s'habille comme une fillette.

Par ma faute, ma mère devient grand-mère. Peut-être la raison pour laquelle je ne mérite pas de chambre dédiée.

Ulysse, lui, n'a rien fait.

Par la baie vitrée, je compte les angelots de plâtre qui s'ébattent avec les hérissons lumineux sur la pelouse fraîchement tondue et je pense au proverbe arabe : « Ce que tu as enterré dans ton jardin ressortira dans celui de ton fils. »

Les voisins ont rapporté un plein panier de girolles. Pour le dîner ma mère prépare une grosse omelette et de la salade verte. On passe à table. Luc s'apprête à s'installer, mais avant qu'il ne soit assis Maurice lui fait remarquer que c'est sa place à lui. Il refuse le saladier que lui fait passer Luc : « Je ne suis pas un lapin. » À côté de son assiette, ma mère a déposé un premier ramequin contenant une tomate pelée découpée en quartiers et un autre où s'enchâssent deux tranches de jambon blanc. Pour dire quelque chose, je lui demande s'il suit un régime particulier qui l'empêche de goûter à la délicieuse omelette. C'est ma mère qui répond pour lui :

— Maurice n'aime pas les œufs.

DANS LA PRESSE

Elisabeth II, piètre maman mais super mamie[1]

« La souveraine n'échappe pas à la règle qui veut qu'une mère sévère et souvent absente se mue en grand-mère gâteau. [...] Sa Majesté ne fait jamais peser à ses petits-enfants le poids des rancœurs qu'elle a pu ressentir à l'égard de leurs parents. »

1. *Gala*, juin 2016.

MAINTENANT

Ulysse est visiblement serein et heureux parce que Luc et moi sommes son foyer, malgré tout Luc verbalise ce que je ressens plus ou moins consciemment :

— Ulysse aussi mérite une maison d'enfance, un jardin où fleuriront ses souvenirs. Alors je te propose deux choses : on va chercher notre maison ; ou bien il y a la mienne, qu'on peut transformer.

La mère de Justine et Marie n'a pas vécu dans la maison de Luc, pourtant déjà pleine de souvenirs. Je crois que je vais choisir cette option-là.

Et puis il y a eu l'autosuggestion conseillée par Maryline. Si c'est à la maison de Luc que je pensais pour me sentir bien, c'est que c'est déjà là ma maison.

Dès que je l'ai formulé, le besoin se fait pressant. C'est le moment de réunir nos affaires et de cesser de trimballer ici et là notre petit garçon.

L'important n'est pas tant le toit et les quatre murs que ce qui se joue entre eux. Je veux une maison pour les enfants, les enfants de mes enfants, les enfants des enfants de mes enfants. Je veux une terre pour que nos souvenirs prennent racine.

La naissance d'un enfant impose de fermer pour de bon les fenêtres de l'enfance restées ouvertes. On peut toujours voir au travers, mais désormais on ne l'entend plus crier. J'ai traversé l'enfance pourvue d'œillères et sans me retourner. Puis je me suis retournée et j'ai vomi par-dessus mon épaule. Il est l'heure de ne plus regarder que devant. C'est pour regarder dans une seule direction à la fois que l'humain n'a pas d'yeux derrière la tête.

« Nous ne quittons jamais les maisons de notre enfance », a écrit Ferzan Özpetek, « elles restent toujours en nous, même quand elles n'existent plus. »

Luc propose de planter un arbre dans le jardin de la maison pour concrétiser notre décision. Un arbre pour Ulysse. J'aime cette idée. À tour de rôle, nous jetons un peu de terre, Marie, Justine, Luc et moi. Doucement notre famille s'enracine.

La famille dont je suis le centre change de périmètre. Je ne suis plus le centre en tant que fille mais en tant que mère. Mes propres parents se trouvent déportés, relégués à un anneau plus large, tandis que Luc a intégré le cœur de mon univers. Le premier cercle se déplace, tandis que la peur de la mort change de camp. J'étais membre d'une famille, à présent je préside à la table de la famille dont je suis l'origine.

Ulysse est aussi un refuge, un abri contre la bêtise du monde. Un abri pur. Ce qui est vrai et authentique.

Ulysse est le visage de ce qui seul compte.

CE QU'ULYSSE A DE MOI

Les yeux bleus ;
Les cheveux clairs ;
La curiosité ;
L'impatience ;
La sensibilité ;
La receptivité ;
Le sens de l'observation ;
L'énergie ;
Une tache à l'arrière de la cuisse.

Ulysse est mon fils. Indéniablement.

MAINTENANT

Dans le couloir, deux infirmières s'enjoignent chacune d'aller dans la chambre à la place de l'autre. Je me demande de quelle chambre il s'agit, et surtout ce qu'il peut y avoir de si terrible pour qu'elles ne veuillent y aller.

Me voici de retour près de Meredith. Augustine, magnifique, brune comme sa mère, ronde comme son père, adorablement effarée comme on l'est à trois jours, regarde le plafond depuis son nid de plexiglas, comme Ulysse et tant de bébés l'ont fait avant elle, dans cette chambre et dans d'autres.

Entre mères la comparaison est inévitable, entre enfants aussi. À cause des batailles qu'on livre. La rivalité découle de cette comparaison. Rivalité qui mène à la compétition. Les louves sont facilement lâchées.

Mais parfois personne n'a envie de mordre.

Augustine est née par césarienne. Dans cette clinique, on pratique l'opération deux fois plus souvent qu'ailleurs. Celle de Meredith n'était pas programmée et je ne sais pas ce qui l'a justifiée.

Meredith ne sourit pas. Le pédiatre qui est passé pour l'examen de routine a détecté chez Augustine un léger retard de développement psychomoteur. Augustine est là, encore emmaillotée des rêves de perfection de Meredith, et le diagnostic du médecin fait cesser définitivement toute rivalité, entre Meredith et moi comme entre nos petits. Il n'y a pas non plus de droit d'aînesse qui tienne. Il y a seulement deux femmes qui ont rêvé de l'enfant idéal, et des deuils plus ou moins difficiles à effectuer.

Un miroir brisé. Meredith ne parvient plus à regarder sa fille. Patrice répugne déjà à aller la déclarer à l'état civil. Comme si demeurait encore la possibilité de ne pas la faire exister.

Dans la pièce on n'entend plus que de la sidération.

Ouvrir sa gueule seulement pour hurler à la lune, alors.

À LA CRÈCHE

Semaine 1 (adaptation)

Lundi :

Beaucoup d'émotions. Maman absolument pas prête pour une séparation. L'adaptation pourra se faire sur deux semaines si nécessaire.

Mardi :

Maman un peu plus en retrait. Grande émotivité mais davantage de lâcher-prise. Encourageant pour la suite.

Mercredi :

Maman retient bien son émotivité. Attentive aux autres enfants et curieuse du nouvel environnement. Progrès indiscutables.

Goûter : 180 ml lait + compote

Jeudi :

Maman capable d'écourter le moment de séparation. Efforts visibles.

Goûter : 180 ml lait + yaourt + petit beurre

Vendredi :

Pas de larmes. Sérénité lors de la séparation. Belles retrouvailles.

Goûter : 180 ml lait + compote + boudoir

Bilan :

Feu vert pour démarrer le rythme demandé dès lundi.

MAINTENANT

Mon bébé chevrote, couine, fait le bruit du dauphin, du moineau. Luc et moi l'appelons mon chat, mon lapin, mon poussin, ma crevette. Il n'a peur de rien sauf de l'aspirateur, de la machine à dosettes et du sèche-mains du TGV, qui le terrifient.

Quand je pense à lui, parce qu'il dort, parce que je suis dans la pièce à côté, parce qu'il prend le bain avec Luc ou parce que je ne suis pas à la maison, je me représente des conversations. Nous parlons, nous communiquons, nous nous comprenons. Quand je le retrouve, je suis chaque fois presque étonnée qu'il n'y ait que ses regards, ses sourires, son babillage, et aucun mot, aucune phrase en français.

Nous ne parlons pas encore la même langue mais nous possédons un langage commun : la joie, qui permet de tout comprendre.

Je distingue ses pleurs des pleurs des autres bébés. Son rire des autres rires. Je trouve que les autres bébés pleurent mal. Rient mal. Que le mien, du moins, est celui qui rit le mieux. Qui pleure le mieux.

Je deviens un peu plus mère à chacun des moments de complicité que je partage avec lui. Son rire contient toutes les clochettes, toutes les gouttes d'eau qui chantent, tout le blond soleil et tout le miel du monde. Et comme tous les parents, je suis convaincue que mon génial enfant est en avance.

Car je ne peux m'empêcher de comparer.

Et il y a cette incroyable vérité : il existe désormais sur terre des bébés plus petits qu'Ulysse.

C'est proprement stupéfiant.

SORCIERS ET SORCIÈRES

— Il est calme, ton fils ! Mais tu sais, c'est pas parce que tu en as un comme ça que les autres seront pareils.

— Oh les beaux yeux bleus ! Mais il les gardera pas.

— Dis donc il est grand… Il va être embêté, on va attendre de lui des choses qu'il ne sera pas encore en âge de faire. C'est le problème avec les grands.

— Ah bon, il dort bien ? Ça peut changer, les bébés ont des phases.

— Tu sais qu'en astrologie chinoise il est chèvre ? Des animaux capricieux et irresponsables, les chèvres…

— Bientôt les dents… Il va déguster, et vous avec !

— Le premier enfant, c'est magique, on est dans l'émerveillement permanent. Le deuxième enfant, c'est de la logistique, de la gestion de packs de couches et l'achat obligatoire d'une nouvelle bagnole.

— Vous verrez, ça n'en fait qu'à sa tête, un enfant.

MAINTENANT

Parfois je regarde Ulysse, la beauté d'Ulysse, la réalité d'Ulysse, et je me demande : que s'est-il passé ?

Il me semble que j'ai commencé à me poser cette question à partir du moment où on l'a placé dans son berceau transparent, à la maternité.

Quoique j'aie une explication rationnelle, je n'ai toujours pas la réponse.

Que s'est-il passé ?

Les images s'imposent sans cesse à mon esprit embrumé. J'ai des angoisses rétroactives. Sur le moment, tout est allé si vite que je n'ai pas eu le temps d'avoir peur. Pas eu le temps d'avoir mal. À peine le temps de réaliser que ce qu'on me disait était vrai. « Tout s'est bien passé. »

J'ai tellement attendu ce passage, et attendu tellement de ce passage. Espéré comme la confirmation de ma capacité pleine et entière à mettre au monde un enfant. Et ce passage n'est pas venu. Il y avait une fanfare postée à la sortie de l'aéroport, une fanfare avec des clowns, des ballons de toutes les couleurs, et l'enfant est passé par l'autre côté. Voilà à quoi ressemble ma frustration.

Je cherche à restituer la vérité d'un moment qui a disparu aussitôt.

Je parcours dans un sens et dans l'autre, incessamment, le couloir embrumé de mes souvenirs.

Ce qui s'est passé me demeure incompréhensible.

Je comprends désormais pourquoi les mères sont des bolides qui démarrent au quart de tour dès qu'arrive sur la table le sujet de l'accouchement. C'est qu'il faut mettre en commun pour se sentir moins seule. Raconter pour admettre la réalité. En parler pour consoler ce qu'il y a d'inconsolable, panser l'*irrefermable* blessure et tout à la fois continuer de faire exister cet événement impossible à dépasser, souvenir chevillé au corps. S'il se laisse oublier c'est la flamme de la mère qui s'en trouvera soufflée.

Est-ce le destin de toute femme d'être hantée pour toujours par son accouchement, à la fois fantôme et cauchemar, et habitée pour toujours par le récit de celui-ci ? Ou existe-t-il des endroits où déposer ce récit pour s'en défaire une fois pour toutes (adresses, s'il vous plaît) ?

Toutes les conceptions ont une histoire, que les mères portent en elles comme un éternel morceau de placenta.

Ce qu'on ne dit pas assez, c'est que l'esprit ne connaît plus jamais de repos dès lors qu'on a *mis un enfant en route*.

UNE PHRASE

« Il n'y a que deux façons de vivre sa vie : l'une en faisant comme si rien n'était un miracle, l'autre en faisant comme si tout était un miracle[1]. »

1. Albert Einstein.

MAINTENANT

La mère de Luc sort les albums photos de la bibliothèque. Nous traquons les ressemblances entre Ulysse et Luc bébé. Il y en a. Je ne peux m'empêcher de trouver également des points communs entre les attitudes de la mère de Luc, jeune accouchée, et les miennes presque quarante ans plus tard. Les attitudes, et ce masque de fatigue et de joie mêlées sur le visage.

Au bout de trois albums, restée seule, je réalise que c'est à présent autre chose que je cherche dans les pochettes plastique. Je cherche l'enfance de Luc, et son père dont il me parle si peu.

Je les trouve, l'une comme l'autre.

Puis plus de père, alors que l'enfance se poursuit. Il est parti quand Luc avait six ans.

Très vite après m'avoir rencontrée, Luc m'a dit que j'étais arrivée sur Terre à l'exact moment où il en avait besoin. Et que dès lors, il n'avait cessé de me chercher, inconsciemment d'abord, consciemment ensuite.

Son incorrigible romantisme, me suis-je dit. Son habituelle grandiloquence.

En fait non.

Luc et moi avons six années d'écart.

CE QUE J'AI DE MA MÈRE

Les yeux bleus ;
Les cheveux clairs ;
La haute taille ;
La curiosité ;
L'impatience ;
L'amour des bébés ;
Une tache à l'arrière de la cuisse.

Je suis la fille de ma mère. Indéniablement.

MAINTENANT

Je suis en avance pour le cours collectif de rééducation abdominale. Dans la salle d'attente, une femme donne le sein à son bébé blond, un homme mange un sandwich de pain de mie triangulaire. Quand je reviens après avoir passé ma « tenue confort », la femme change l'enfant, l'homme termine son sandwich. Tout est calme, reposé. C'est aussi pour ça que j'aime ce cabinet qui réunit sages-femmes et kinésithérapeutes. Soudain, la porte s'ouvre et une main apparaît, qui la maintient le temps qu'entre une poussette dans laquelle est installée une petite fille brune.

— Tu peux prendre le relais ? Je n'ai que quatre minutes pour me changer.

C'est un ordre plus qu'une requête, c'est émis par la femme brune qui pousse la poussette et cela s'adresse à l'homme. Qui est donc le père non pas du bébé blond mais du bébé brun, et qui engloutit la dernière bouchée de son sandwich avant de jeter l'emballage en plastique dans la poubelle à couches.

La femme est visiblement en colère, et la colère on le sait fausse le discernement. J'observe. Et je vois ce qu'elle ne voit pas, ce qu'elle n'a pas de recul pour voir. Que son homme est arrivé en avance, qu'il a mangé un sandwich plutôt qu'un vrai repas, qu'il s'est occupé de sa fille pendant le temps du cours, l'a changée, l'a nourrie. Qu'il a sacrifié sa pause déjeuner à lui pour sa rééducation à elle. Qu'il fait ce qu'il faut pour lui prouver qu'il est là, qu'elle peut compter sur lui. Qu'il ne peut pas faire plus.

Mais il faut bien qu'elle retourne sa colère contre quelqu'un, et parce qu'il est là c'est sur lui que ça tombe

– parce qu'il est là et qu'il n'est pas pour rien dans cette affaire de bébé. Peu importent les raisons de cette colère, un périnée en vrac, une épisiotomie très large, des kilos tenaces, des nuits sans sommeil, des seins déformés, des responsabilités inenvisagées.

L'origine du ressentiment. Elle lui en veut parce que l'enfant est passé par son corps à elle et pas par son corps à lui. Parce que lui a eu le même bébé qu'elle sans les efforts, sans les bouleversements, sans les transformations définitives, sans les cicatrices indélébiles. Parce que lui n'a rien à réparer, rien à rééduquer, rien à réapprivoiser. Il lui suffit d'apprendre la vie à trois et le rythme d'un bébé. Les cerises sur le gâteau familial.

Injustice supplémentaire, les autres ne voient du gâteau que les cerises, pas les efforts cachés dans la crème, pas l'épuisement nerveux dont est fourrée la pâte.

Elle lui reproche de ne pas en faire plus. De ne pas en faire autant qu'elle. Ce qu'elle lui reproche, en fait, c'est l'injustice originelle qui l'a fait homme et elle femme. Il pourrait en faire encore davantage que ça ne serait jamais assez. Il est désemparé de ne savoir comment lui prouver son amour, comment lui démontrer son implication.

L'origine du ressentiment c'est l'impossible compensation.

DANS UN LIVRE

« Oh ! pourquoi les femmes avaient-elles des enfants ? »

MAINTENANT

Je m'interroge sur le besoin qu'ont les femmes d'enfanter. La nécessité. Je ne parviens pas à comprendre cette notion de sacrifice qu'elles mettent si souvent en avant. Pourquoi l'enfant devrait-il forcément entraîner un sacrifice ? Et pourquoi l'enfant décidé à deux entraîne si souvent un sacrifice exclusivement féminin ? Le sacrifice n'est-il pas qu'un masque, qui cache en réalité tout autre chose ?

L'inégalité. Elle s'immisce dès que le sujet du projet d'enfant est abordé. Il en veut. Il aime une femme qui lui en donnera. Qui en fabriquera dans son corps. Elle en veut. Par amour, par envie, par curiosité, elle s'apprête à prendre le risque du traumatisme. Prendre le risque de transformer à jamais son corps. Ce n'est pas rien, de mettre en jeu son corps, son sexe – sans compter que c'est aussi sa vie qu'elle met en jeu, dans le fond.

L'homme n'a pas peur de changer quand l'enfant sera là. Il ne craint pas d'être moins aimé physiquement. La question ne le traverse même pas. La femme se lance dans l'aventure de l'enfantement avec l'espoir que l'homme l'aimera autant après la naissance, après les changements dont elle ignore tout si ce n'est qu'ils sont inévitables. Ou en totale inconscience.

Après la naissance de l'enfant, la femme se trouve diminuée. Elle a des choses à perdre, d'autres à reconquérir. L'homme lui, se trouve égal à lui-même. Voire augmenté de la présence du nouvel être.

Cette injustice est le point de départ de l'aliénation originelle des femmes.

En Chine, on dit que les femmes portent la moitié du ciel.

Elles la portent seules. Les femmes couvent seules. Les femmes accouchent seules. Les femmes gèrent le chaos qu'est le début de la vie de l'enfant seules. Elles peuvent être entourées et aimées, elles restent seules.

Sans parler du chaos intérieur.

D'autant plus seules que l'enfant sépare plus souvent qu'il ne rapproche. La femme sait, l'homme ne saura jamais, même si elle lui raconte tout. Le fossé ne peut que s'élargir. Comme le vagin au passage de l'enfant.

UNE PERSPECTIVE

Le meilleur des mondes est en vue

Le projet d'utérus artificiel, qui reproduira les conditions optimales d'accueil de l'embryon, promet d'être une révolution. C'est la prochaine étape en matière de procréation médicalement assistée : la grossesse sera entièrement externalisée en couveuse. La question fascine autant qu'elle divise les biologistes, mais aussi les philosophes et les anthropologues du monde entier.

En permettant une grossesse extra-utérine, en rendant le père facultatif, il libérera les femmes des contraintes de la grossesse et changera leur rapport au corps. Hommes et femmes seront égaux devant leur enveloppe corporelle, puisque la fonction de reproduction sera assurée par une machine. Ce sera la fin d'une guerre des sexes basée sur la dissymétrie entre hommes et femmes, la fin de l'inégalité salariale et des discriminations en tous genres, la fin aussi de l'injustice qui fait que certains êtres sont féconds et d'autres stériles. Les femmes cesseront d'en vouloir aux hommes de ne pas avoir à se soucier de procréer ou non dans leur chair, les hommes cesseront d'en vouloir aux femmes de posséder un pouvoir procréatif qui leur échappe. Ce sera la fin de la domination masculine.

La parentalité s'en trouvera réinventée, et avec elle tout le modèle familial. Au sein des couples, un nouvel équilibre s'imposera, cependant que le ventre cessera d'être sacralisé, et que toute peur de l'accouchement disparaîtra définitivement. Le vagin sera uniquement lieu de plaisir, et les positionnements identitaires ne passeront plus par l'identité sexuelle.

L'ectogenèse – la reproduction hors corps – est l'avenir, mais l'humanité est-elle prête pour un tel changement ?

MAINTENANT

Les invités ont respecté la consigne : beige et bleu marine. Le jardin du domaine est fleuri de grappes dont les teintes vont du blanc cassé au champagne et du bleu roi à l'anthracite bleuté. Dans cette élégante harmonie, les mariés, lui en insolent fuchsia, elle en abricot flamboyant, radieux d'avoir dit oui à tous ces articles du code civil, papillonnent d'une grappe à l'autre. De l'une d'elles se détache une grande brindille en robe bleu pigeon, qui s'avance vers moi une flûte à la main.

— Stéphanie ? Stéphanie Lautrec ?

— Oui ?

— Tu me reconnais ? Carole, de Jacques-Prévert !

Il me faut quelques instants pour superposer l'image de la femme qui se tient en face de moi avec celle de Carole, cette camarade d'école maternelle dont un œil était systématiquement caché derrière un pansement pour mieux encourager le deuxième.

— Carole ! Incroyable de se retrouver ici.

Nous balayons près de trente ans en quelques minutes. Carole est mère de trois enfants, Prune, six ans, Alfred, trois ans, et Éléonore, dix mois.

— Et toi ? Félicitations, s'exclame-t-elle en désignant la poussette dans laquelle Ulysse baye aux corneilles, les yeux dans les feuilles des arbres. Ça s'est bien passé ?

N'étant pas certaine d'avoir envie de répondre en détail à la question, je l'élude d'un « Oui, et toi ? » poli.

— M'en parle pas ! Pour la première, elles me sont montées dessus, tu sais avec un escabeau, puis y en a une qui m'a appuyé sur le ventre avec ses pieds pour faire sortir le bébé plus vite, ça a rien fait sortir plus vite du tout, au contraire c'était tout ralenti, du coup ils ont pris les forceps et ils m'ont fait une épisio jusqu'à mi-cuisse.

Carole fait une pause pour siffler la moitié de son champagne.

— Après pour Alfred, quand j'ai senti qu'il fallait y aller, j'ai dit à mon mari que je devais absolument passer aux toilettes d'abord, une fois sur le trône je me suis mise à pousser et d'un coup j'ai réalisé que ce qui s'apprêtait à sortir, c'était pas ce que je croyais, mais le bébé ! Alors on a foncé à la mater, ils ont tardé à ouvrir, la fille de garde m'a prise pour une connasse dilatée à 3, résultat Alfred est quasiment né dans le couloir.

Elle termine sa flûte d'une traite.

— Alors après tout ça je me suis renseignée, j'ai rencontré des vegan, des gens à fond sur le bio, des meufs qui avaient accouché nature et j'ai décidé que toute seule j'y arriverais mieux que dans un hôpital – de toute façon, ça pouvait pas être pire que les deux premières fois. Donc j'ai écouté personne à part moi et mon bébé, j'ai même pas fait d'écho, et Éléonore est arrivée comme une fleur – d'ailleurs on a pensé à l'appeler comme ça, et puis finalement non, y avait déjà Prune, la famille c'est pas non plus un herbier –, et franchement si je pouvais recommencer je referais juste trois fois ça. Surtout que je voulais un seul bébé, moi, à la base !

Carole porte à nouveau son verre à ses lèvres et, s'apercevant qu'il est vide, annonce :

— Je reviens, je vais faire le plein !

Je la regarde s'éloigner, se faire remplir son verre, accoster par un homme qui n'a pas l'air d'être le sien, le suivre jusqu'à une grappe beige et marine.

Trois enfants pour parvenir à avoir un accouchement conforme à ses attentes. Que dira-t-elle aux deux premiers ? Grandiront-ils comme des brouillons de leur petite sœur ?

Carole leur raconte-t-elle, à eux aussi, qu'elle voulait « un seul bébé, à la base » ?

Ma camarade de classe a cette fois disparu de mon champ de vision. À bien y réfléchir, je me demande si la couleur exacte de sa robe n'est pas plutôt bleu tempête. Ou bleu mousquetaire.

Le bleu est aussi la couleur des dragées. Qui nous sont offertes avec un peu d'histoire. J'apprends ainsi qu'au XIIIe siècle, elles étaient vendues par les apothicaires aux femmes enceintes pour ce qu'elles contenaient de magnésium, de fibres, de sucre et de symbolique d'abondance, de longévité et de fécondité.

J'imagine que le roi et la reine de cette journée veulent des bébés.

NÉ PAR CÉSARIENNE

Risque de détresse respiratoire ;
Risque d'asthme ;
Fonctionnement différent des poumons et du cœur ;
Flore intestinale différente ;
Taux d'enzymes hépatiques différent ;
Taux de glucose plus bas ;
Taux de progestérone plus bas ;
Réponses immunitaires différentes ;
Acidité gastrique plus faible ;
Plus forte exposition aux maladies auto-immunes, aux rhinites allergiques, aux allergies alimentaires, aux maladies inflammatoires du système digestif ;
Risque doublé de diabète de type 1 ;
Risque accru d'obésité ;
Conséquences psychologiques ;
Angoisse de la séparation ;
Établissement du lien mère-enfant perturbé.

MAINTENANT

Quand il était petit, Luc était puni. Constamment. Debout dans un coin de la pièce, les mains jointes dans le dos, menton à la poitrine.

— Menton à la poitrine ! tonnait son père dès qu'il repérait sa petite tête un peu relevée.

Son père donnait les punitions. Son père tonnait même sans punitions. Mais tous les prétextes étaient bons pour considérer que Luc n'était pas sage.

— Et ne me regarde pas dans les yeux quand je te parle ! Ce n'est pas respectueux, tu devrais avoir honte de ce que tu as fait ! Menton à la poitrine !

L'air circule mal dans la gorge de Luc depuis qu'il est adolescent. Son neurologue lui a demandé s'il avait eu un accident, un choc qui aurait provoqué une compression de son système respiratoire.

Pas de choc. Le traumatisme vient des années à respecter l'ordre paternel. Menton à la poitrine !

Max le masque apporte à Luc l'air dont son père l'a privé.

Quand j'ai rencontré Luc, il ne savait pas sourire. Ses muscles du visage ont dû apprendre. Le mouvement a mis des mois avant de devenir naturel. Certaines de mes photos témoignent de cette évolution qui m'émeut au plus haut point.

Il est capital de bien choisir l'autre parent de son enfant.

Avec moi, Luc a fait un bébé qui sourit tout le temps. Et qui a grandi en moi la tête en arrière, le menton le plus loin possible de la poitrine.

CE QU'ULYSSE A DE MA MÈRE

Les yeux bleus ;
Les cheveux clairs ;
La curiosité ;
L'impatience ;
Le sommeil profond ;
Le goût pour la banane ;
Une tache à l'arrière de la cuisse.

Ulysse est le petit-fils de ma mère. Indéniablement.

MAINTENANT

Je rends visite à Sébastien pour une présentation bébés : quelques jours avant que je ne donne naissance à Ulysse, son épouse Sofie a mis au monde une petite Mette. Sébastien est le fils du gynécologue à qui j'avais posé la question de la « césarienne de convenance » – il y a un an, une éternité. Je suis reconnaissante à son père d'avoir respecté le secret professionnel : mon ami n'a rien su de ma consultation.

Sébastien et moi nous sommes rencontrés au collège, suivis jusqu'à l'école de publicité, puis lui a rencontré Sofie et il s'est expatrié aux Pays-Bas où elle vivait. Ils nous reçoivent chez les parents de Sébastien, leur adresse le temps de présenter Mette aux amis et à la famille de France.

Mette est née à la maison.

La conversation dérive inéluctablement sur le sujet de l'accouchement.

LE GYNÉCOLOGUE

— Pardonne-moi, mais ton raisonnement est trop simpliste, Stéphanie. Tu ne peux pas comparer sans prendre en compte plusieurs éléments de contexte. Notamment la dimension sociologique.

— C'est-à-dire ?

— La France est une terre d'immigration. On ne peut pas ne pas considérer les pathologies d'acquisition liées au pays d'accueil. Dans ma maternité, je vois des Françaises mais aussi des Africaines, des Turques, des Pakistanaises. Chez elle, une Pakistanaise accouche d'un bébé de deux kilos cinq cents. Ici, d'un bébé de trois kilos huit cents. À cause de son alimentation, de son mode de vie. Les Scandinaves sont éduqués, mais quand tu es face à une personne qui ne comprend pas ce que tu lui dis, tu ne prends pas de risque, tu césarises. Et plus la structure est petite, les maternités de villes de taille moyenne par exemple, plus on césarise facilement, parce qu'on ne veut pas voir les établissements fermer, le territoire en a trop besoin. Personne ne reprochera à un obstétricien d'avoir césarisé, alors que si l'accouchement par voie basse se passe mal, la menace du procès plane. Tu sais qu'un obstétricien a un procès tous les sept ans ? On est les champions, avec les anesthésistes. Même si les anesthésistes sont plus corporatistes que nous. En Allemagne, la plupart des assurances ne couvrent plus ces procès : les dommages et intérêts réclamés aux obstétriciens sont les plus élevés de tout le secteur médical. On vit désormais dans une société où le risque n'est plus acceptable. Une société du risque zéro.

— Mais tout de même, il y a un courant contraire, des gens qui veulent une naissance plus naturelle, pourquoi est-ce si difficile de faire respecter son choix quand c'est celui-là ?

— Ah, le fameux retour à la nature ! Je n'ai rien contre les coutumes locales, je trouve même ça fascinant, que dans certains pays on enterre le placenta au pied de ce qui deviendra un arbre à palabres. Mais ici… Bon, quand ce sont des végétariens qui veulent manger le placenta, je ne dis rien mais je n'en pense pas moins. Par contre, quand un couple arrive avec un projet de naissance irréaliste, incompatible avec nos conditions de travail… Une fois comme ça, ils avaient écrit : « *aucun objet médical dans la pièce* » ; et le cordon, avec quoi je le coupe ? Mes dents, peut-être ? C'est souvent du grand n'importe quoi. Et ceux qui refusent tout, y compris les antibiotiques parce que « c'est pas naturel » alors que la poche des eaux est rompue… Ils nous emmerdent avec leur fétichisation de l'accouchement ! Ils nous emmerdent avec leur projet de naissance ! Si je le respecte, je suis dans un cas de non-assistance à personne en danger. Donc à l'opposé de mon métier. C'est le b-a-ba de l'obstétrique moderne, d'administrer des antibios après rupture de la poche des eaux. Tout le monde sait qu'il y a un risque d'infection. Tout le monde sauf le couple, qui s'en fout et fait chier. Avant d'exiger, ils feraient mieux de s'informer. « Méthodes naturelles », je t'en foutrais ! Comme si rien que l'expression n'était pas déjà une contradiction !

MAINTENANT

Les propos du père de Sébastien chamboulent ma vision des choses. J'ai convoqué des médecins qui écrivent, qui intellectualisent, qui combattent, qui condamnent – mais des médecins qui ne pratiquent pas, qui ne pratiquent plus. La voix du père de Sébastien n'a pas moins de poids.

La réalité, c'est peut-être que ce ne sont pas les médecins qui sont en cause. Les gynécologues, les sages-femmes, les chirurgiens. Ce ne sont pas les hommes. C'est le système qui les pousse à parer au plus pressé, à rentabiliser, à couper plutôt qu'à attendre. C'est le système qui les pervertit. Ensuite, chacun a sa façon de réagir. Car ce sont des hommes. Certains résistent, d'autres abdiquent.

Et ma réalité à moi, dans tout ça ?

Ma réalité, c'est que j'ai donné naissance à mon bébé dans un univers dont la médicalisation était nécessaire.

Ma réalité, c'est que, de toute ma grossesse et au moment de la naissance, je n'ai eu affaire qu'à des praticiens agréables, compréhensifs, qui ne m'ont pas jugée. Je n'ai croisé ni bourreaux, ni bouchers.

— La réalité, poursuit le père de Sébastien, c'est qu'en ne pratiquant pas je perds mon aptitude manuelle. Il y a un compagnonnage clinique dans notre métier, observer, reproduire, transmettre à son tour, et ce compagnonnage disparaît. La moitié des sièges sont césarisés, parce que dans un siège ce qu'il faut c'est verser, et que cette gestuelle s'est perdue sous la pression des patients et à cause de la peur des procès. Les jeunes médecins commencent directement par des césariennes… Aux États-Unis, au Brésil, ils ont sorti des études qui démontrent ça, que le savoir se perd. La technologie a peu à peu remplacé nos mains. Quand on fait passer un pelviscanner à la femme, on se focalise sur les chiffres et on oublie de prendre en compte le reste – par exemple, la forme du bassin, on ne regarde que ses dimensions et le diamètre de la tête du bébé. Alors que les chiffres s'apprécient en regard du reste, dans un sens comme dans l'autre. Comment se présentait ton garçon ?

— En siège. Siège défléchi.

— Ah ça, le siège défléchi, c'est la terreur des obstétriciens. Tu sais ce qu'on dit, en salle de garde ?

— Non.

— Chez les bébés, la tête est plus grosse que les fesses. Chez les femmes, c'est le contraire !

SÉBASTIEN

— Tu te souviens de ce film sur l'accouchement qu'on avait vu en sciences nat', au collège, quand on a eu le cours sur la reproduction ?

— Oui. C'est même la seule chose dont je me souvienne de cette matière, avec la dissection du poisson.

— C'était horrible. Toute la classe est ressortie traumatisée. Les filles disaient qu'elles n'auraient jamais d'enfant, les garçons qu'ils ne coucheraient jamais avec une fille.

Et si c'était ça, l'origine de tout ? Et s'il était là, le début de l'histoire ? Dans un cours de sciences nat' il y a vingt ans, dans une salle de classe aux tables recouvertes de carrelage blanc, plongée dans la pénombre pour une meilleure visibilité du reportage ? Dans les images de ce sexe béant, filmé en gros plan, expulsant dans les cris en même temps qu'un bébé du sang et d'autres fluides non identifiés ? Dans la leçon d'une enseignante qui évoque l'accouchement sans nommer l'issue d'un cinquième d'entre eux – la césarienne ?

Et si c'était ce cours qui, vingt ans après, m'impose de faire mon deuil d'un accouchement par voie basse plutôt que de considérer que j'ai donné naissance de l'une des deux manières possibles ?

Je m'en souvenais et je ne m'en souvenais pas.

Maintenant, je ne pense plus qu'à ça.

MAINTENANT

Dire qu'au père de Sébastien, j'ai osé *réclamer* une césarienne. Dire qu'à Sébastien j'ai osé parler de « césarienne de convenance ». Comme si on pouvait demander à un chirurgien d'ouvrir son ventre comme on choisirait un modèle de voiture ou une destination de vacances. Dire qu'existe l'expression « césarienne de confort ». Comme si les mots « confort » et « césarienne » pouvaient aller ensemble.

Incision de la paroi utérine, perfusion, sonde urinaire.

Mais pourquoi glorifier ainsi l'accouchement par voie basse et associer toujours la césarienne à de la paresse ? La presse britannique a surnommé Victoria Beckham (quatre enfants, quatre césariennes) « *Too posh to push* ». Trop snob pour pousser.

Quand l'accouchement par voie basse se passe bien, la femme est sur pied quatre ou cinq heures après la naissance. Quand la césarienne se passe bien, elle se lève seulement le lendemain. Après vingt-quatre heures de station allongée.

Pourquoi cet injuste procès fait aux césariennes ?

L'accouchement n'est pas un « examen ». À la maternité, on ne délivre aucun diplôme. Chaque femme fait de son mieux.

Victoria Beckham a fait de son mieux.

J'ai fait de mon mieux.

DANS UN LIVRE

« J'ai fini de mettre en mots ce qui m'apparaît comme une expérience humaine totale, de la vie et de la mort, du temps, de la morale et de l'interdit, de la loi, une expérience vécue d'un bout à l'autre au travers du corps. [...] Par-delà toutes les raisons sociales et psychologiques que je peux trouver à ce que j'ai vécu, il en est une dont je suis sûre plus que tout : les choses me sont arrivées pour que j'en rende compte. Et le véritable but de ma vie est peut-être seulement celui-ci : que mon corps, mes sensations et mes pensées deviennent de l'écriture, c'est-à-dire quelque chose d'intelligible et de général, mon existence complètement dissoute dans la tête et la vie des autres. »

MAINTENANT

Le voisin de Luc est mort pendant que nous étions au Texas. Il était malade. Nous l'ignorions. Ses enfants sont venus vider la maison. Son fils confie à Luc les clés, pour l'agent immobilier : il habite Rennes, son frère est près de Bordeaux, ils ne feront pas le voyage pour les visites.

Luc demande à voir la maison. Elle n'est pas mitoyenne de la sienne, pourtant elles sont jumelles. Symétriques.

— Si on abat le mur qui sépare les deux parcelles, on peut les réunir par une terrasse couverte, avance-t-il.

Deux maisons plutôt qu'une, cela veut dire un grand salon, une grande chambre pour Ulysse, une autre pour un nouvel enfant…

— Et même une pièce pour travailler tes photos.

Tout cela pour une belle bouchée de pain : nous sommes à la campagne.

J'invente un nom pour la campagne de Luc, entre Oise et Aisne : l'Aise. Toute idée de ville en est absente, mais les trains qui passent dans la minuscule gare mènent vite et facilement au cœur de la capitale.

Ce n'est plus seulement la campagne de Luc, c'est aussi ma campagne.

Un proverbe dit que changer de maison, c'est changer de chance. Je solde ce qu'il me reste de comptes parisiens. Je rends mon appartement. Je mets en sacs et en cartons toutes mes anciennes peaux, les peaux de celle qui aimait Guillaume, de celle qui enfilait chaque matin une jupe crayon pour aller travailler dans une agence de publicité, de celle qui n'était pas mère et qui croyait que jamais elle ne le serait. La peau de celle qui n'avait pas encore rencontré Ulysse, ni même l'idée d'Ulysse.

La maison du voisin est vendue sans qu'aucun agent immobilier ne la fasse visiter. Et nous nous préparons à emménager sans déménager. À installer de nouveaux souvenirs dans un lieu qui en a déjà d'un côté et qui est vierge de nous de l'autre. Justine et Marie, qui voyaient déjà arriver le lit superposé pour faire de la place à Ulysse, sont aux anges.

Je me demande si les choses seront toujours aussi simples avec Luc. Si Luc *rend* les choses simples, ou si c'est d'être avec Luc qui simplifie tout.

Je peux aussi décider de vivre comme si les difficultés n'étaient plus obligatoires. Ce n'est pas dans ma nature, mais je ne suis pas à une révolution près.

AU PAYS DES MERVEILLES

« Car, voyez-vous, il venait de se passer tant de choses bizarres, qu'elle en arrivait à penser que fort peu de choses étaient vraiment impossibles. »

ET SI

Et si Ulysse avait un problème qui, contrairement à celui d'Augustine, ne se voyait pas encore ?

Et si je ne redescendais jamais à moins de soixante-dix kilos ?

Et si je ne retrouvais jamais mon corps d'avant la grossesse ?

Et si Luc renonçait finalement à m'épouser ?

Et s'il y avait des infiltrations dans la maison du voisin ?

Et si je ne parvenais jamais à être à nouveau enceinte ?

UN PROVERBE

« On voit mieux certaines choses avec des yeux qui ont pleuré[1]. »

1. Proverbe ivoirien.

MAINTENANT

Je suis en train d'écraser en vue des prochains goûters des bananes, le fruit préféré d'Ulysse auquel je suis, moi, allergique, quand Luc revient du bourg. Mon homme dépose sur la longue table en bois le journal du jour et un nouveau jouet d'éveil pour Ulysse, un poulpe d'activités qui se presse, se froisse, se tournicote et tintinnabule.

En pages locales, le journal annonce l'ouverture, dans les dix-huit prochains mois, d'un « pôle physiologique » au sein de la maternité voisine : « *La tendance vient du Québec et des pays nordiques, dit l'article. De plus en plus de femmes aspirent à donner la vie comme elles le souhaitent, dans un cadre le moins médicalisé possible – en somme, une maternité plus douce. Au sein de ce nouveau pôle, elles pourront choisir leur position pour accoucher.*

Actuellement en France, 99 % des naissances ont lieu à l'hôpital. Ailleurs, on a d'autres habitudes. Ainsi, aux Pays-Bas, une femme sur six accouche à son domicile. »

Je pense fort à Sofie, à Sébastien et à Mette. Sofie m'a dit que dans la culture calviniste qui est la sienne, c'est accepté : donner la vie fait mal. Le hollandais distingue « avoir mal », qui est donc acceptable, et « souffrir » – là, on a recours aux antidouleurs.

J'ai eu mon enfant dans le pays où je suis née et où je choisis de rester. De la façon dont je suis née.

Et après ?

Quant au jouet, il est accueilli par Ulysse avec effusion. J'observe l'objet de plus près. Ce monsieur poulpe n'est pas n'importe qui. Il s'agit en réalité de « Capitaine Calamar ». La marque en est Lamaze. Comme la méthode d'accouchement antidouleur – sauf que la marque est italienne, sans lien donc avec le médecin français.

Je ne cesse de m'étonner des hasards dont l'existence pave ma route. À moins qu'il n'y ait pas de hasard, jamais.

LUC

— Tu as pensé au pouvoir de ton inconscient ?

— Sur la position du bébé ?

— Oui. Pourquoi n'aurait-il pas agi sur ça aussi, puisqu'il influence tout le reste ?

— Tu voudrais dire que j'ai fait tout ce que je pouvais pour que le bébé se retourne alors que peut-être, au fond de moi, je voulais absolument qu'il ne bouge pas ?

— Je n'en sais rien, j'ai simplement repensé à ton point de vue sur l'accouchement quand on s'est rencontrés.

— La césarienne ?

— Oui. Tu disais que ce serait ça ou rien.

— Mais j'ai changé d'avis depuis ! J'ai accepté d'autres choses et décidé que je voulais un accouchement par voie basse…

— Je sais, tu as fait un chemin incroyable…

— J'ai voulu accoucher pleinement, et dans la joie, j'ai même eu *envie* d'accoucher, de vivre ça, je l'ai profondément *désiré*, c'est pour ça que je me suis nourrie d'autant de témoignages de naissances heureuses…

— Je ne fais que te soumettre une idée, rien d'autre.

MAINTENANT

J'ai suivi toute une préparation pour accoucher naturellement, mais Ulysse savait, lui, qu'il fallait naître par césarienne.

C'était ce qui était le mieux pour moi.

Alors il a agi en conséquence.

Par obéissance. Par amour. Ou parce que nous formons déjà une équipe.

Et quelle équipe !

La cicatrice est là pour me rappeler d'où il vient, me rappeler que je l'ai porté et qu'il est sorti de moi.

Ulysse m'emmène là où je ne veux pas aller – là où je veux aller sans le savoir, en réalité. En dehors de ma zone de confort. Là où les belles choses sont possibles.

Ulysse m'y emmène parce que Luc m'y a emmenée avant lui.

La relation la plus intime entre deux êtres n'a rien à voir avec la peau et le sexe ; c'est la mise à nu de nos émotions, lorsque toutes nos peurs sont vaincues, que nos vulnérabilités sont avouées, qui fait que l'on se donne véritablement l'un à l'autre et que l'on fait se rencontrer nos âmes.

Dans « connaître », il y a « naître ».

Désormais que je ne suis plus dans l'attente de quoi que ce soit, il me faut vivre. Embrasser la vie. La prendre à bras-le-corps. Y plonger, tout entière, en cessant de retenir mon souffle.

DANS UN LIVRE

« Joue le jeu. Menace le travail encore plus. Ne sois pas le personnage principal. Cherche la confrontation. Mais n'aie pas d'intention. Évite les arrière-pensées. Ne tais rien. Sois doux et fort. Sois malin, interviens et méprise la victoire. N'observe pas, n'examine pas, mais reste prêt pour les signes, vigilant. Sois ébranlable. Montre tes yeux, entraîne les autres dans ce qui est profond, prends soin de l'espace et considère chacun dans son image. Ne décide qu'enthousiasmé. Échoue avec tranquillité. Surtout aie du temps et fais des détours. Laisse-toi distraire. Mets-toi pour ainsi dire en congé. Ne néglige la voix d'aucun arbre, d'aucune eau. Entre où tu as envie et accorde-toi le soleil. Oublie ta famille, donne des forces aux inconnus, penche-toi sur les détails, pars où il n'y a personne, fous-toi du drame du destin, dédaigne le malheur, apaise le conflit de ton rire. Mets-toi dans tes couleurs, sois dans ton droit, et que le bruit des feuilles devienne doux. Passe par les villages, je te suis. »

MAINTENANT

La télé diffuse un reportage sur les greffes d'utérus. On ne greffait jusqu'à présent que les organes vitaux, l'utérus n'en est pas un, mais des scientifiques ont décidé de venir en aide aux femmes sans utérus. Elles se sentent incomplètes, qu'elles soient nées sans (une femme sur cinq mille) ou qu'elles l'aient perdu suite à un cancer ou un accident. Alors d'autres femmes, mères, belles-mères, sœurs, amies donnent leur utérus le temps d'une grossesse. L'utérus est un organe qui ne vieillit pas. En Suède, un premier bébé est né d'un utérus transplanté. En France, une expérimentation a lieu avec des utérus prélevés sur des femmes en état de mort cérébrale. Je ne peux m'empêcher de m'interroger : à qui donnerais-je mon utérus ?

Je suis fascinée. Les limites de ce que fait faire le droit à l'enfant sont sans cesse repoussées. L'utérus pour tous réglerait tous les problèmes de stérilité. GPA, PMA... Adieu, sigles de mauvais augure. Mais si la donneuse est la mère, cela veut dire que la fille porte son enfant dans l'utérus dans lequel elle a grandi ; l'enfant aurait-il alors deux mères ? Impossible de faire abstraction de l'impact du don sur les relations familiales...

À la fin du documentaire, je découvre que j'ai mes règles. Pour la première fois depuis des mois, depuis la naissance d'Ulysse, depuis sa conception. Aujourd'hui, Ulysse a exactement six mois.

Je garde la chose pour moi, un peu, je retarde le moment de l'annoncer à Luc, comme si c'était une surprise ou une bonne nouvelle, comme si ce n'était pas le temps qui passe et les choses qui se remettent en place. Je suis chanceuse de pouvoir le partager avec lui. Luc n'a jamais eu de problèmes avec les règles, il n'a jamais refusé d'en parler si je le voulais, il n'a jamais renoncé à faire l'amour à ce moment-là. J'ai connu des hommes que cela dégoûtait, à qui cela coupait tout moyen. Je suis soudain envahie d'une compassion immense pour toutes les femmes qui saignent seules et en silence, punies, en quarantaine, pour toutes les femmes dont les hommes refusent d'admettre les fluides, les cycles et les pertes – dont les hommes refusent d'admettre l'exhaustivité de ce qui les fait femmes.

Paradoxalement, que le sang coule, me surprenant au passage, me paraît être le signe du retour de quelque chose qui pourrait bien être la domination de mon esprit sur mon corps, et non plus l'inverse.

Ou juste la vie.

AU PAYS DES MERVEILLES

« (Lorsqu'elle y réfléchit par la suite, il lui vint à l'esprit qu'elle aurait dû s'en étonner, mais, sur le moment, cela lui sembla tout naturel.) »

MAINTENANT

La ligne brune sur mon ventre a disparu. Je ne sais pas quand, je ne sais pas comment, ce matin en sortant de la douche j'ai constaté qu'elle n'était plus là et je suis bien incapable de dire depuis combien de temps c'est le cas.

Quelque chose est achevé, alors.

Pourtant je crois autre chose. Je crois que la ligne brune n'a pas disparu, je crois qu'une telle ligne ne disparaît pas. Je crois qu'elle a toujours été là, prête à paraître, et qu'elle ne fait que se cacher.

Depuis quelques jours.

En attendant que je décide que j'ai envie de la voir réapparaître.

Dans le livret de famille, il y a de la place pour sept autres enfants.

On entre dans la folie en entrant dans la maternité. Qu'un être se développe à l'intérieur de soi, que des tiers viennent l'ausculter en franchissant le seuil de l'intimité, qu'on expulse ensuite cet être et qu'on se l'aliène définitivement, tout cela est si surnaturel, si paranormal qu'il faut être folle pour vivre avec. Il faut admettre cette folie. Désormais elle fait partie de la vie. Ce n'est pas grave. Les femmes qui demeurent saines d'esprit, qui acceptent sans sourciller autant de bouleversements et de surnaturel, qui survivent sans états d'âme à leur grossesse et à leur accouchement, ce sont elles les monstres de sang-froid, elles les seules folles, elles dont il faut se méfier.

« Ils ont dit : Tu es devenu fou à cause de celui que tu aimes.
J'ai dit : La saveur de la vie n'est que pour les fous. »

Romain Gary, *La vie devant soi*

Des livres

Page 288 : Julie Bonnie, *Chambre 2*, Belfond, 2013
Pages 249, 252, 266, 273, 278, 281, 306, 321, 336, 356, 481, 491 : Lewis Carroll, *Les Aventures d'Alice au pays des merveilles*, traduit par Jacques Papy, Folio classique, 2005
Page 299 : Emil Cioran, *De l'inconvénient d'être né*, Gallimard, 1973
Page 345 : M. Darrieussecq, H. Villovitch, A. Desarthe, M. Desplechin, C. Laurens, G. Brisac, C. Cusset, M. Fitoussi, sous la direction d'I. Lortholary, *Naissances*, Points, 2007
Page 478 : Annie Ernaux, *L'Événement*, Gallimard, 2001
Page 254 : Annie Ernaux, *Mémoire de fille*, Gallimard, 2016
Page 265 : René Frydman, *Lettre à une mère*, Le Livre de Poche, 2005
Page 425 : Brigitte Giraud, *Avoir un corps*, © Éditions Stock, 2013, J'ai lu, 2015
Page 488 : Peter Handke, *Par les villages*, traduit par Georges-Arthur Goldschmidt, © Gallimard, 1983
Page 211 : Philippe Jaenada, *Le Cosmonaute*, Points, 2011
Pages 75, 228 : Annie Leclerc, *Parole de femme*, Grasset & Fasquelle, 1974
Page 388 : Marie-Magdeleine Lessana, *Entre mère et fille : un ravage*, Pauvert, 2000
François Mauriceau, *Traité des maladies des femmes grosses et de celles qui sont accouchées*
Page 460 : Margaret Mitchell, *Autant en emporte le vent*, 1936
Page 198 : Jean-Claude Mourlevat, *Mes amis devenus*, Fleuve, 2016
Page 207 : Madame de Sévigné, *Correspondance*, Paris, Gallimard, « Bibliothèque de la Pléiade », 1996
Pages 35, 237, 330, 340 : Elif Shafak, *Lait noir*, © 2009, Libella, Paris, pour la traduction française de Valérie Gay-Aksoy, Phébus, 2009
Page 441 : Thomas Verny, *La Vie secrète de l'enfant avant sa naissance*, Grasset & Fasquelle, 1982
Page 18 : Boris Vian, *L'Écume des jours*, Le Livre de Poche, 1996
Pages 25, 90, 179, 379 : François Weyergans, *La Vie d'un bébé*, © Gallimard, 1986
Page 36 : Martin Winckler, *Le Chœur des femmes*, Folio, 2011

Des films

Page 83 : Valérie Guignabodet, *Mariages !*, 2004
Page 260 : Gilles de Maistre, *Le Premier Cri*, 2007
Page 308 : Sam Mendes, *Away We Go*, 2009

Des chansons

Page 374 : Joséphine Baker, *Chiquita Madame*
Page 405 : Joe Dassin, *L'Amérique*
Page 440 : Claude François, *Toi et moi contre le monde entier*

Merci

à

Julie Bonnie,
Didier Boumendil,
Marjolaine Cordier,
Michelle Darnay,
Caroline Devynck Leblond,
Sophie Gaudu, Agnès Ledig,
Cédric Leblond,
Marc Lehmann, Lise Mallaret,
Caroline Michel.

Mon immense et
éternelle admiration

aux docteurs Michel Odent
et Marc Zaffran (Martin Winckler),
des hommes qui font tant
pour les femmes,
et donc pour l'humanité.

Composition et mise en pages
Nord Compo à Villeneuve-d'Ascq

Achevé d'imprimer en France en août 2017
par Normandie Roto Impression s.a.s.
N° d'impression : 1702494

FSC
www.fsc.org
MIXTE
Papier issu de sources responsables
FSC™ C003309

Fleuve Éditions, une marque d'Univers Poche,
est un éditeur qui s'engage pour
la préservation de son environnement
et qui utilise du papier fabriqué à partir
de bois provenant de forêts gérées
de manière responsable.

Fleuve Éditions
12, avenue d'Italie
75627 Paris Cedex 13

Dépôt légal : septembre 2017
R11700/01